J

J

MONIQUE SAINTONGE

...et les fleurs se sont fanées

LES ÉDITIONS 7 JOURS
Une division de TRUSTAR Ltée
2020, rue University, bureau 2000
Montréal (Québec) H3A 2A5

Éditeur : Claude J. Charron
Directrice : Annie Tonneau
Mise en pages : Jean Yves Collette
Conception graphique de la couverture : Laurent Trudel
Photos des pages couverture : Georges Dutil
Coordination maquillage et coiffure : Macha Colas
Vêtements : Joseph Ribkoff international
Photos intérieures : collection personnelle
Révision : Camille Gagnon, Corinne de Vailly
Correction : Isabelle Gagnon

Dépôt légal : deuxième trimestre 1996
Bibliothèque nationale du Québec
Bibliothèque nationale du Canada
ISBN 2-921221-79-9

MONIQUE SAINTONGE

...et les fleurs se sont fanées

LES ÉDITIONS 7 JOURS

À Louis, mon étoffe du pays, qui a accepté de m'accompagner dans ma quête d'harmonie.

À Caroline, ma petite soie devenue grande, qui me fait goûter chaque jour le bonheur d'être mère.

À Élyse, qui m'en a tellement appris en si peu de temps.

MERCI

PRÉFACE

En fouillant dans le passé de Monique et en examinant son arbre généalogique, j'ai découvert, parmi ses ancêtres, une certaine Germaine Guèvremont-Legault et aussi une Marguerite Monnot-Legault. Du côté de son père, on retrouve un nommé Renoir Saint-Onge et une Callas Saint-Onge. Pas étonnant qu'avec des ancêtres et des antécédents de cette qualité, Monique écrive des textes, des chansons, fasse de la peinture et chante. « Bon sang ne saurait mentir. » Qui n'a pas entendu parler de Germaine Guèvremont, Marguerite Monnot, Auguste Renoir et Maria Callas ? Eh oui ! Monique a hérité du talent de tous ces gens-là. Malheureusement, elle écrit des textes comme Maria Callas, des chansons comme Renoir, elle peint comme Marguerite Monnot et chante comme Germaine Guèvremont.

Vous comprendrez que je me suis permis quelques blagues, mais que sincèrement j'ai beaucoup d'amitié et d'admiration pour Monique. Non seulement elle a beaucoup de talent, mais elle a aussi le respect de son métier et de son public. Monique m'a fait l'honneur de m'écrire au-delà de cent chansons pour le Théâtre des Variétés.

Elle a aussi écrit la chanson-thème de la millième émission des *Démons du Midi,* une chanson en hommage à Olivier Guimond et aussi une chanson pour les comiques.

Monique est toujours là, prête à rendre service, le sourire aux lèvres, l'œil vigilant et clair. Une femme délicate, sensible et, malgré tout, forte. Elle plie avec les coups, mais elle ne tombe pas et elle est pour nous un symbole de courage. Prenez beaucoup de talent, de sincérité, de générosité, d'intelligence, ajoutez-y le sens de l'humour, brassez et vous obtenez Monique Saintonge.

Elle est unique et c'est tant mieux pour nous qui avons le privilège de la connaître, et je me vante à qui veut l'entendre d'être son ami. Merci, Monique.

Gilles Latulippe

AVANT-PROPOS

Écrire une autobiographie semble toujours un peu prétentieux. Et davantage quand on a cinquante-deux ans. J'aurais toujours pu attendre encore vingt ans, mais je risquais qu'elle perde son préfixe et que quelqu'un d'autre écrive n'importe quoi à mon sujet. Je ne vais pas essayer de me justifier pendant des pages et des pages. De toute façon, dans ma vie, j'ai déjà perdu trop de temps à m'expliquer. Je dirai simplement qu'avant d'être frappée par la maladie, en 1993, je n'avais jamais pensé écrire un livre. Puis, à l'instar d'une Américaine, dont le livre m'avait tellement aidée durant ma convalescence, j'ai eu l'idée de mettre sur papier les diverses expériences vécues à travers ces durs moments. J'en avais fait part à mes amis, mais le temps passait et je remettais toujours à plus tard.

Un jour, j'ai rencontré quelqu'un qui m'a demandé si j'avais commencé à écrire mon livre. Après avoir écouté mes prétextes, il m'a fait voir une photo. Il s'agissait d'une pierre tombale en forme de livre. C'était le monument funéraire de sa femme qui, elle non plus, n'avait pas trouvé le temps d'écrire son livre. Je suis rentrée à la maison et j'ai réfléchi.

Quelques mois ont passé, puis ce fut le drame. La mort d'Élyse a complètement bouleversé notre vie et, lorsqu'on m'a demandé d'écrire un livre à ce sujet, j'ai pensé qu'il était peut-être temps de laisser tomber les masques. Certes, le suicide faisait encore partie des tabous, mais il y avait eu dans ma vie d'autres événements secrets dont il faudrait bien parler un jour. Je sais que, en dévoilant cette face cachée de mon vécu, je risque d'en surprendre plusieurs, mais j'ose espérer pouvoir bénéficier de leur indulgence. Toutefois, si certains décident de me juger, ce droit leur appartient. Je peux seulement leur dire que les jugements m'atteignent de moins en moins, car j'ai déjà purgé la sentence.

Et si les expériences que je relate dans ces pages venaient en aide à une seule personne, mon but serait atteint.

Je ne prétends pas être la seule à avoir été écorchée vive par le milieu artistique mais, comme plusieurs autres, n'étant pas une grande vedette, il m'était impossible de dire tout ce qui se passait réellement dans ma carrière sans risquer d'être qualifiée de « frustrée ». Aujourd'hui, alors que ma vie a pris un tout autre chemin, je peux et je veux raconter ce que j'ai vécu. Plusieurs questions qui me sont souvent posées auront enfin une réponse.

Première partie

L'ÉCOLE DE LA VIE
ET
L'APPRENTISSAGE

Le cerveau des enfants est comme une bougie allumée dans un lieu exposé au vent : sa lumière vacille toujours.

FÉNELON

1

MA FAMILLE

*Si tu veux savoir où tu t'en vas, va donc
voir d'où tu viens.*

JACQUES ANTONIN

Le 29 avril 1943, dans la chambre arrière de la petite
maison jaune de la rue Saint-Georges à Saint-Jérôme,
Françoise Legault, épouse de Napoléon St-Onge, donnait naissance à son septième enfant. Non, elle n'aurait
jamais pu le prénommer « Désiré », ce bébé ! Quelle déception et quelle gêne : devenir enceinte à quarante ans
alors que l'aînée, âgée de dix-huit ans, prépare son mariage ! Après la sixième, la famille semblait complète depuis déjà huit ans, mais voilà qu'à la suite, semble-t-il,
de quelques remontrances d'un prédicateur de retraite,
mon père avait convaincu ma mère, par un beau soir d'été,
qu'ils devaient faire leur « devoir ». Et me voilà, neuf
mois plus tard ! On a hésité quelque peu sur le choix du
prénom : on avait pensé à Nicole mais, je ne sais pour
quelle raison, on a finalement choisi Monique. C'est sans

doute pour ça que mes sœurs m'ont appelée Nico pendant des années.

Bien que ma mère ne fût pas enchantée de mon arrivée dans ce monde (c'est le moins qu'on puisse dire), il semble que ça a été la fête pour le reste de la famille. On m'a raconté qu'on se disputait le privilège de me prendre et de me bercer, que mes frères et sœurs attendaient impatiemment à la porte de la chambre que je me réveille. Alors, qu'est-ce que ça donne ? Une enfant gâtée. Et c'est ce que j'ai été, du moins durant les cinq premières années de ma vie. À ma naissance, ma mère avait retiré de l'école ma sœur Paulette, qui avait alors quatorze ans, afin qu'elle aide aux tâches ménagères. Cette grande sœur est vite devenue pour moi ma petite maman ; elle avait déjà l'étoffe d'une mère aimante et chaleureuse. C'est elle qui m'a bercée, consolée, soignée. Elle avait une très jolie voix et, pour m'endormir l'après-midi, elle me berçait en chantant des chansons douces. Ces gâteries ont duré quelques années puisque je peux encore aujourd'hui me souvenir que je ne voulais pas qu'elle chante certaines chansons. C'étaient *Isabeau s'y promène* et *L'Adieu de Chopin* (Mon cœur vous dédie...). Ces deux chansons me rendaient si triste qu'elles me faisaient pleurer. D'ailleurs, j'ai toujours eu la larme facile. J'étais déjà très émotive, et à ce moment-là on disait : « Elle est assez braillarde, celle-là ; elle va certainement chanter plus tard ! » Drôle de conclusion... Il m'arrivait même de me mettre à pleurer comme ça, sans raison. Paulette me demandait : « Mais qu'est-ce qui te fait pleurer ? » Je répondais : « Je le sais pas, ça pleure tout seul. » Elle me disait alors : « Bon, eh bien, pleure, ça va te faire du bien », puis elle me prenait dans ses bras et me laissait pleurer. C'est avec beaucoup d'émotions et de gratitude que je pense à ces moments-là, car j'ai dû attendre de nombreuses années avant de rencontrer quelqu'un d'autre prêt à m'accepter et à m'aimer telle que je suis.

Paulette n'a pas été la seule à me gâter. Thérèse, qui avait huit ans quand je suis née et à qui j'ai volé le titre de bébé de la famille, a fait preuve d'une formidable patience en me lisant les petits comiques de *La Patrie* et du *Petit Journal*, tous les samedis, jusqu'à ce que je sache lire. Mon frère Jacques, un des aînés, qui était déjà employé à la Dominion Rubber, me gâtait d'une autre façon. Je n'avais qu'à lui dire que j'avais vu un jouet à mon goût dans une vitrine et, au jour de paye suivant, il allait me l'acheter. Bien sûr, il me fallait rester dans les limites du raisonnable, mais je savais très bien quoi demander et à qui le demander.

Malgré tout cet amour qui m'entourait venant de mes frères et sœurs ainsi que de mon père, c'est l'amour de ma mère que je convoitais. Je sentais bien que j'avais perturbé sa vie et je m'en culpabilisais d'une certaine façon. De plus, maman arrivait très difficilement à sa ménopause et, à cette époque, je l'ai vue plus souvent pleurer que rire. Elle avait des accès de colère, et j'en avais très peur. Ses paroles étaient encore plus blessantes que la « palette » dont elle se servait pour me corriger. Certaines phrases sont d'ailleurs restées longtemps présentes dans ma tête : « Qu'est-ce que j'ai fait au Bon Dieu pour

avoir cette enfant-là ? Où est-ce qu'on l'a prise, celle-là ?
Si elle peut donc vieillir ! » Ce qui me faisait le plus peur,
c'étaient les regards qui accompagnaient ces phrases. J'y
voyais beaucoup de choses, sauf de l'amour. Dans ces
moments-là, je ne me sentais pas en sécurité avec elle,
j'étais terrorisée. Tout ça est demeuré « vivable » jusqu'à
l'âge de six ans puisque Paulette était là, mais lorsqu'elle
s'est mariée en 1949, j'aurais tellement voulu partir avec
elle car, dans mon cœur, c'était elle ma mère ! C'est à
partir de ce moment-là que les années d'affrontement
entre ma mère et moi ont commencé. Nous avons voulu
toutes les deux changer l'autre : je n'étais pas l'enfant
soumise qu'elle aurait voulue, elle n'était pas la mère
aimante dont je rêvais.

2

MES AMIS ET L'ÉCOLE

> Les enfants ont plus besoin de modèles
> que de critiques.
>
> JOUBERT

Je l'ai dit, j'étais gâtée, mais c'était dans les limites des moyens dont disposait ma famille. Mon père travaillait depuis l'âge de 13 ans à la Dominion Rubber, et c'était vraiment à la sueur de son front qu'il arrivait à pourvoir aux besoins de sa famille. Toutefois, j'avais dans ma cour quelque chose qui faisait l'envie de tous les enfants du voisinage. Quelques années plus tôt, mon père avait construit, pour ma sœur Thérèse, une petit maison pour jouer « à la madame », comme on disait chez nous. J'avais donc la chance d'avoir toujours des tas d'amis chez moi. Avec le recul, je dois avouer que, sans cette petite maison, les amis se seraient faits plus rares puisque je n'étais pas très gentille avec eux. Je devrais plutôt dire que j'étais gentille quand ils voulaient bien se plier à mes quatre volontés.

Mes amis et moi n'avons pas joué qu'à la madame, dans cette petite maison. Selon mes humeurs, elle devenait une église, une école, un bureau. Un jour, je devais avoir environ six ans, je crois, mon imagination a dépassé les bornes. Ma mère venait tout juste de coudre de jolis petits rideaux pour les quatre fenêtres de ma maison, mais voilà que je décide de la transformer en usine de je-ne-sais-trop-quoi. Après avoir sorti les meubles, nous faisions glisser du sable (j'en avais à revendre dans mon carré) sur une planche installée en pente, de l'extérieur vers l'intérieur de la maison. Les petits amis qui jouaient le rôle des travailleurs à l'intérieur devaient se couvrir la bouche et le nez d'un mouchoir afin de ne pas suffoquer. Imaginez le résultat sur les petits rideaux de batiste blanche.

J'ai aussi marqué les habitudes alimentaires de certaines de mes petites camarades. Quand je décidais de leur préparer une réception comme l'aurait fait une grande dame, je leur servais le thé. Mais quand on a cinq ans, on n'a rien pour faire chauffer l'eau. C'étaient donc des feuilles de thé dans de l'eau froide qu'elles se voyaient obligées d'ingurgiter. Une d'entre elles m'a avoué, plusieurs années plus tard, qu'elle n'avait jamais pu avaler une gorgée de thé depuis.

Je montais des spectacles et organisais des parades ; j'aimais diriger, conduire le bal, régenter, mais quand les amis en avaient assez de se faire mener par le bout du nez, ils retournaient chez eux et je restais seule à pleurer de désespoir. Avec le temps, j'avais trouvé le moyen de meubler ma solitude. Qu'il se soit agi de l'abandon de mes amis ou encore de ces fameux dimanches après-midi que j'ai si longtemps détestés, je regagnais, selon la saison, mes petits coins préférés. Chaque printemps, au fond de la cour, la fonte des neiges laissait pour quelques semaines un ruisseau qui coulait entre notre terrain et celui du voisin. La clôture de broche qui se trouvait juste au milieu de ce ruisseau temporaire avait été tordue entre deux poteaux et elle me servait de hamac. J'allais m'étendre là, j'écoutais le clapotis de l'eau et je regardais glisser les nuages dans le ciel : j'étais bien. Les jours de pluie, je passais des heures interminables à chanter en me balançant sur la galerie arrière. Mon père avait eu cette brillante idée d'installer là deux cordes et une planche, à l'abri des intempéries.

L'été, je me fabriquais une sorte de litière en installant des planches appuyées un bout sur le perron de notre maison et l'autre, sur le bord d'une fenêtre de ma petite maison. Deux bâtons qui reposaient sur le toit puis sur le bras de galerie servaient de charpente de toit à ce « lit » suspendu que je recouvrais d'une large pièce de tulle. Je pouvais alors m'allonger sur quelques oreillers et y passer de bons moments à lire et à rêver. C'était mon univers à moi et il était bien différent de celui dans lequel je vivais réellement. J'ai très longtemps rêvé ma vie au lieu de la vivre.

Revenons-en aux dimanches après-midi. Mon père n'a jamais eu d'auto et, quand arrivaient les samedis et surtout les dimanches, je voyais partir mes amis, avec leurs parents, faire une balade dans les Laurentides ou aller visiter la parenté. Mes frères et mes sœurs étant déjà pris par leur propre vie, je me retrouvais seule avec papa et maman, et on passait les dimanches après-midi sur la galerie à regarder passer les autos. Très souvent, mes frères m'ont taquinée en me chantonnant un air populaire à l'époque : *Les enfants s'ennuient le dimanche...* et je ne les trouvais pas drôles du tout !

J'ai également de bien tristes souvenirs des Noëls de mon enfance. Chez nous, on ne fêtait pas Noël, on fêtait plutôt le Jour de l'An par un repas familial. Bien sûr, on donnait les cadeaux à Noël, mais la magie n'y était pas. Cette magie, je l'ai vécue chez ma tante Cécile, à l'âge de quatre ans, quand le Père Noël a pris le temps de venir nous remettre lui-même nos cadeaux. C'était un souvenir tellement précieux dans mon cœur d'enfant que je n'ai pensé que plusieurs années plus tard à demander qui incarnait ce Père Noël si gentil, en 1947, sur la rue Henri-Julien.

À Saint-Jérôme, sur la rue Saint-Georges, c'était autre chose. Même si je ne croyais plus au Père Noël, je persistais à vouloir croire que Noël était un jour pas comme les autres et qu'il fallait le souligner. J'allais à la messe de minuit avec mon père. Lui y allait parce qu'il était bénévole à la paroisse ; il était placier. Puis en revenant chez nous, c'est le cœur serré que je voyais presque toutes les maisons décorées de lumières multicolores et, dans la buée que laissait échapper chaque porte ouverte, la « visite » entrait pour le réveillon. Moi, je demandais à papa de bien vouloir manger un petit morceau de gâteau avec moi avant d'aller dormir ; c'était moins triste comme ça.

Dès que j'ai atteint l'âge de prendre en main mes propres activités, je me suis arrangée pour ne plus passer la nuit de Noël seule. Pendant plusieurs années, j'ai organisé des réveillons pour tous ceux qui, comme moi, n'avaient rien de prévu dans leur famille. Et pourtant, l'insupportable solitude de la nuit de Noël devait me rattraper un jour. J'en reparlerai plus loin.

L'ÉCOLE

J'ai tout simplement adoré l'école. J'aimais apprendre, j'avais de la facilité et je me suis vite rendu compte que, lorsque mes travaux étaient bien faits et que j'étais attentive et obéissante en classe, les professeurs m'aimaient. J'avais trouvé la recette miracle : je serais gentille et on m'aimerait.

J'ai fait mes trois premières années à l'école Saint-Joseph, petite école primaire de ma paroisse. Le seul souvenir précis que j'aie de mes premiers jours d'école, c'est l'éclat de rire de sœur Marie-Lazarre quand je lui ai remis mon dessin. Cette religieuse me fit peur dès mon entrée en classe ; elle était très grande, pas souriante du tout et son costume des sœurs de Sainte-Anne lui donnait une allure redoutable. Mais quand elle a vu le gros cœur rouge transpercé d'une flèche que je venais tout juste de dessiner, son visage s'illumina. Je ne comprenais rien à cet amusement soudain, elle avait pourtant dit qu'on pouvait dessiner ce qu'on voulait... Décidément, à six ans, le monde des adultes me semblait bien complexe ! Elle était quand même bien gentille, sœur Marie-Lazarre.

À cause d'une sinusite sévère, j'ai dû m'absenter de l'école de janvier à la fin d'avril, en première année. Elle venait tous les deux jours m'apporter des travaux à la maison et me donnait quelques brèves explications afin que je suive le programme de ma classe. Grâce à elle, j'ai pu réussir mon année scolaire.

Puis, comme tous les enfants de mon âge, un matin de printemps, j'ai marché vers l'autel toute vêtue de blanc, les cheveux couverts d'un voile. Je me souviens d'avoir eu les larmes aux yeux et la gorge serrée lorsque nous avons entonné le *Prends ma couronne, je te la donne, au ciel, n'est-ce pas, tu me la rendras...* J'étais déjà très sensible à la musique à sept ans et je me rappelle aussi combien j'aimais la paix qui s'installait en moi quand je me retrouvais à l'église. Malheureusement, les enseignements religieux de l'époque étaient tellement axés sur la sévérité, le jugement et les punitions de Dieu qu'avec les années la paix fit place à la crainte.

Après ma troisième année, on m'a envoyée étudier à l'Institut familial des sœurs du Bon Conseil. Je ne sais pas ce qui a incité mes parents à prendre une telle décision, mais j'en remercie le Ciel, car j'y ai passé des années très heureuses et enrichissantes. Je n'étais pas pensionnaire puisque cette école était dans ma ville, mais j'aurais pourtant voulu l'être. Ça peut paraître bizarre qu'un enfant de neuf ans veuille être pensionnaire mais, pour moi, c'aurait été une façon de vivre avec des gens de mon âge et non entourée d'adultes comme je l'étais à la maison. Et puis, souvenez-vous, mes professeurs m'aimaient, eux...

J'ai appris à coudre, à cuisiner, à tisser, à décorer une maison, en somme, j'ai appris tout ce qu'il fallait à une femme parfaite dans les années cinquante. J'apprenais vite, je dévorais mes manuels d'étude et, pendant que mes compagnes tricotaient un petit gilet de bébé, j'en tricotais deux pour les jumeaux de ma sœur. J'apprenais si vite que j'ai pu « sauter » deux années. Je me suis donc retrouvée avec des personnes plus âgées que moi, comme d'habitude. Durant ces années d'école, je n'ai pas vécu le phénomène de *gang* que vivent normalement les enfants. J'étais l'élève modèle, sage et docile, non pas par vertu, mais par peur de perdre l'amour de mes professeurs. Je revois encore les yeux de ma mère lorsque les religieuses lui affirmaient n'avoir vraiment rien à me reprocher ; elle s'empressait de dire : « Ah ! Vous la connaissez pas ! » Bien sûr qu'elles ne me connaissaient pas. Personne ne me connaissait réellement. J'ai d'ailleurs moi-même fini par ne plus savoir qui j'étais vraiment. J'essayais d'être ce qu'il fallait être pour qu'on m'aime, un point, c'est tout.

3

MA SECONDE NATURE :
LA MUSIQUE

Il y a toujours, dans notre enfance, un moment où la porte s'ouvre et laisse entrer l'avenir.

GRAHAM GREENE

La place qu'a tenue la musique dans ma vie fut très importante, même très jeune. D'ailleurs, on m'a toujours dit que j'ai chanté avant de parler. Je ne pouvais même pas prononcer correctement les mots quand, aux noces d'un cousin, j'ai chanté une belle chanson d'amour : *Symphonie*. Les paroles n'étaient sans doute pas tellement compréhensibles, mais la mélodie y était !

Un de mes passe-temps favoris, quand j'avais trois ou quatre ans, était de me bercer en chantant des airs de la Bonne Chanson. Mes sœurs ont dû me chanter très souvent les chansons d'un petit cahier que j'aimais feuilleter, puisqu'on m'a raconté que je reconnaissais les illustrations en haut de chaque page et que je chantais la « bonne » chanson à la bonne page, comme si j'avais su lire. J'aimais aussi écouter les disques « 78 tours » que nous possédions. Ma chanteuse préférée était Lucille Dumont. J'apprenais ses chansons sans jamais me lasser : *Captain Cap, Ça s'fait pas, Brin d'amour, Notre Dame des Amours,* etc. Je connaissais aussi *Gypsie* d'Alys Robi et le *Chapeau à Plume* de Jacques Normand.

À Saint-Jérôme, durant la guerre 39-45, il y avait un camp militaire. J'habitais d'ailleurs juste en face des baraques où logeaient les soldats et j'ai été longtemps réveillée le matin par le son du clairon et émue, le soir, par ce même clairon qui sonnait cet air si triste de l'extinction des feux. Même après la fin de la guerre, un certain nombre de soldats sont demeurés sur place et, de temps à autre, des artistes venaient les divertir avec un spectacle au manège militaire. J'avais environ cinq ans quand mes sœurs Thérèse et Paulette m'ont amenée voir un de ces spectacles. C'était avec une certaine appréhension que je les suivais car, quelques semaines auparavant, elles m'avaient fait vivre l'horreur. Les samedis après-midi, au cinéma Rex, on projetait des films pour les jeunes. C'est là que j'ai vécu ma première expérience cinématographique. Nous sommes allées nous asseoir à la première rangée (j'ignore encore pourquoi) et, quand les lumières se sont éteintes, je me suis calée dans mon fauteuil, cherchant dans ma tête pourquoi on m'avait parlé de cette sortie avec tant d'enthousiasme. C'était un film de Laurel et Hardy qui était censé faire rire mais, dans l'histoire, il y avait un homme qui se transformait en loup. Quand j'ai vu pousser le poil sur les mains, le corps, le visage de cet homme, qui devenait monstrueux sous nos yeux, j'ai pensé mourir de peur. Mes sœurs avaient beau me dire que c'était un loup-garou, que ce n'était pas vrai, de ne pas fermer les yeux ; rien ne pouvait me calmer. Je m'étais promis qu'on ne m'y reprendrait plus et, lorsqu'on m'a parlé d'un spectacle au manège militaire, je me demandais bien dans quelle aventure on m'entraînait.

Quand on a baissé l'éclairage, mon cœur s'est serré mais, dès que les feux de la rampe se sont allumés et que l'orchestre a joué les premiers accords, je fus émerveillée. Je me souviens vaguement d'avoir vu et entendu Rollande Desormeaux, Robert l'Herbier et Muriel Millard. Mais ce dont je me souviens très clairement, c'est ce sentiment d'admiration et d'envie qui m'a envahie. Je les voyais sur scène et je voulais être à leur place. C'est à ce moment précis, je crois, que j'ai décidé qu'un jour je ferais du spectacle.

La musique faisait partie de ma vie et, durant mon enfance, ça ne semblait pas trop déranger. D'ailleurs, je n'étais pas la première à aimer la musique dans la famille. Ma mère avait déjà joué du piano quand elle était jeune ; elle avait même joué quelques soirs au cinéma où l'on projetait des films muets. Mon père jouait bien du violon et de l'accordéon, ma sœur Aline avait une très belle voix, Paulette et Thérèse jouaient du piano et mon frère Marcel imitait Félix Leclerc en s'accompagnant à la guitare. Denis et Jacques, eux, « poussaient » leur petite chanson au temps des fêtes.

Je me souviens du jour où mon amour de la musique est devenu menaçant pour la tranquillité familiale. Nous étions aux noces d'une cousine, j'avais environ huit ans à l'époque, et l'orchestre jouait des airs à la mode. J'écoutais religieusement et, peut-être pour mieux entendre les musiciens, je suis allée m'asseoir près d'eux, sur l'estrade où ils jouaient. Entre deux chansons, le guitariste s'est penché vers moi et m'a demandé si j'aimais la musique et si je jouais d'un instrument quelconque. J'étais heureuse de l'intérêt qu'il me portait, mais j'ai vu surgir ma mère qui, m'agrippant par le bras, me ramena vers notre table en me disant : « Il faut pas parler aux musiciens, c'est pas du monde comme nous autres ! » Je n'y comprenais rien. Par la suite, j'ai pourtant eu le droit de chanter très souvent *Les Noces de Maria Chapedelaine* aux réceptions de mariage de cousins et cousines, et ça, c'était permis. Ça ne dérangeait pas, ça restait dans le cadre familial. Il y avait aussi cette fête annuelle qui a encore lieu à Saint-Jérôme, au mois de septembre : la Fête du Calvaire. On célèbre la messe au cimetière à la mémoire des défunts. Toute la famille de ma mère avait l'habitude de venir de Montréal pour cette occasion et, très souvent, nous nous sommes retrouvés une bonne vingtaine au repas du midi. Parmi ces visiteurs, il y avait mon cousin Yvon, l'accordéoniste. Quel bonheur ! Je pouvais enfin passer une journée entière à jouer du piano, à chanter et à écouter de la musique, et là encore, c'était permis, ça restait dans la famille !

À l'Institut familial, on m'a inscrite aux cours de piano. J'ai étudié avec sœur Marie-Ange Labrèche durant trois ans. Cette religieuse a vraiment contribué à me donner confiance et c'est elle qui a allumé ma créativité. Pour chaque occasion spéciale, sœur Marie-Ange organisait des spectacles et j'en faisais partie. Elle montait surtout de petites comédies musicales autour de chansons enfantines, avec costumes, accessoires et décors. Un jour, pour l'un de ces spectacles, nous devions représenter une scène d'hiver et, ne trouvant pas de chanson appropriée, elle composa elle-même une mélodie et me demanda d'y mettre des paroles, ce que je fis. J'avais onze ans : c'était ma première chanson !

Sœur Marie-Ange enseignait aussi le tricot. Quelles heures extraordinaires nous avons passées à l'écouter nous lire du Jules Verne ou encore l'histoire de la famille Trapp pendant que nous essayions de ne pas échapper de mailles ! Quelle lectrice merveilleuse, quelle artiste ! Je sais qu'elle a donné le goût de la musique à plusieurs enfants durant sa vie, et c'est un héritage sans égal dont elle m'a fait cadeau.

4

MON BESOIN DE CRÉATIVITÉ

Si vous avez fait des châteaux en l'air,
vous n'avez pas travaillé en vain, car c'est
là que tous devraient être. Maintenant,
mettez dessous les fondations.

HENRY D. THOREAU

Durant l'été de mes douze ans, je me souviens qu'il a fait
très chaud. J'avais une bonne amie, Monique (il y avait
quatre Monique dans ma classe), et ses parents possé-
daient un chalet dans les Laurentides où elle passait l'été
avec sa mère. Bien que j'aie eu la chance d'y aller en vacances durant une semaine, je devais trouver quelque
chose pour occuper le reste de l'été. Durant les vacances
précédentes, je passais beaucoup de temps à l'Œuvre des
terrains de jeux (O.T.J.) mais, à douze ans, j'étais trop
grande pour de telles activités. À la suggestion de ma
grand-mère maternelle, que j'adorais, j'ai commencé un

herbier. Elle-même herboriste, elle m'aida à identifier les plantes dont je collectionnais soigneusement les feuilles et les faisais sécher pour ensuite les coller dans un grand album. À quelques reprises, j'ai accompagné Mémère Legault dans la cueillette d'herbages pour ses tisanes. Je me souviens encore de la douce odeur humide d'une grande forêt que nous avions parcourue aux environs de Terrebonne. J'ai toujours eu peur de la forêt, à cause des histoires de grands méchants loups, je suppose, mais avec ma grand-mère je n'avais peur de rien. Elle démontrait une grande patience en répondant à mes questions d'enfant curieuse et elle semblait tellement heureuse de voir que je m'intéressais à sa passion : la santé par les plantes.

J'ai aussi, durant cet été-là, fait beaucoup de bricolage, enfermée toute seule dans le hangar où mon père m'avait aménagé un petit atelier. J'ai toujours raffolé des maquettes et des miniatures : je me suis amusée à en fabriquer quelques-unes. J'aimais déjà le bricolage, l'artisanat ; j'avais beaucoup de facilité dans ces travaux. J'en ai d'ailleurs un souvenir tangible puisque, sur une photo de première communion prise dans le salon, il y a près de moi une urne contenant des fleurs de papier crêpé que j'avais fabriquées moi-même. C'était ma tante Marie-Ange, la sœur de maman qui était sœur Grise, qui m'avait initiée à la fabrication de fleurs en m'apportant un manuel d'instructions, du papier, des broches et de la paraffine. Quand on annonçait la visite de tante Marie-Ange, j'étais folle de joie. Elle m'aimait bien et ne craignait pas de le laisser voir. Elle s'informait toujours de mes études, voulait savoir ce que j'avais appris au piano ; elle m'apporta d'ailleurs plusieurs revues anciennes, des

« *Passe-temps* », dans lesquelles j'ai pu apprendre d'anciennes chansons. Puis, à la visite suivante, elle venait près de moi, sur le banc du piano, et chantait avec moi les chansons que j'avais apprises. Ça m'amusait beaucoup de voir une religieuse, en costume, chanter des chansons d'amour.

MA PREMIÈRE ÉMISSION DE TÉLÉ

Il y avait, à la télévision de Radio-Canada, une émission qui s'intitulait *Mains habiles,* animée par Madeleine Arbour. J'aimais beaucoup cette émission et j'y puisais des trucs précieux pour mes bricolages. Un jour, dans mon atelier, j'ai fabriqué une libellule à partir de cure-pipes, de papier crêpé et de mica pour les ailes. J'étais tellement fière du résultat que j'ai décidé de l'envoyer à mon émission préférée sans en parler à ma mère, bien sûr. Elle ne m'aurait jamais permis d'envoyer mon « chef-d'œuvre » qu'elle aurait probablement qualifié d'ordinaire. J'ai donc emballé ma jolie libellule avec grande précaution et je l'ai postée à Radio-Canada. Quelques semaines plus tard, alors que j'étais à travailler à la maquette d'un site de vacances, ma mère m'appela de la maison. Quand elle me vit sortir du hangar, où il faisait une chaleur suffocante, elle m'a demandé d'un ton sévère : « As-tu envoyé quelque chose à la télévision, toi ? » J'ai répondu que oui, bien craintivement. Elle a poursuivi : « Ils viennent de téléphoner, là, pis ils veulent que tu passes à leur programme. » J'étais au comble de la joie mais, en même temps, j'avais peur de la réponse que j'allais recevoir à ma question : « Et qu'est-ce que tu leur as dit ? » « Ben... j'ai dit que c'était correct. On va y aller vendredi prochain. » J'ai sauté sur ma bicyclette et j'ai fait le tour de mes amis pour leur apprendre la bonne nouvelle ; j'étais folle de joie.

La semaine suivante, après m'être fait donner une permanente superbe et avoir revêtu ma jolie petite blouse à col matelot, je me suis rendue à Montréal en autobus en compagnie de ma mère. Dès mon entrée dans le studio de télé, ce fut l'émerveillement : l'éclairage, les caméras, les machinistes. Je me sentais comme un poisson dans l'eau, alors que ma mère trouvait tout ça atrocement laid ; tous ces gros câbles noirs, par terre, les planchers de ciment. « C'est-tu assez désappointant de voir comment c'est pour le vrai ! », a-t-elle dit.

J'ai donc fait mes débuts à la télévision à l'âge de douze ans à l'émission *Mains habiles* où j'ai expliqué à Madeleine Arbour comment j'avais procédé pour fabriquer mon bel insecte. J'ai ensuite participé durant l'émission à la construction d'une maquette de montagnes russes. J'ai tellement aimé mon expérience que j'y serais restée durant des semaines. Je croyais rêver lorsqu'on m'a amenée dans une autre pièce afin d'y choisir un cadeau en guise de remerciements pour avoir participé à l'émission. Un cadeau ? C'est moi qui aurais dû leur en offrir un ! On a pris l'ascenseur dans ce grand édifice de la rue Dorchester que j'avais si souvent vu quand débutait l'émission de *Grand-Père Cailloux*. J'avais vraiment l'impression de monter dans son grenier. La pièce où l'on m'amena était remplie de jouets de toutes sortes ; je devais en choisir un. Mon choix s'est arrêté sur un ensemble pour débutants en pyrogravure. Je suis retournée à Saint-Jérôme, ce soir du mois d'août 1955, le cœur rempli de joie et, dans les mains, de quoi passer une fin d'été bien remplie.

MES PREMIÈRES CHANSONS

Il y avait, à Radio-Canada, le Concours de la chanson canadienne. Je suivais son dénouement avec grand intérêt, apprenant dès leur apparition sur le marché les chansons primées : *En veillant sur l'perron, Un baluchon de rêve, Va mon p'tit bonhomme va, Ma femme est partie en voyage de noces,* etc.

Sœur Marie-Ange avait allumé la petite flamme ; j'ai alors commencé à croire que je pourrais participer à ce genre de concours et peut-être même y remporter un prix. J'ai écrit mes premières chansons à ce moment-là, à l'âge de douze ans. Ça parlait d'amour, d'adolescence, des Laurentides, de la nature. J'en ai fait parvenir une à Radio-Canada, mais pas de chance : un accusé de réception et c'est tout. J'étais déçue, mais j'ai persisté ; je n'allais quand même pas retourner au bricolage, j'étais trop vieille pour ça.

Au cours des années, mes sœurs avaient accumulé une quantité appréciable de musique en feuilles. Tous les jours, je jouais du piano durant au moins une heure, essayant de déchiffrer ces musiques françaises ou américaines. C'est ainsi que j'ai commencé à chanter en m'accompagnant au piano. Puis, un dimanche après-midi, sans le dire à personne, je me suis rendue à l'Hôtel Lapointe où avait lieu un concours amateur diffusé sur les ondes de la radio locale, CKJL. Le JL, c'était pour Jean Lalonde, le propriétaire de la station. Je me suis inscrite au concours et, quelques minutes plus tard, j'ai chanté *Où sont-ils donc* de Charles Trenet en m'accompagnant. Je ne me souviens pas qui étaient mes concurrents, mais j'ai gagné, et c'est avec beaucoup de crainte que j'ai dû expliquer à ma mère d'où venait le magnifique ensemble de broche et boucles d'oreille que je rapportais chez moi. Je n'ai pas reçu son approbation, bien sûr. Pour mes parents, la vie d'artiste n'était pas la place d'une fille, surtout pas de *leur* fille. J'étais déçue de leur réaction, mais elle ne me surprenait pas. Par contre, j'étais fière de ce que j'avais vécu car, en plus d'avoir reçu l'approbation des juges, j'avais discuté avec le pianiste, Albert Dulude, qui m'a alors donné des conseils sur les accords au piano qui me servent encore aujourd'hui.

À la même époque, mon beau-frère était gérant d'un magasin de chaussures Montreal Shoe Store. Durant les vacances d'été, même si je n'étais pas en âge de travailler, il m'a embauchée et j'ai pu ainsi me faire assez d'argent pour m'acheter un accordéon-piano que j'avais vu annoncé dans le journal local. Avec Gilles Forget, un garçon de mon âge qui était un excellent accordéoniste, nous avons formé un duo et nous jouions et chantions nos compositions un peu partout dans les soirées paroissiales ou encore les danses de la Jeunesse étudiante catholique (J.É.C.). Mon goût du spectacle était bel et bien installé.

5

MES 13 ET 14 ANS : UN TOURNANT DANS MA VIE

> Chacun fait des châteaux en Espagne. On
> en fait à la ville ainsi qu'à la campagne ;
> on en fait en dormant, on en fait éveillé.
> A. KARR

LE CHOIX QU'ON A FAIT POUR MOI

À treize ans, j'étais toujours étudiante à l'Institut familial et, comme mes compagnes, je pouvais espérer devenir professeur de couture ou d'art culinaire. Les possibilités étaient nombreuses et de plus en plus j'aimais cette école. Pourtant, il m'arrivait encore de rêver de musique et de spectacles. Je faisais ma 8e et ma 9e année en même temps et je devais m'engager l'année suivante dans ce qu'on appelait le cours familial. Ma mère a alors demandé aux religieuses vers quelle spécialité elles allaient me diriger. On lui a répondu que c'était trop tôt, que je réussissais dans toutes les matières. Sans même me demander ce que j'en pensais, ma mère en a déduit que je n'arriverais pas à faire un choix et elle l'a fait pour moi. Elle m'apprit, au mois de juin 1956, que je ne retournerais pas à l'Institut, mais que j'irais plutôt passer deux ans au Business College pour apprendre le métier de secrétaire. Je crois que cette annonce a été la première grande peine de ma vie. Moi qui rêvais d'université... Je l'ai pleurée, cette décision, mais je n'y pouvais rien, mon inscription était déjà faite et, à cette époque, on était soumis...

J'ai commencé ce cours commercial sans trop d'intérêt, puis j'en ai pris mon parti. Il y avait quand même quelque chose qui me plaisait là. Je côtoyais des jeunes plus âgés que moi et nous jouions aux adultes puisqu'il ne nous restait plus que quelques mois avant de faire le grand saut dans le monde du travail. De toute façon, l'adolescence était si courte à cette époque ; on y entrait à douze ans puis, à seize ou dix-sept ans, il fallait faire preuve de sérieux et commencer à gagner sa vie.

Même si nous n'en étions pas encore rendus aux années de contestation et de révolution tranquille, je faisais partie d'un groupe de jeunes qui, à sa manière, avait pris position avec fracas contre notre évêque, Mgr Frenette. Ce dernier avait interdit qu'on fasse tourner les chansons d'Elvis Presley à CKJL. Nous nous sommes rendus, une bonne cinquante de grands adolescents, pancartes en main, manifester en face de l'Hôtel Lapointe où étaient situés les studios de cette station radiophonique, réclamant qu'on cesse de boycotter les chansons de notre idole.

Heureusement que la photo parue dans le journal local n'était pas de grande taille : ma mère aurait pu y découvrir sa fille, et Dieu qu'elle aurait eu honte !

MES EMPLOIS D'ÉTUDIANTE

À quatorze ans, je voulais un emploi d'été et je ne pouvais rien trouver de sérieux, j'étais trop jeune. Il y avait un endroit où je rêvais de travailler : à la Crémerie Casavant. C'était près de chez nous et je connaissais deux filles qui y travaillaient déjà. J'ai donc décidé de tenter ma chance et je suis allée rencontrer le directeur du personnel. Quand il m'a demandé mon âge, j'ai levé la tête et j'ai dit : « Seize ans ». Heureusement que monsieur Dazé était occupé à remplir une fiche à mon nom, il ne vit pas la rougeur qui envahissait mes joues et me trahissait. Je fus embauchée. Quelle joie !

Durant l'été 1957, j'ai porté le bel uniforme blanc de serveuse et j'ai vendu de la crème glacée et des produits laitiers aux estivants qui s'arrêtaient à Saint-Jérôme, en route vers leurs chalets. Les heures de travail étaient longues, les temps de repos, très rares, et le salaire, minime, mais les pourboires faisaient la différence. Même les semaines où les clients avaient été moins généreux, je n'aurais jamais pensé quitter cet emploi. J'apprenais par les remarques de certains clients que j'étais attrayante et j'aimais bien me faire flirter ; je devenais une femme et j'aimais ça. Quand j'allais dans la laiterie chercher des articles qui manquaient, le sourire d'un des employés me faisait chavirer le cœur. Il a été mon premier amour. Nous n'avons fait que quelques sorties ensemble ; en cachette, il venait me reconduire jusqu'au coin de la rue. Je n'avais pas la permission de sortir avec les garçons : chez nous, il fallait attendre d'avoir seize ans. Toutefois, j'ai eu droit à un grand privilège, j'ai pu être « accompagnée » au mariage de ma sœur Thérèse, cet été de 1957. Mais ce garçon avait au moins quatre ans de plus que moi et il s'est vite fatigué des cachettes.

Il fut le premier garçon pour qui j'ai ressenti quelque chose et qui s'est tourné vers quelqu'un d'autre, mais il ne serait pas le dernier. Il devait y en avoir plusieurs autres.

J'étais attirée vers les hommes qui ne m'aimaient pas, alors que ceux qui semblaient m'aimer m'exaspéraient. Déjà, sans m'en rendre compte, je me mettais en position de rejet, tout comme ce que j'avais vécu avec ma mère. Je devrais plutôt dire, comme je le vivais toujours avec ma mère.

Quand j'étais petite, elle n'approuvait jamais ce que je faisais. Elle redoutait que, en nous complimentant, nous devenions prétentieux et pédants. Par contre, elle avait la mauvaise habitude de profiter de la présence de visiteurs à la maison pour raconter mes gaffes ou mes mauvais coups. Ça n'a peut-être pas fait le même effet sur ses sept enfants mais, pour moi, cette attitude n'a réussi qu'à semer le doute sur tout ce que je faisais. Je cherchais l'approbation et l'amour partout ailleurs, croyant que les belles et grandes choses étaient pour les autres, pas pour nous. Pourtant, c'était de ça dont je rêvais en cachette, des belles et grandes choses.

J'ai très tôt compris que je ne devais pas faire part de mes aspirations dans ma famille et, rendue à l'adolescence, je me souviens d'être allée au lit plus tôt le soir, afin d'avoir le temps de rêver « éveillée ». Dans les scénarios que j'imaginais alors, tout serait parfait dans ma vie, tout irait à merveille.

6

MÉMÈRE LEGAULT

Nous vivons par nos aïeux, par le sang
qu'ils nous ont légué, et nos aïeux revi-
vent en nous par ce même sang que nous
leur devons.

LACORDAIRE

Quand j'avais le goût de discuter, de me sentir comprise
et d'en apprendre sur le passé, je prenais l'autobus et j'allais rendre visite à ma grand-mère qui habitait Montréal.
Ça peut paraître bizarre pour une adolescente d'aller passer des heures avec une femme qui avait alors plus de
quatre-vingts ans, mais, si vous aviez connu Mémère
Legault, vous auriez compris. Dès que j'entrais dans sa
petite maison de la rue Saint-André, l'odeur des herbages m'accueillait, puis son « petit Pitou bleu », une per-
ruche qu'elle avait entraînée à parler, me lançait un :
« Bonjour ! Ça va bien ? » Si par bonheur elle avait fait
cuire un petit rôti de porc ce dimanche matin-là, je n'avais
pas passé la porte qu'elle mettait déjà un couvert pour

moi. Son logement était sombre et rempli de souvenirs de toutes sortes, et je n'ai jamais réussi à faire le tour de tous ces objets qui meublaient sa vie. On la connaissait bien dans le quartier. C'est que tous les soirs de semaine, vers sept heures, elle réussissait à réunir dans son salon une bonne demi-douzaine d'enfants pour dire le chapelet en compagnie de monseigneur Léger à la radio. Comment arrivait-elle à accomplir ce tour de force ? Chacun avait droit à un petit sac de « chips » à 5 ¢ en sortant de cette réunion de prière.

Malgré son âge avancé, elle avait encore une imposante clientèle en tant qu'herboriste. Elle vendait ses tisanes et onguents à des prix dérisoires et, plus souvent qu'autrement, elle les donnait aux moins fortunés. Les affaires avaient été plus fructueuses quand un de ses gendres avait pris le commerce en main, quelques années auparavant, trafiquant les recettes originales qu'elle avait achetées d'une herboriste belge. Cette association n'a pas marché : mon oncle voulait faire de l'argent, ma grand-mère voulait faire du bien.

En plus de les soigner, Mémère Legault devenait la confidente et la conseillère de ses clients et clientes. Le Collège des médecins de l'époque tolérait que les herboristes vendent leurs tisanes, mais il leur était interdit de poser un diagnostic. Un jour, un couple s'est présenté chez elle, exposant ses problèmes de santé et sollicitant son aide. Elle pouvait, bien sûr, aider ces gens et elle leur a expliqué ce qui était probablement la source de leurs malaises.

Elle avait dit un mot de trop, ses nouveaux clients étaient un médecin et une infirmière venus enquêter sur sa pratique. Elle dut comparaître en cour, fut trouvée coupable et sommée de verser une amende, sinon elle irait en prison. Elle refusa énergiquement de payer l'amende et se retrouva à la prison des femmes, rue Fullum. Mes oncles et mes tantes s'arrachaient les cheveux ; leur mère en prison ! Ils sont allés à tour de rôle la visiter et la supplier de payer l'amende. Elle refusait. Je ne sais pas combien de temps elle a passé en prison, j'étais trop jeune pour m'en souvenir, mais, finalement, mon oncle Jean a payé l'amende et l'a ramenée chez elle bien contre son gré. Toutefois, elle revenait à la maison avec quelques nouvelles clientes puisque ses compagnes de cellule vinrent la consulter dès leur libération. C'était une femme qui allait au bout de ses idées et je voulais lui ressembler, mais moi j'étais peureuse.

À l'époque où j'allais passer des dimanches après-midi avec elle, elle avait également une clientèle pour la couture. Malgré sa vue déficiente, elle cousait de jolis petits tabliers de fantaisie qu'elle vendait pour des bagatelles. Elle n'a jamais cessé de travailler et ce, jusqu'à sa mort, survenue à la suite d'une fracture de la hanche, à quatre-vingt-dix ans, qu'elle s'était faite en allant cueillir des tomates dans son jardin. Elle n'avait pourtant pas eu une vie facile. Son premier mari, le père de ma mère, avait un problème d'alcool, et ma mère m'a raconté que les jours de paye, quand six heures du soir passaient sans que son mari soit rentré, ma grand-mère savait qu'il reviendrait tard et les poches vides. Pleurant en silence, elle guettait par la fenêtre de la lucarne l'arrivée de son

Édouard. Pourtant, dès le lendemain matin, très tôt, elle était à sa machine à coudre et chantait en travaillant. Elle devint veuve dans la quarantaine et se remaria avec un veuf qui avait sept enfants. Ajoutés aux six qu'elle avait déjà, elle ne manqua jamais de soucis ni de travail.

Avec elle, je pouvais parler de n'importe quoi ; elle avait souvent des répliques savoureuses. Quand je lui faisais part de mes complexes à cause de ma grandeur (à quatorze ans, je mesurais déjà cinq pieds et huit pouces), elle me disait que ça valait mieux comme ça : « Les petites personnes ont la salle de bain trop proche du salon, elles ont toujours mauvaise haleine », ou encore « dans les petits pots les bons onguents mais dans les grands, les excellents ». Et quand je lui disais que j'aurais aimé avoir plus d'argent, vivre plus à l'aise, sa réponse était : « Ma petite fille, crois-moi, c'est pas plus drôle de pleurer dans un mouchoir de dentelle que dans un kleenex. »

En septembre 1964, sa voisine, attirée par des plaintes venant du jardin, retrouva ma grand-mère gisant près de ses plants de tomates. Elle fut aussitôt transportée à l'hôpital Sacré-Cœur où on a décidé de l'opérer quelques jours plus tard, malgré son âge avancé. Tandis qu'on la préparait pour la salle d'opération, elle a demandé à un médecin qui était à son chevet : « Qui vous êtes, vous ? » Il lui répondit qu'il était l'anesthésiste. Elle répliqua avec vigueur : « Ouen, l'anesthésiste, c'est pas votre nom, comment vous vous appelez ? » Il lui dit son nom et elle ajouta : « Bon, parfait, je vas prier pour vous

quand je vas être rendue de l'autre bord. » Le lendemain
de l'opération, quand elle vit ses deux filles, Annette et
Françoise (ma mère) pleurer au pied de son lit, elle leur
dit : « Je vous en prie, les petites filles, pleurez pas. Ça
fait assez longtemps que je veux m'en aller, presque tout
mon monde est parti. Je commençais à penser que le Bon
Dieu m'avait oubliée ! » Puis, elle est morte, tout doucement, quelques heures plus tard. Je l'ai pleurée longtemps,
Mémère Legault, mais elle m'avait laissé le plus bel héritage : des phrases encourageantes qui devaient me suivre
tout au long ma vie, une philosophie qui m'aide encore
aujourd'hui et son « beau petit Pitou bleu » que j'ai eu le
plaisir de garder pendant deux ans après sa mort. Lui
aussi s'est éteint tout doucement, au fond de sa cage.

Mon père, Napoléon St-Onge, à l'âge de 14 ans.

Ma mère, Françoise Legault, à 17 ans.

Mes parents, le jour de leur mariage, le 20 septembre 1923.

Sur la galerie du 694 de la rue Saint-Georges, toute décorée pour la procession de la Fête-Dieu, mes parents posent fièrement.

Cette photo a été prise lors du 20ᵉ anniversaire de mariage de mes parents. De gauche à droite : Denis, mon père, ma mère, Marcel, Aline, Paulette, qui me tient dans ses bras, et Jacques. Devant le groupe se trouve Thérèse.

Voilà la petite maison qui a occupé mes jeux d'enfant
et c'est bien moi qu'on tient à la fenêtre.

En 1945, j'étais fière de porter
mon petit casque de soldat.

C'est vrai, j'étais une enfant
gâtée. Voyez ce que ça donnait !

À l'âge de 4 ans,
j'avais de longs cheveux
dont j'étais très fière.

Me voici avec mon neveu René.
Je suis son aînée de deux ans.
J'aimais bien jouer à la grande
fille en sa compagnie.

Voici Mémère Legault.

Au 25ᵉ anniversaire de mariage de mes parents, j'étais la
bouquetière. Toute la famille y était : Marcel, Denis, Jacques,
papa et maman, Thérèse, Aline et Paulette.

J'avais cinq ans au 25ᵉ anniversaire de mariage de mes parents, en 1948.

Ma sœur Paulette,
en compagnie de mon père,
le matin de son mariage,
en 1949.

Mémère en compagnie
de sa fille, ma tante
Marie-Ange.

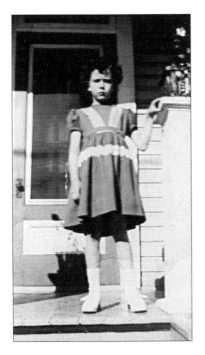

Quand Paulette s'est mariée, je perdais celle que je considérais comme ma mère.

Déjà à l'âge de la première communion, j'aimais les travaux d'artisanat et de bricolage. Les fleurs de papier qui sont sur cette photo, je les avais fabriquées moi-même.

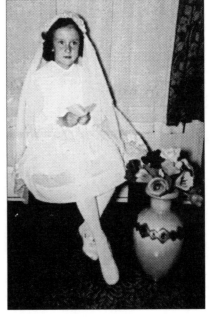

En 1957, c'était les années rock'n'roll. Comme plusieurs filles
de mon âge, j'ai porté la jupe de feutre sur laquelle étaient brodés
les mots « I love you ».

À l'âge de 16 ans, j'étais couronnée Miss Embellissement par le maire
de Saint-Jérôme, M. Hubert Murray. Mes concurrentes étaient
Lorraine Thivierge et Micheline Gauthier.

Au Gala national de la Jeunesse ouvrière catholique, en 1962,
j'ai remporté le premier prix de la chanson
avec « Souris, jeune travailleur ».

Au défilé de la Saint-Jean-Baptiste,
j'ai représenté la Jérômienne, en 1963.

Deuxième partie

MA VIE D'ADULTE : TRAVAIL, CARRIÈRE, AMOURS

Enfant, on pose toutes les questions sans avoir de réponses. Adolescent, on connaît toutes les réponses, sans poser de questions. À l'âge mûr, on connaît toutes les réponses à toutes les questions, mais pas les solutions.

A. BEZUIDENHOUT

MON PREMIER MÉTIER : SECRÉTAIRE

> Il n'y a pas de mensonges qui nous soient
> plus nuisibles que ceux que nous nous
> faisons à nous-mêmes.
>
> MADAME DU DEFFANT

Je venais tout juste d'avoir quinze ans quand j'ai décroché mon premier emploi à temps plein, mais je n'y suis restée que deux mois. En 1958, on avait le choix ; quand on n'était pas bien à un endroit, on trouvait autre chose assez facilement. J'ai débuté dans le travail de secrétariat comme commis au département des archives de l'Hôtel-Dieu de Saint-Jérôme ; ensuite, j'ai travaillé comme réceptionniste-secrétaire à la Diva Shœ durant un an. Puis, j'ai travaillé à la National Heel et à la Dominion Rubber (où tous les membres de ma famille sont passés à tour de rôle). Finalement, c'est à la Diva Shœ, comme secrétaire du président, que j'ai terminé ma « carrière » de secrétaire.

Bien que je n'aie pas choisi ce métier, j'y ai quand même vécu de belles années. Rien n'arrive pour rien dans la vie, et ce que j'ai appris durant ces huit années m'a servi et me sert encore aujourd'hui.

C'est à partir de là que j'ai vraiment commencé à m'intégrer à un groupe. J'ai suivi mes compagnes de travail dans les activités de fin de semaine : randonnées dans les Laurentides, soirées dans les salles de danse puis dans les hôtels. On s'amusait, on riait, on buvait, on dansait et on flirtait. Rien de bien méchant, mais je me rendais compte que je devais faire attention à l'alcool. Je ne réagissais pas comme mes amis et je devais être prudente.

Ce qu'on appelait le comité social, à plusieurs endroits où j'ai travaillé, était d'ailleurs un pieux prétexte à des beuveries sans fin. Bien sûr, ma mère fulminait lorsque je rentrais tard. Elle m'attendait sur la berceuse, juste au bout du couloir, afin que je la voie bien en ouvrant la porte. S'ensuivaient des réprimandes qui auraient pu être bien pires, compte tenu de sa sévérité dans d'autres situations. Elle se sentait peut-être coupable de m'avoir poussée sur le marché du travail aussi jeune et elle admettait qu'elle en payait en quelque sorte les conséquences. De toute façon, ma vitalité et sa sévérité n'avaient rien de compatibles. Plus tard, quand j'étais dans la vingtaine, j'allais souvent passer des soirées chez mes frères et mes sœurs, qui étaient tous mariés, et si je n'étais pas rentrée à onze heures quinze, elle me téléphonait pour me dire qu'il était assez tard. Et pourtant, durant l'été de mes seize ans, elle m'avait permis d'aller passer une semaine de vacances à Saint-Gabriel de Brandon, avec une compagne de travail. Elle était vraiment imprévisible et je n'y comprenais rien.

8

« MISS EMBELLISSEMENT »

Ce qui remplace le mieux l'expérience,
c'est d'avoir seize ans.

RAYMOND DUNCAN

Au printemps de 1959, je travaillais depuis un an à la Diva Shœ quand j'ai vécu une expérience très spéciale. La Chambre de commerce organisait un concours dans le cadre de la Semaine de l'embellissement afin de promouvoir le maintien de la propreté dans notre ville. Chaque entreprise ou industrie était représentée par une employée, et c'était parmi ces jeunes filles qu'on élisait une « Miss Embellissement ». Un mercredi matin, je travaillais tranquillement à mon bureau quand un des patrons vint me demander de me rendre chez un photographe durant mon heure de lunch. « Mais pourquoi ? » « Celle qui devait représenter notre compagnie s'est désistée, alors nous avons décidé que vous pourriez très bien le faire à sa place. » J'étais à la fois très heureuse et morte de peur. J'ai accepté, je suis passée à la maison et j'ai enfilé une belle robe chinoise que j'avais dessinée après avoir vu le film *Love is a Many Splender Things* et que j'avais fait confectionner par une couturière professionnelle. J'ai fait la séance de photos et, deux jours plus tard, on annonçait ma candidature dans le journal local. À ma grande surprise, nous n'étions que trois et, d'après les photos que j'avais devant les yeux, c'était évident que je ne serais pas la gagnante. J'avais l'air d'une enfant à côté d'une des candidates, qui était vraiment une belle femme mûre. La sélection se ferait par un jury et le tout se passerait lors d'une soirée de gala à la salle de bal de l'Hôtel Lapointe. J'y allais sans aucune attente. J'étais simplement contente de participer à cet événement.

La salle était remplie à pleine capacité, 400, 500 personnes, je ne sais pas. Puis l'orchestre s'arrêta, un roulement de tambour donna le signal d'un changement d'éclairage et l'animateur de la soirée s'est amené sur scène. Mon assurance des premiers moments commençait à fuir ; dans quel pétrin je m'étais mise, j'aurais l'air complètement ridicule à côté de Micheline Gauthier. À tour de rôle, nous sommes montées sur scène pour répondre aux questions de l'animateur, ce qui constituait un genre de test de personnalité. Je ne me souviens pas du tout comment tout ça s'est passé, les nerfs avaient pris le dessus.

Pendant que le jury délibérait, le ténor Roger Doucet nous a présenté un tour de chant qui aurait dû m'impressionner, mais dont je n'ai plus souvenir. Puis ce fut le *black-out*, le roulement de tambour et la voix du maître de cérémonie qui invitait les concurrentes à remonter sur scène. Après nous avoir fait languir quelques minutes en adressant les remerciements d'usage, j'entendis

comme venant d'un autre monde : « Miss Embellissement 1959 est Monique Saintonge. » J'ai vu aussitôt la
déception qui se lisait sur le visage de celle qui croyait
gagner. Je n'y comprenais rien, mais la joie a vite remplacée la surprise. Je suis redevenue la petite enfant gâtée
d'autrefois quand on me couvrit d'une superbe cape, d'un
ruban annonçant mon titre, d'un couronne d'œillets
blancs et qu'on m'invita à prendre place sur un trône.
On m'offrait des cadeaux de grande valeur (ensemble de
valises, bijoux, bons d'achats), Roger Doucet chantait
pour moi, les patrons m'invitaient à danser : pour une
fille de seize ans, c'était un jour inoubliable. C'était presque parfait, je dis presque parce qu'aucun membre de
ma famille n'était présent.

AMOUR, DÉLICE ET ORGUE...

Quand j'aurai osé dire non à tous les gens
qui ralentissent mon évolution, je dirai
oui à moi-même et à mes possibilités.
Cours L'Art d'apprendre à regarder la vie

À Saint-Gabriel, en 1959, j'ai rencontré un jeune trom-
pettiste de dix-neuf ans, de Québec, qui travaillait dans
un hôtel pour l'été. Bien que ma mère m'ait mise en garde
contre les musiciens plusieurs années auparavant, je n'y
ai plus pensé quand il m'a invitée à danser. Quelques
instants plus tôt, mon amie Gisèle et moi nous amusions
à faire des remarques sur les garçons qui entraient dans
la salle de danse du Manoir. Ma première impression
d'Yvan était qu'il avait l'air d'un « petit garçon qui avait
grandi trop vite ». Nous avons dansé, et je suis tombée
amoureuse pour deux semaines ; puis je suis rentrée chez
moi. L'hiver suivant, je suis allé au Carnaval de Québec
avec un groupe d'amies du bureau et, par hasard, j'y ai
retrouvé mon *flirt* de vacances. Il était devenu vendeur

d'orgues Hammond. Cet amour a duré deux ans mais, malheureusement, il se nourrissait beaucoup plus de correspondance que de rencontres. Comme je me suis ennuyée ! Nous nous voyions une fois par mois. Nous n'avions pas d'auto ni l'un ni l'autre, c'était donc le train ou l'autobus de Québec à Saint-Jérôme. J'étais peut-être plus en amour avec l'amour qu'avec Yvan, mais j'ai quand même cru un bon moment que je pourrais devenir sa femme un jour.

Nous avions aussi en commun l'amour de la musique et je croyais qu'il allait comprendre que le chant était une seconde nature chez moi. Pourtant, il adoptait une attitude que j'avais du mal à comprendre. À quelques reprises, je l'ai accompagné à des réunions, à des fêtes où chacun y allait de sa prestation et, quand ses amis me demandaient de chanter une deuxième chanson, il refusait à ma place, donnant toutes sortes de prétextes.

Quelques années plus tard, un garçon avec qui je sortais m'a fait comprendre pourquoi ça « dérangeait » quand je chantais. Nous étions dans un hôtel au nord de Saint-Jérôme et déjà, dans la région, on me connaissait comme chanteuse. Les musiciens m'ont invitée à aller faire une chanson avec eux, ce que j'ai fait avec plaisir. Quand je suis revenue à la table, mon amoureux m'a demandé : « Est-ce que tu vas chanter toute ta vie ? » J'ai voulu savoir pourquoi ça semblait l'inquiéter. C'est alors qu'il m'a expliqué : « Quand tu es sur scène et que tu chantes, tu sembles plus heureuse que lorsque tu es avec moi. » J'en ai conclu que si je voulais un jour rencontrer quelqu'un de sérieux, me marier et avoir des enfants, je devrais mettre la chanson de côté.

10

PREMIERS PAS VERS LE MONDE DU SPECTACLE

Tout artiste a d'abord été un amateur.
RALPH WALDO EMERSON

MA RENCONTRE AVEC CARLOS RAMIREZ
Carlos Ramirez, je le connaissais seulement parce que je l'avais entendu chanter *Frénésie* au palmarès de 1960. Je trouvais qu'il avait une voix magnifique et j'aimais beaucoup son petit accent espagnol. Je n'avais aucune idée de ce qu'il avait l'air et, quand j'ai appris, en octobre 1961, qu'il serait en spectacle à l'Hôtel Lapointe, j'ai décidé d'y aller avec mes amis. J'ai toujours eu un faible pour la musique sud-américaine et je fus gâtée ce soir-là. À l'époque, Carlos Ramirez, qui était dans la quarantaine, était accompagné sur scène de trois excellents choristes et musiciens qui nous transportaient sous le soleil de l'Amérique du Sud. Vers la fin du spectacle, il commença à

chanter *N'oublie jamais* et, faisant le tour de la scène, il présentait son micro aux spectateurs des premières rangées, les invitant à chanter. Quand il a présenté le micro à une amie à notre table, elle lui a fait signe que c'était moi qu'il devait faire chanter, et c'est ce qu'il a fait. Je connaissais bien cette chanson, j'ai commencé à chanter et quelques instants plus tard il m'entraînait sur scène. J'avais le souffle coupé et je sentais mes genoux s'entre-choquer. Il passa alors son bras derrière moi et posa sa main au milieu de mon dos. Chaque fois que je devais respirer, il faisait une pression avec sa main et, instinctive-ment, je faisais ce qu'il fallait pour que ma voix soit posée et juste. Nous avons chanté ensemble la chanson en en-tier, et la réaction du public fut excellente : des bravos, des applaudissements.

Après le spectacle, Carlos est venu à notre table et m'a demandé si j'envisageais une carrière dans le specta-cle. Je lui ai avoué que c'était le rêve de ma vie, mais que mes parents n'étaient pas d'accord. Il ne comprenait pas. Dans un anglais mêlé d'espagnol, il essaya de m'expli-quer que je ne devais pas hésiter, que j'aurais du succès : j'en avais la preuve par l'ovation que le public venait de me donner. Il a alors pris mon adresse et m'a assuré qu'il viendrait, le lendemain, en début de soirée, rencontrer mes parents afin de les convaincre de me laisser tenter ma chance dans la chanson.

Le lendemain soir, nous attendions notre visiteur. Mes parents se demandaient bien ce que pouvait venir leur raconter un chanteur qu'ils ne connaissaient même pas. Quand le téléphone a sonné, j'ai cru que monsieur Ramirez se décommandait, mais non, c'était mon frère

Denis. Je me suis empressée de lui dire que j'attendais la visite du chanteur qui était en spectacle à l'Hôtel Lapointe. En entendant le nom de Carlos Ramirez, mon frère s'est exclamé : « T'es pas sérieuse ! Carlos Ramirez s'en va à la maison. Aie, c'est mon chanteur préféré. C'est une grande vedette, il a joué dans des films avec Esther Williams, etc. » J'étais estomaquée. Je ne me doutais pas du tout qu'avant d'avoir son succès avec *Frénésie* ce chanteur avait fait une carrière internationale. Denis est tout de suite venu nous rejoindre et Carlos est arrivé. Il a tenté tant bien que mal d'expliquer à mes parents qu'ils ne devaient pas m'empêcher d'entreprendre une carrière artistique avec le talent que j'avais, mais ses arguments tombaient dans l'oreille d'un sourd. Ce monde-là n'était pas le nôtre. En plus, mon frère lui laissa entendre qu'un homme d'une quarantaine d'années qui s'occupait autant d'une jeune fille d'à peine vingt ans n'était peut-être pas désintéressé. Et c'était sans doute vrai qu'il n'était pas désintéressé. Carlos aimait les femmes, surtout les jeunes femmes. En fin de compte, son intervention auprès de mes parents fut vaine, sauf qu'avant de partir Carlos me dit : « Souviens-toi de la réaction du public, ça ne ment pas, ça ! » J'ai répondu que la réaction de la veille valait ce qu'elle valait, car la salle était remplie de personnes qui me connaissaient déjà et qui démontraient surtout de la fierté d'entendre une petite Jérômienne chanter avec une grande vedette. Ce qu'il m'a alors proposé allait changer ma perception face à mon avenir artistique.

La semaine suivante, Carlos présentait son spectacle à la Casa Loma de Montréal. Il m'invita à m'y rendre, il réserverait une table près de la scène, et là nous joue-rions la comédie. Nous répéterions le même scénario qui s'était passé à l'Hôtel Lapointe : il me ferait monter sur scène, et je pourrais voir la réaction d'un public qui ne me connaissait pas. J'ai trouvé dans cette idée un défi qui me plaisait et j'ai accepté. Le samedi suivant, j'étais à la Casa Loma en compagnie de Rollande, une amie d'en-fance nouvellement déménagée à ville Saint-Michel. Au moment de monter sur scène, j'avais des palpitations, mais les genoux semblaient plus solides, j'avais moins peur. Une fois la chanson terminée, ce fut la même réac-tion : bravos, applaudissements enthousiastes. Carlos est venu me voir après le spectacle : « Qu'est-ce que je t'avais dit ? » Je me souviens de lui avoir répondu : « Vous aviez raison et, en plus, je dois vous dire que j'adore ça. Je ne sais pas ce que je ferai, je vais réfléchir. » Cette nuit-là, je n'ai pas fermé l'œil. Je vivais la chanson d'Aznavour : *Je m'voyais déjà en haut de l'affiche...* Ça m'a pris encore quelques années avant de vraiment plonger dans la vie artistique, mais je venais d'acquérir, ce soir-là, un peu plus de confiance en mon talent.

LES CONCOURS DE CHANSONS

Étant une travailleuse, je faisais maintenant partie de la Jeunesse ouvrière catholique (J.O.C.) et, en 1962, il y eut à travers le Québec un concours pour promouvoir les talents artistiques chez les jeunes travailleurs. Je me suis mise à l'œuvre, j'ai écrit une chanson et l'ai expédiée, suivant les règlements, sous un pseudonyme. Quelques semaines plus tard, j'étais invitée pour la grande finale devant un public de 2 500 jeunes, à l'Aréna Maurice-

Richard. J'étais accompagnée par mes supporters, un plein autobus de Jocistes de Saint-Jérôme. Ce dimanche après-midi du 7 octobre 1962, on n'avait pas pris la peine de recouvrir la glace de la patinoire, on y avait simplement installé une scène qui me rappelait celle m'ayant tant impressionnée au Manège militaire, quand j'avais cinq ans. Mais les règles du jeu avaient changé ; cette fois j'étais SUR la scène et je m'accompagnais au piano. Ma chanson s'intitulait : *Souris, jeune travailleur* et elle vantait les mérites du sourire en toute circonstance. Après ma participation, j'ai regagné mon siège dans les estrades et j'ai regardé et écouté les autres concurrents, qui venaient de tous les coins de la province.

Contrairement au couronnement de Miss Embellissement, cette fois je sentais que j'avais une chance d'être parmi les premiers prix. Quand j'ai entendu crier mon nom comme gagnante, ma joie et celle de mes amis m'ont littéralement transportée jusqu'à la scène. J'ai descendu les marches des gradins en un rien de temps et j'ai traversé la patinoire en courant, tout ça sur des talons hauts de trois pouces ! On m'a remis un trophée, que j'ai toujours conservé, et à partir de ce moment ma chanson fut chantée partout au Canada français ainsi que dans certains groupes de la J.O.C. de la francophonie européenne.

Mon succès à ce concours a fait beaucoup de bruit dans ma petite ville. J'étais devenue une « vraie » artiste et j'ai eu droit à une place d'honneur l'année suivante lors d'un spectacle de professionnels organisé par la Société Saint-Jean-Baptiste. J'y ai rencontré pour la première fois Michel Noël, Aimé Major et Jean Duceppe et j'ai été accompagnée par des musiciens professionnels.

Quel bonheur ! Roger Pilon était le chef d'orchestre et, lorsque je lui ai dit que je trouvais très agréable d'être accompagnée par un bon pianiste, il m'a répondu : « Je ne suis pas un bon pianiste, je suis un arrangeur. » Tant d'humilité de la part d'une vedette de la télévision me déconcertait. Il m'a expliqué avec une grande gentillesse la différence entre arrangeur et accompagnateur et, en l'écoutant parler, je me disais qu'après tout, les musiciens, c'était du monde comme nous autres ! Je n'étais pas la seule non professionnelle à ce spectacle. Deux autres jeunes Jérômiens vinrent présenter leur numéro, dont un qui semblait ne pas être à sa place. Il grattait la guitare et chantait d'une voix monotone, ce qui fit dire à une de mes belles-sœurs : « Si c'était mon garçon, il viendrait pas me faire honte comme ça une deuxième fois ! » Eh oui, quelques membres de ma famille assistaient pour la première fois à un de mes spectacles et j'en étais très heureuse.

L'année suivante, j'ai entrepris des cours du soir afin de prolonger ma scolarité. Avant de quitter la classe après un cours, notre professeur de français nous a incités à participer à un concours qui avait pour but de trouver une chanson-thème au Carnaval de Saint-Jérôme. Aussitôt, ma petite machine à chansons s'est mise au travail et j'ai posté mon envoi quelques jours plus tard. Encore une fois, c'était sous le couvert de l'anonymat. J'ai gagné ce concours et, au cours des années qui ont suivi, j'ai été la chanteuse officielle du Carnaval. Après avoir écrit une autre chanson, cette fois sur le Bonhomme du Nord, notre bonhomme carnaval, j'ai enregistré un 45 tours qui m'a valu quelques apparitions à Télé-Métropole et à CHLT Sherbrooke, pour promouvoir les festivités hivernales dans les Laurentides. Je prenais confiance lentement, j'apprenais mon futur métier.

LES AUDITIONS

Je continuais d'écrire des chansons. C'est d'ailleurs au moyen de l'écriture que j'ai laissé couler ma crise d'adolescence. Étant donné que je tombais amoureuse au moins toutes les deux semaines, j'avais souvent des déceptions, et c'était là ma meilleure source d'inspiration : l'AMOUR. Je voulais chanter mes chansons d'amour et les faire connaître. C'était l'époque des « chansonniers », et je fréquentais régulièrement les boîtes à chansons, qui pullulaient dans les Laurentides. Je me sentais un peu « à part » le soir où je suis allée passer une audition à la Butte à Mathieu de Val David, où j'espérais présenter mon tour de chant. Je m'accompagnais au piano ; les mélodies que je composais étaient faciles à retenir, donc « commerciales », et ma poésie était faite de mots de tous les jours. Ceux et celles qu'on avait l'habitude de voir dans les boîtes à chansons grattaient la guitare, étaient vêtus de noir et chantaient la mer et le cri des mouettes. On m'a permis pourtant de faire partie d'un spectacle durant lequel on présentait la relève. J'avais tellement hâte de voir ce que penseraient de mes chansons ces connaisseurs de la Butte à Mathieu. Je ne l'ai jamais su puisque les seuls commentaires et compliments reçus après ma prestation concernaient ma voix : « Quelle belle voix ! », « Comme tu chantes bien ! », « Tu n'as jamais pensé chanter de l'opérette ? » J'avais le goût de leur crier : « Et mes chansons, comment les trouvez-vous ? »

À ce moment-là, je percevais ma voix comme un handicap. J'avais besoin de faire entendre ce que j'écrivais, mais on n'écoutait que ma voix. J'ai décidé de prendre des cours de chant pour descendre mon registre et être plus « dans le ton », à la mode du temps. Je me rendais tous les mardis soir chez Antoinette Brouillette, sur la rue De Lorimier à Montréal. Après une première audition, elle me dit qu'elle n'allait pas m'aider à descendre ma voix, mais plutôt à l'étendre, et je me suis laissé guider par cette vieille dame si gentille qui, à l'occasion, me racontait des anecdotes du temps où elle était une chanteuse connue. Je revois la grimace sur son visage quand ses doigts raidis par la paralysie n'arrivaient pas à donner, sur son vieux piano, l'accord qu'elle leur commandait. Les longues heures de trajet en autobus de Saint-Jérôme à Montréal, durant un an, en valaient bien la peine. J'ai beaucoup appris de cette femme, et nous avons échangé plusieurs lettres jusqu'à sa mort, quelques années plus tard.

Me croyant prête pour les « ligues majeures », j'ai décidé d'aller passer des auditions à Radio-Canada puis à Télé-Métropole, qui venait tout juste d'ouvrir ses portes. À Radio-Canada, on m'a fait entrer dans un studio radio

trop éclairé où se trouvait déjà installé au piano Roger
Lessourd. Je lui ai remis ma feuille d'accompagnement.
Je ne me souviens pas de quelle chanson il s'agissait, mais
je sais que ce n'était pas une de mes compositions. Ne
voulant pas répéter la mauvaise expérience des boîtes à
chansons, c'était ma voix que j'allais leur faire entendre,
et non mes chansons. J'étais morte de peur. Derrière une
vitrine surélevée, je pouvais apercevoir quelques visages
qui m'observaient : c'étaient les juges ! L'émerveillement
que j'avais ressenti lors de ma première visite à Radio-
Canada à l'âge de douze ans me paraissait bien loin dans
la froideur de cette salle où je tremblais maintenant. J'ai
senti dès les premières notes que ça ne passerait pas, ma
voix était étranglée par la nervosité et je n'étais absolument pas en possession de mes moyens. J'avais vu juste
puisque, quelques semaines plus tard, j'ai reçu une lettre
me disant que je devais continuer à travailler et me représenter dans quelque temps, etc. Je savais déjà qu'il me faudrait beaucoup de temps et d'efforts pour être acceptée
parmi ceux qu'on voyait au petit écran de la société d'État.

Pour Télé-Métropole, j'ai décidé de présenter une de mes
chansons, une toute nouvelle : un blues intitulé *Mon
piano*. Mes connaissances musicales étant limitées, je
n'écrivais pas facilement la musique, d'autant plus que
j'avais l'habitude de m'accompagner moi-même au piano,
donc, pas besoin de musique écrite. Mais pour l'audition, on m'avait bien spécifié au téléphone que je devais
être accompagnée par leur pianiste. Je me souviens d'avoir

travaillé d'arrache-pied toute une fin de semaine afin de mettre sur papier la musique de ma nouvelle chanson. C'est en fouillant dans mes livres de théorie musicale que j'y suis arrivée, mais je n'étais sûre de rien. Mon audition se passait un lundi soir. Lorsque je suis entrée dans la petite salle sur la mezzanine de Télé-Métropole, j'ai constaté que Radio-Canada et le Canal 10, comme on l'appelait à l'époque, c'était comme le jour et la nuit. En effet, c'était la pénombre dans cette pièce ; une lampe sur le piano, trois ou quatre lampes sur une longue table derrière laquelle prenaient place « les juges » et un coin, bien éclairé celui-là, où j'allais « me produire » dans quelques instants. J'avais droit à quelques minutes seule avec le pianiste, Jean Larose, pour qu'il prenne connaissance de ce que j'allais chanter. Je lui ai remis ma feuille, il y a jeté un coup d'œil rapide puis s'est mis aussitôt à jouer ma chanson. Je lui ai demandé : « Est-ce que c'est ça qui est écrit ? » Il m'a répondu : « Quoi ? c'est pas comme ça que ça va ? » Oui, c'était exactement comme ça et j'en étais ravie. J'avais écrit les bonnes croches et les bons triolets aux bons endroits. Ouf ! Il ne restait plus qu'à chanter maintenant.

J'étais plus en forme qu'à l'audition précédente, mais la peur m'envahissait en voyant les silhouettes de ceux qui étaient là, derrière la grande table. L'éclairage faisait en sorte que je ne voyais que le bas de leur visage, ils baissaient la tête, prenaient des notes, puis la relevaient. Je ne pouvais pas voir leurs yeux, et cette image me rappelait certains films de guerre où le héros est questionné par la Gestapo. Pas très rassurant comme ambiance ! Toutefois, ma chanson terminée, chacune des personnes présentes m'a remerciée et serré la main. À Radio-Canada, on n'avait pas droit à ce contact, les juges étant restés dans la régie, derrière l'épaisse vitrine.

La lettre de Télé-Métropole que je reçus la semaine suivante était certes plus encourageante : on garderait en filière les excellents commentaires des gens devant lesquels j'avais auditionné et on ajoutait même : « Nous espérons avoir le plaisir de travailler ensemble ». La lettre était bien gentille, mais elle n'eut pas de suite.

11

DÉCOUVERTES 1965 ET LA SUITE

> Le talent est un don que Dieu nous a
> fait en secret, et que nous révélons sans
> le savoir.
>
> MONTESQUIEU

Je regardais toutes les semaines l'émission *Découvertes* à Télé-Métropole. Quand nous nous retrouvions entre amis devant le petit écran, nous avions pris l'habitude de jouer un jeu : nous essayions de trouver à l'avance les critiques positives et négatives que les juges allaient faire. Pour ceux qui n'ont pas connu cette émission, voici comment les choses se passaient. Chaque semaine, l'animateur, Yoland Guérard, recevait trois personnalités du monde de la chanson qui venaient auditionner trois concurrents. Après sa prestation, le débutant, ou la débutante, demeurait sur place, et les spécialistes faisaient leurs commentaires, leurs critiques. J'avais lu dans un journal artistique

que tous s'accordaient à dire que très peu de chanteurs professionnels accepteraient de se prêter à ce petit jeu, qui devenait parfois cruel. En effet, plusieurs des personnalités invitées étaient conciliantes face aux débutants, mais quelques-unes avaient acquis la réputation de « durs » dans leurs remarques. Une d'entre elles était la chanteuse Gaétane Létourneau. Ce n'était pas de la méchanceté gratuite, mais elle n'emballait pas ses commentaires de gentillesse, elle disait carrément et parfois même crûment ce qu'elle pensait. J'avais alors l'habitude de dire à mes amis que, si j'étais à la place des concurrents, je retournerais chez moi en voyant certaines personnes appelées comme juges. Puis un jour, mes amis m'ont lancé un défi en me disant : « On sait pourquoi tu ne te présentes pas à cette émission-là, tu as peur de te faire dire tes défauts devant le monde. » En bon Taureau que je suis, j'ai voulu leur prouver qu'ils avaient tort, que je n'avais pas peur et, le lendemain, je postais ma lettre de demande d'audition pour *Découvertes 1965*.

Au studio B de Télé-Métropole, j'ai passé l'audition en m'accompagnant au piano et en chantant deux de mes compositions. Le réalisateur Jacques-Charles Gilliot m'annonça aussitôt que j'étais acceptée et que je passerais à l'émission quelques semaines plus tard. Il m'a ensuite convaincue qu'il serait préférable de laisser les musiciens m'accompagner pour ma deuxième chanson. Il disait que c'était pour l'image.

Un soir de semaine de la fin d'avril 1965, sans rien dire à mes parents, je me suis rendue au Canal 10, en compagnie d'une amie. L'émission était enregistrée au studio A et, quand j'ai vu l'air figé des autres concur-

rents, j'ai compris que le même air se lisait probablement sur mon visage. On nous faisait attendre à l'écart,
assis sur des chaises pliantes en métal les plus inconfor-
tables qui soient. En étirant le cou, j'ai pu constater, à
mon grand désespoir, que Gaétane Létourneau faisait partie du *panel*. Les deux autres spécialistes étaient Roger
Ferber, professeur de chant classique, et Guy Bélanger,
réalisateur à CKVL. Ma façon de combattre la nervosité
qui m'envahissait fut de blaguer, de faire rire l'entourage
en affirmant que j'étais très calme et ce, en claquant des
dents et en tremblant de tous mes membres.

Toujours assise entre deux chaises quand je pensais
à la place où je devais me situer dans le monde du spectacle (chansonnier – chanteuse populaire – voix classique), j'avais tenté un compromis en portant une petite
robe noire, toute simple, égayée d'un collier de perles. Je
réussirais peut-être à me donner un *look* « chansonnier
populaire ». De toute façon, ce n'était pas sur mon image
que j'allais chercher des commentaires, mais encore et
toujours sur les chansons que j'écrivais. Est-ce que ça
valait la peine de continuer ?

Ma première chanson interprétée au piano fut *Le
vieux moulin croulant,* et la seconde, accompagnée par le
trio, *Mon Grand.* C'était toujours un plaisir que d'entendre ma musique jouée par de bons musiciens mais, ce
soir-là, je regrettais d'avoir accepté le conseil de Jacques-
Charles Gilliot. J'étais littéralement paralysée, debout,
devant les caméras. Je chantais, oui, mais mes bras res-
taient immobiles le long de mon corps. Je n'avais jamais
appris à gesticuler en chantant, mes mains étaient toujours occupées par le piano. Quand Yoland Guérard

invita les spécialistes à faire leurs commentaires, je gardai la même attitude figée, bras pendants, mais les mains s'étaient refermées et je pouvais sentir mes ongles s'enfoncer graduellement dans mes paumes. L'appréhension se transforma rapidement en joie et en timidité, car les commentaires furent unanimes : on aimait ce que je faisais, ma voix, mes chansons, ma diction. Ma plus grande surprise fut d'entendre madame Létourneau me dire qu'elle aimerait interpréter mes chansons. À chaque compliment, je souriais et disais « merci beaucoup » en faisant un petit signe de la tête. Cette réaction m'a d'ailleurs valu plusieurs taquineries pendant longtemps. Ceux et celles de mon entourage qui avaient vu l'émission me saluaient en hochant le tête et en disant : « Merci beaucoup, merci beaucoup ». Je suis revenue de cette soirée le cœur rempli de joie, j'avais enfin l'approbation de spécialistes, j'avais eu raison d'espérer faire partie du monde du spectacle.

Au réveil, le lendemain matin, je n'avais pas le choix, il fallait que j'apprenne à mes parents qu'ils me verraient à la télévision la semaine suivante à *Découvertes*. Ma mère a sursauté et m'a demandé aussitôt : « Qu'est-ce qu'ils ont dit ? » Je lui ai répondu : « Je m'en souviens pas, mais ils ont bien aimé ça, je pense que ça s'est bien passé. » C'était la dernière semaine d'avril, quelques jours avant mon 22e anniversaire de naissance, et je me rappelle avoir été presque aussi nerveuse en regardant l'émission qu'au soir de l'enregistrement. L'émission à peine terminée, le téléphone s'est mis à sonner : des félicitations, des compliments, des vœux de succès, j'étais aux anges et ma mère aussi. C'est à compter de ce jour-là qu'elle ne s'opposa plus à mon rêve. Une de ses plus grandes peurs était : « Qu'est-ce que le monde va penser ? » et, ce soir-là, des spécialistes avaient dit : « Vous avez du talent, qu'est-ce que vous attendez pour le faire connaître, etc. » Quel soulagement : le monde pensait que j'étais correcte ! Ma mère m'avoua plus tard qu'avant que je fasse cette démarche elle craignait beaucoup pour moi. Sachant à quel point mon rêve était important, elle avait peur qu'une mauvaise réaction du public me blesse et me décourage. J'ai accepté cette explication mais avec réserve.

Deux semaines plus tard, j'ai reçu un appel de Télé-Métropole me demandant de me présenter un samedi matin pour enregistrer la finale. Je n'en croyais pas mes oreilles : j'avais été choisie comme finaliste ! L'émission *Découvertes* était aussi un concours. À la fin de chaque bloc de treize émissions, un gagnant était choisi. Ce lauréat avait droit à douze apparitions aux émissions de variétés de Télé-Métropole durant l'année qui suivait la finale. C'est seulement rendue sur place que j'appris que je n'avais plus rien à défendre, j'étais une des deux gagnantes ; l'autre, c'était Claire Lepage. Nous avons toutes deux eu droit aux bons conseils des spécialistes invités qui étaient madame Lucille Dumont (que je prenais souvent comme modèle), Jacques Montmorency, animateur et analyste de la radio et de la télévision, et Robert l'Herbier, directeur des programmes de Télé-Métropole. J'ai encore une fois interprété une chanson au piano ; *Ce vieux toit que j'aime,* et une autre avec les

musiciens, *Mon grand,* qui avait retenu l'attention de tous
à ma première apparition. Évidemment, en quelques semaines, je n'avais pas appris à faire des gestes en chantant, et c'est le seul reproche que me fit Robert l'Herbier.

Après les photos d'usage, je suis retournée à Saint-
Jérôme, plus consciente que jamais que ma place était
dans le *show-business.* Toutefois, j'allais attendre avant
de me lancer dans la grande aventure. Je préférais conserver mon travail de secrétaire et voir comment les
choses se passeraient. C'était bien beau, gagner douze
émissions de télévision, mais après ? Les obligations du
concours étant remplies, est-ce qu'on voudrait encore
de moi ? Heureusement, j'étais la secrétaire d'un patron exceptionnel à la Diva Shœ, Marc Tétrault. Il
aimait les artistes, s'amusait de me voir naviguer dans
mon nouvel univers, mais me croyait trop sage et trop
logique pour être une « vraie » artiste. Il avait la certitude qu'après quelque temps je lâcherais tout et me
consacrerais entièrement au métier de secrétaire. Il me
permettait de m'absenter afin d'aller à mes enregistrements de télé, pour autant que mon travail fût fait.

Durant les mois qui ont suivi, j'ai entrepris la ronde des
émissions de variétés de l'époque qui étaient : *L'émission
d'Émile Genest, La Catalogne, Monsieur Richelieu* (Yves
Christian) et *Télé-Métro.* Vous vous souvenez de *Télé-
Métro ?* Avec Claude Séguin, Jacques Desbaillets, Jean
Coutu et Roger Lessourd, au piano, cinq jours par semaine, à 18 heures, c'était l'émission d'affaires publiques

et d'informations durant laquelle on nous présentait deux chansons avec un artiste québécois. C'est d'ailleurs à cette émission que les lauréats de *Découvertes* faisaient la majeure partie de leurs apparitions. C'était toujours la fête quand j'avais un contrat, mais quand, à *Télé-Métro*, on me demandait de présenter ma chanson moi-même, le cœur me chavirait et je bafouillais comme pas une. Chanter oui, parler non : j'avais beaucoup de choses à apprendre.

L'APPRENTISSAGE DU MÉTIER

Claire Lepage et moi avons fait nos premiers pas ensemble dans le monde du spectacle et de la télévision. Étant toutes deux gagnantes de *Découvertes,* le service des relations publiques de Télé-Métropole nous avait obtenu des entrevues et reportages avec les divers journaux artistiques de l'époque. Nous gardions aussi le contact avec Jacques-Charles Gilliot, qui était en quelque sorte notre guide et conseiller. Il nous mettait en garde contre certains requins du *show-business* et il commentait nos premières apparitions à la télé. Il avait toutefois une attitude qui m'a souvent fait pleurer. Il faisait partie des gens qui provoquent, choquent et « mettent de la pression » et, moi, je n'ai jamais fonctionné quand on me pousse.

Très peu de temps après nos débuts, la carrière de Claire Lepage fut prise en main par Denis Pantis, et tout de suite nos cheminements prirent des directions opposées. Elle enregistra son grand succès *Bang Bang,* fut nommée la Révélation de l'année, et on la retrouvait à pleines pages dans tous les journaux. Quand je rencontrais monsieur Gilliot, il s'empressait de me montrer ces articles et me disait : « Qu'est-ce que vous faites, vous ? Vous êtes paresseuse ? On vous voit nulle part ! » Il croyait sans doute que je réagirais et que je mettrais plus d'ardeur à foncer mais, au contraire, je reprenais l'autobus vers Saint-Jérôme et pleurais tout le long du trajet.

Je constatais que les gens du milieu artistique avaient une bien mauvaise réputation ; moi, par contre, je les trouvais très gentils. Quand je me retrouvais dans les studios de télévision, la plupart des artistes que je rencontrais m'aidaient volontiers par leurs conseils et n'hésitaient pas à me faire un compliment. Je l'ai dit plus tôt, j'ai toujours eu une grande admiration pour Lucille Dumont et, lorsqu'on me demandait quel plan de carrière j'envisageais, je répondais que je voulais être comme cette grande dame de la chanson. Un jour où je me trouvais dans la salle de maquillage en même temps qu'elle et que je lui disais à quel point j'étais surprise de la gentillesse de tout le monde à mon égard, elle s'est empressée de me dire : « Attention, Monique, pour l'instant, vous ne dérangez personne. On vous trouve belle, gentille, talentueuse, mais souvenez-vous que, si un jour vous vous rendez compte qu'on dit tout le contraire de vous, ce ne sera pas que vous aurez changé mais plutôt que vous commencez à prendre de la place dans le métier. » Et elle avait bien raison, ce jour est venu un an plus tard.

Mais il y a quand même des personnes extraordinaires qui m'ont impressionnée à mon arrivée dans le monde du spectacle. Olivier Guimond, par exemple. Je faisais de la télévision depuis environ six mois quand, à Télé-Métropole, j'ai fait la rencontre de ce merveilleux comique. Il était assis dans le hall, en compagnie de sa femme et de son fils quand je suis sortie de l'ascenseur. À ma grande surprise, je l'ai vu se lever, se diriger vers moi et me tendre la main. « Je veux vous féliciter, Mademoiselle, m'a-t-il dit. J'ai vu ce que vous faites et vous avez beaucoup de talent. Continuez ! » Je suis restée bouche bée devant tant de gentillesse. Quand, plusieurs années plus tard, j'ai raconté cette anecdote à Gilles Latulippe, il m'a dit : « Ça me m'étonne pas du tout, c'était ça, Olivier Guimond. »

12

LA BELLE ÉPOQUE : LA CONSÉCRATION

La chance d'avoir du talent ne suffit pas ;
il faut encore le talent d'avoir de la chance.

HECTOR BERLIOZ

En 1966, mon émission de télévision préférée, c'était *La Belle Époque,* animée par Serge Laprade et Margot Campbell. On y rappelait des souvenirs, des chansons, des modes et des danses des années antérieures à 1945. Comme j'adorais les vieilles chansons et que j'en connaissais plusieurs, je manquais rarement ce rendez-vous hebdomadaire. Les vieilles chansons, je les avais surtout apprises grâce à la « musique en feuilles » que nous avions à la maison et qui nous venait de ma grand-mère, de tante Marie-Ange et des années de piano de ma mère et de mes sœurs. Ce brillant concept d'émission était signé Robert l'Herbier et la réalisation en avait été confiée à Jacques-Charles Gilliot.

J'étais revenue la veille d'un voyage de quinze jours à la Martinique et mon cœur était resté là-bas. J'avais tellement aimé ce paradis qu'il m'était très difficile de reprendre le travail, au bureau, ce lundi de juillet. Durant l'heure du lunch, j'ai reçu un appel téléphonique de monsieur Gilliot qui m'a demandé sans autre préambule : « Quelle est votre émission préférée ? » Il connaissait déjà ma réponse et il a enchaîné : « Margot Campbell se marie et elle va habiter à l'extérieur du Québec, donc elle ne sera pas de retour à *la Belle Époque* en septembre. Pourriez-vous préparer une chanson et venir passer une audition ? » Je n'en croyais pas mes oreilles. « Bien sûr que je peux préparer une chanson d'époque. » Il m'a demandé laquelle j'allais chanter et, sans même réfléchir, j'ai répondu : « *Parlez-moi d'amour* ». Je suis retournée au boulot l'après-midi, mais j'étais dans l'impossibilité de faire quoi que ce soit. Je ne pensais qu'à mon audition. J'étais décidée de bien m'y préparer : il me faudrait répéter tous les soirs, replacer ma voix, qui avait fait la paresse durant les quinze derniers jours au soleil, etc.

Quand je suis rentrée à la maison à cinq heures, j'avais un message de Télé-Métropole. En rappelant monsieur Gilliot, j'ai appris que l'audition aurait lieu le jeudi, donc trois jours plus tard. Adieu les répétitions, les préparatifs, bonjour panique, surtout quand je me suis rendu compte que je ne connaissais pas en entier les paroles des couplets de *Parlez-moi d'amour.* Comble de malheur, parmi les centaines de partitions musicales que nous avions à la maison, celle-là n'y était pas. Le soir même, je me suis rendue à CKJL, et le responsable de la discothèque retrouva dans un coin poussiéreux le vieux 78 tours

de Lucienne Boyer. J'ai repiqué les paroles et durant les
trois jours et deux nuits qui suivirent, elles ont défilé
dans ma tête des centaines de fois.

Le jeudi après-midi, en entrant dans le studio F de
Télé-Métropole, je fus accueillie avec gentillesse par Serge
Laprade et Phil Laframboise, qui écrivait tous les textes
de l'émission et faisait aussi la recherche musicale. Il avait
préparé un court dialogue dans le ton voulu qui aboutis-
sait, bien sûr, à la présentation de ma chanson. Je regardais le décor de vieux grenier qui m'était si familier et
j'avais peine à croire que c'était moi qui étais là, aux côtés de Serge Laprade. Je me sentais très maladroite dans
les répliques que j'avais à dire mais, avec les encourage-
ments de tous et après quelques répétitions, j'ai entendu
la voix de Jacques-Charles Gilliot dans les haut-parleurs
nous annoncer que nous allions répéter une dernière fois
et qu'ensuite ce serait l'enregistrement. Nous avons repris nos répliques, j'ai rechanté ma chanson et, tout s'étant
bien passé, j'espérais pouvoir refaire le tout de la même
façon une autre fois. Mais ce n'était pas nécessaire puisqu'on m'annonça que l'enregistrement était déjà fait.
J'étais tellement heureuse qu'on ait eu cette idée géniale.
Les dés étaient lancés, il me fallait attendre la décision
de la direction, car je n'étais certainement pas la seule en
lice pour remplacer la coanimatrice d'une des émissions
les plus populaires de ce temps-là.

On m'a raconté qu'après mon départ monsieur Gilliot
s'était rendu au bureau de Robert l'Herbier afin de

l'inviter à descendre en studio pour visionner mon audition. Quand il a su de qui il s'agissait, monsieur l'Herbier a refusé de se déplacer, car il était impensable de donner cet emploi à une débutante. Mais le réalisateur ayant insisté, le grand patron descendit finalement à la régie du studio F. Il a regardé le petit bout de dialogue et, après avoir entendu le premier refrain de *Parlez-moi d'amour,* il s'est levé et a donné son approbation. C'est donc à Jacques-Charles Gilliot que je dois mes débuts à *La Belle Époque ;* c'est grâce à son insistance et parce qu'il croyait en moi. Par contre, il était affecté à une autre émission le mois suivant, et c'est avec le réalisateur Gaétan Bénic que j'ai fait mes débuts comme coanimatrice.

La Belle Époque a été l'une des premières émissions en couleurs de Télé-Métropole et je me souviens combien mon père a été heureux d'aller acheter un nouveau téléviseur à la période des fêtes de 1966 afin de regarder sa petite fille, le dimanche soir. Il était fier de moi, mon papa, et ça me rendait bien heureuse, mais il se haïssait tellement de ne pouvoir retenir ses larmes en m'entendant chanter. Il avait toujours été un homme sensible mais, en vieillissant, il avait les émotions à fleur de peau.

Pour ma première émission, Phil Laframboise avait préparé un petit scénario qui présentait la nouvelle complice de Serge Laprade. Ce dernier commençait seul l'émission et annonçait au public qu'il attendait une jeune fille qu'il allait leur présenter. J'attendais le mot clé pour frapper à la porte puis entrer, mais j'étais tellement nerveuse que j'avais le cœur prêt à me sortir de la poitrine. Le régisseur était à mes côtés et il fut obligé de me pousser pour que j'entre au bon moment : la panique s'était emparée de moi. Et pourtant, grâce au soutien de chaque membre de l'équipe, j'ai réussi à dire les répliques écrites pour moi. Je dois énormément à mon bon ami Phil qui, durant les premières semaines, m'a ménagée en évitant d'inclure dans mes textes des mots difficiles à prononcer. Je pouvais constater qu'au fil des semaines mes répliques allongeaient au même rythme que je prenais de l'assurance.

Pour les chansons, ça allait. Durant les trente-neuf semaines où j'ai coanimé *La Belle Époque,* je crois que j'ai dû apprendre trois chansons seulement ; les autres, je les connaissais déjà. On me taquinait d'ailleurs en m'accusant d'être beaucoup plus âgée que je ne prétendais.

Côté vestimentaire, on a souvent critiqué l'allure vieillotte de ce que je portais à l'écran. Je peux dire que, neuf fois sur dix, je n'aimais pas les vêtements choisis pour moi à la maison Dupuis par l'habilleuse de Télé-Métropole. J'étais nouvelle, j'étais soumise ; je me considérais très chanceuse d'être là où je n'avais pas d'expérience, donc je ne parlais pas. Toutefois, côté coiffure, je fis preuve de plus de volonté. Le coiffeur-maquilleur Clarence cherchait désespérément à me créer un genre. J'avais les cheveux assez longs au début de la série et, chaque semaine, il y allait de sa créativité, si bien que je me voyais totalement différente à l'écran, de semaine en semaine. J'en ai déduit que les téléspectateurs n'arriveraient jamais à graver mon image dans leur tête et j'ai réglé le problème. Je suis allée me faire couper les cheveux très court, en gardant une longue mèche qui tombait sur mon œil gauche. Plus moyen d'innover pour notre cher Clarence et je savais enfin ce dont j'aurais l'air en sortant de la salle de maquillage.

Le jour où j'ai lu une critique désobligeante à mon égard dans les journaux artistiques, j'ai eu mal, puis je me suis rappelé les judicieuses paroles de madame Dumont : je commençais à déranger, je prenais la place de quelqu'un d'autre.

Quand j'ai signé le contrat pour les treize premières semaines de la série, j'ai été très déçue du cachet qu'on m'offrait, mais Gaétan Bénic me répéta ce qu'on lui avait dit à la direction : « Elle est nouvelle, laissons-la faire ses preuves, nous ajusterons tout ça aux temps des fêtes. » Mon cachet était de 75 $ par émission, soit 62,50 $ après déductions. J'ai longtemps conservé ces talons de chèques ; sachant très bien que mon coanimateur recevait beaucoup plus que ce cachet ridicule, personne ne pouvait croire que j'étais si peu payée. Bien sûr, cette émission me faisait connaître et m'apportait ainsi d'autres engagements. Il me fallait aussi prendre une décision importante : m'acheter une voiture ou déménager à Montréal et, par le fait même, abandonner mon emploi de secrétaire. Mais, je n'avais pas vraiment le choix avec 75 $ par semaine. J'ai conservé mon emploi et, avec les deux salaires, j'ai pu m'acheter une voiture. Le mois de décembre venu, j'étais confiante : le public m'avait bien acceptée, la bonne entente régnait au sein de l'équipe, je pouvais sans doute compter sur un cachet plus approprié. Il devenait de plus en plus difficile de bien faire mes deux métiers en même temps. Je devais quitter mon emploi à Saint-Jérôme et j'en ai avisé mon patron.

Lors de l'enregistrement de la treizième émission de la série, j'ai dit au réalisateur que j'avais l'intention de monter aux bureaux de la direction pour discuter de mon nouveau contrat. Il répondit aussitôt qu'il était préférable qu'il y aille lui-même, étant donné que c'était avec lui qu'on avait fait un arrangement en septembre. Quand il redescendit au studio, Gaétan était blanc de colère. J'avais beau lui demander ce qui s'était passé, il ne voulait pas répondre. Tout ce qu'il me disait, c'était : « Ça n'a pas marché, ils ne veulent rien entendre. » Ce n'est que le surlendemain, après l'avoir supplié, qu'il me raconta ce qui était arrivé. Je ne me souviens pas si la discussion avait eu lieu avec Robert l'Herbier ou Jean Paquin, ou encore avec les deux, mais lorsque Gaétan Bénic a expliqué le but de sa visite, on lui a dit : « Qu'est-ce qu'elle ferait si elle n'animait pas *La Belle Époque ?* Qui serait-elle sans ça ? C'est non, on continue au même cachet. » Mon réalisateur, trouvant tout à fait injuste le traitement qu'on me réservait, continua à argumenter en ma faveur et c'est alors qu'on lui a posé la question : « Écoute donc ! Pourquoi tu la défends comme ça ? Couches-tu avec elle ? » J'ai toujours été convaincue que la personne qui a posé cette question à Gaétan le connaissait très bien et savait que c'était la façon de le blesser et ainsi de le faire lâcher prise. J'ai voulu aller parler aux patrons, il me l'a déconseillé et je lui ai fait confiance.

J'ai donc coanimé tout le reste des émissions au « faramineux » cachet de 75 $. Avec la facilité que j'avais à me déprécier, je pensais quelquefois que les grands patrons avaient peut-être raison : au fond, qu'est-ce que j'étais sans *La Belle Époque ?* J'oubliais du même coup tous les succès qui avaient précédé cette série. Ça ne m'aidait pas non plus à me sentir à l'aise avec Serge Laprade, qui, lui, était en possession de tous ses moyens. Complexée, j'ai souvent eu l'impression qu'il m'aimait bien et qu'il continuerait de bien m'aimer tant et aussi longtemps que je resterais un pas derrière lui. Je n'étais pas du tout fonceuse, mais j'ai eu à relever un défi de taille au retour de la période des fêtes.

Serge, en voyage à l'étranger, avait informé le réalisateur qu'il ne pouvait rentrer à la date prévue de la reprise des enregistrements. Il fut décidé qu'on enregistrerait quand même l'émission et que j'en serais l'animatrice principale. Quand on m'a annoncé cette nouvelle, j'étais affolée, mais c'est avec la confiance que m'accordèrent Phil Laframboise et Gaétan Bénic que j'ai accepté de relever ce défi. On fit appel à Jean-Pierre Masson pour m'assister. Il fut d'une grande gentillesse et il me laissa le guider dans ses nouvelles fonctions. C'était une « grosse » émission, nous recevions les représentants du Carnaval d'Antan de Chicoutimi et tout s'est bien passé. J'en étais très fière. Cette émission me valut d'ailleurs une série d'heureux événements dont je parlerai plus tard. Quand Serge est revenu, j'étais plus sûre de moi et, dans les semaines qui ont suivi, les lettres des téléspectateurs qui m'étaient adressées étaient aussi nombreuses que les siennes. J'avais pris ma place, j'étais vraiment devenue la coanimatrice de *La Belle Époque*.

Faire de la télévision chaque semaine me donnait de l'assurance et je pouvais ainsi goûter pleinement le plaisir de ce métier que j'avais toujours voulu faire. Bien sûr, le trac était présent. Heureusement, le trac et la nervosité sont deux choses bien distinctes : la nervosité paralyse souvent, mais le trac ne nous enlève pas nos moyens. J'ai déjà eu des trous de mémoire au beau milieu d'une chanson à la télé et, comme par magie, j'ai remplacé les paroles oubliées par de nouvelles phrases et ÇA RIMAIT ! Si j'avais été simplement nerveuse, je n'aurais jamais pu faire une chose pareille. Pour moi, c'est ça le trac et c'est autre chose aussi. Avant une entrée en scène ou sur un plateau de télévision, je bâille ! Je me souviens d'une émission en particulier où cette manifestation de trac m'a donné des sueurs froides. J'ignore à quelle émission c'était, mais le décor était superbe, je portais une magnifique robe longue de couleur bourgogne et, au début de ma chanson (je chantais *Alfie* ce soir-là), je descendais un grand escalier. Au moment où je savais que les caméras allaient faire un gros plan sur moi, j'ai senti venir un bâillement profond. J'ai tourné quelque peu la tête et serré les mâchoires pour « avaler » mon bâillement, en espérant que ça passerait inaperçu. Quelques secondes plus tard, j'ai commencé à chanter. Personne ne s'est jamais douté de la montée d'adrénaline que je venais de vivre.

RENDEZ-VOUS AVEC MONIQUE

Je me retrouvais dans une situation très inconfortable. J'avais beau vivre chez mes parents, j'avais une voiture à payer et je me retrouvais avec un seul salaire, celui de

Télé-Métropole, et quelques petits engagements ici et là. C'est alors que j'ai pensé à la radio. Je connaissais le propriétaire de la station jérômienne, Jean Lalonde, et je suis allée lui offrir mes services. C'était l'époque des premières émissions de « lignes ouvertes ». C'est ainsi que j'ai commencé, en janvier 1967, une émission quotidienne de deux heures, *Rendez-vous avec Monique,* où je recevais des spécialistes de tous les domaines, auxquels mes auditeurs pouvaient poser des questions. J'ai adoré cette expérience de la radio. Je n'y faisais pas fortune (50 $ pour mes dix heures d'antenne) mais, avec mes deux cachets, j'arrivais à faire face à mes obligations.

En avril 1967, ce fut l'ouverture de l'Expo. En tant qu'animatrice de radio, j'avais ma carte de presse et j'ai passé ainsi des mois extraordinaires. À midi, au terme de mon émission, je me rendais à Montréal et, en passant d'abord par le Pavillon de la Presse où je prenais toute la documentation de la journée, je partais en voyage dans cet univers extraordinaire qu'était Expo 67. Je visitais des pavillons et assistais à des spectacles dont je parlerais le lendemain matin à la radio. J'informais aussi mes auditeurs des événements à venir. Après ces après-midi bien remplis, je me rendais à La Ronde y rejoindre des amis et, plus souvent qu'autrement, nous finissions la soirée à La Cabane à Rhum où j'avais retrouvé des amis martiniquais connus l'été précédent. Vers une heure du matin, rassasiée de rhum et de béguine, je reprenais l'autoroute des Laurentides pour rentrer à la maison et reprendre l'antenne à dix heures le lendemain matin. J'ai eu l'impression de vivre cet été-là à cent milles à l'heure. Mon émission de télé s'est terminée au mois de mai et, mis à part quelques engagements au cabaret, c'était ma seule et unique occupation.

À cette époque, j'ai pu « sortir » un peu mes parents. Mon père se laissait difficilement convaincre, il préférait rester à la maison, mais ma mère, elle, avait toujours souffert d'être en quelque sorte enfermée dans sa petite vie familiale. Elle aimait les sorties, les restaurants, les beaux endroits et j'ai tenté de me rapprocher d'elle en la gâtant un peu. Je l'ai souvent amenée à mes spectacles, à mes enregistrements, en fins de semaine sur la côte américaine et même, plus tard, en croisière. Mais les rapports n'étaient pas faciles. Son pessimisme légendaire était toujours présent : elle cherchait sans cesse la bête noire et ça m'exaspérait.

BONSOIR CHER

L'année 1967 fut vraiment excellente pour moi dans tous les domaines de ma vie. Le soir où l'on passa en ondes l'émission que j'avais animée avec Jean-Pierre Masson, Fernand Gignac m'a remarquée. Il animait à ce moment-là l'émission *Sincèrement Fernand Gignac* à Radio-Canada et il a demandé qu'on m'invite à y participer. J'étais vraiment heureuse quand j'ai reçu ce coup de fil, je n'avais jamais travaillé à Radio-Canada. L'émission était enregistrée devant le public à l'auditorium Saint-Laurent et je me souviens de cette journée comme d'un rêve qui se réalisait. J'adorais depuis des années la voix de Fernand Gignac et j'avais le bonheur ce jour-là de chanter en duo avec lui des extraits de comédies musicales. De plus, être accompagnée par un orchestre d'une vingtaine de musiciens me transportait littéralement. C'est un excellent souvenir dont j'ai conservé l'enregistrement audio ; malheureusement, la vidéo n'était disponible qu'au niveau professionnel.

Après cette première rencontre, Fernand Gignac m'a informée qu'il s'aventurait dans la production de disques chez Trans-Canada et qu'il aimerait me faire enregistrer. Notre choix s'est arrêté sur une chanson du folklore haïtien, enregistrée en anglais aux États-Unis : *Bonsoir Cher.* J'en ai fait une version française (pour laquelle Trans-Canada m'a payé 25 $). Pour l'autre côté du disque, on a choisi une de mes compositions, paroles et musique, *Je n'ai qu'à regarder tes yeux*. Au moins, pour cette chanson, je recevrais des droits d'auteur.

L'enregistrement eut lieu le 29 avril (le soir de mon anniversaire), et ce fut une première pour plusieurs d'entre nous : première production de Fernand Gignac, premier disque professionnel pour moi, premiers arrangements sur disque de Claude Émond. J'arrivais sur le marché du disque avec de petites chansons douces, alors qu'on était encore à l'époque du *Yé Yé,* de *Doua Dee Dee* et d'*Un garçon en minijupe*. Et ça a marché ! Sans aucune publicité de la part de Trans-Canada, sans trop de promotion non plus (c'était possible d'accomplir un tel tour de force à l'époque), *Bonsoir Cher* s'est placé au palmarès partout au Québec durant l'été 1967 ; partout, sauf à CJMS, qui était LA station de musique populaire de Montréal. La raison en était simple : le directeur musical de CJMS était Jacques Matti et ce dernier était en guerre ouverte avec Fernand Gignac, qui était mon producteur. Voilà ! Mais après plusieurs semaines, voyant le succès de cette chanson auprès du public, CJMS a commencé à faire tourner mon 45 tours et *Bonsoir Cher,* encore aujourd'hui, est le titre qu'on associe automatiquement à mon nom.

PAROLIÈRE

Peu de temps après la sortie de mon premier disque, Fernand Gignac m'a demandé si j'avais des compositions qu'il pourrait interpréter. J'en étais ravie. La première de mes chansons qu'il enregistra est *Rien que savoir,* l'envers de *Bozo* sur 45 tours. Puis, quelques années plus tard, nous avons mis sur disque un premier duo *Avec toi c'est facile.* Chez Trans-Canada, on m'a alors demandé d'écrire des paroles françaises sur des chansons américaines ou italiennes, toujours pour la même somme fabuleuse : 25 $ par version. Il ne fallait surtout pas penser pouvoir obtenir la permission des auteurs et des compositeurs originaux afin de toucher des droits. Ça se passait comme ça à l'époque, même si la légalité de cette procédure reste à vérifier. C'est ainsi que plusieurs de mes versions furent enregistrées par les artistes qui étaient sous contrat chez Trans-Canada.

Pour en revenir aux droits d'auteur, au moment de l'enregistrement de *Bonsoir Cher,* on m'a informée que je devais signer un contrat d'édition, qui était essentiel quand on mettait une chanson sur le marché. Je n'ai pas posé de question, j'ai signé et ce n'est qu'un an plus tard, quand j'ai reçu mon premier chèque de la CAPAC (en français : l'Association canadienne des auteurs, compositeurs et éditeurs) que j'ai constaté que je ne touchais que 50 % des redevances. L'autre 50 % allait aux Éditions Franco. Le rôle d'une maison d'édition est de faire le lien entre les auteurs compositeurs et les interprètes, de défendre les droits des auteurs compositeurs qu'ils représentent et, finalement, d'être une sorte de banque de chansons où vont puiser les chanteurs. C'est ainsi que ça se passe en Europe et un peu moins aux États-Unis. Ici, tout ce que font les maisons d'édition est de préparer un contrat, de le faire signer par l'auteur compositeur au moment de l'enregistrement et de récolter 50 % des redevances. J'ai souvent dénoncé cette pratique lors de débats mais les choses n'ont pas vraiment changé. C'est carrément immoral puisqu'il s'agit d'une forme de chantage non avoué : il faut signer ce contrat d'édition, sinon on prend une autre chanson. Et le petit auteur compositeur qui n'est pas très connu n'a aucun pouvoir de négociation. Là où j'ai vu la forme la plus vicieuse d'un tel chantage, c'est dans les règlements de certains concours de chanson. Et pas des petits concours de quartier, mais bien d'organisations reconnues. Lors de la présentation de sa candidature, l'auteur compositeur doit signer un formulaire attestant que, si sa chanson gagne, il cède automatiquement les droits d'édition. Une petite signature et hop ! On vient de perdre 50 % de ses droits d'auteur, qui sont pourtant bien minces. D'ailleurs, je me suis toujours demandé ce qu'on faisait avec les candidatures de ceux qui ne voulaient pas céder leurs droits. On les conserve ou on les confie tout simplement à la « filière treize » ?

MON RÊVE DE CROISIÈRE

J'ouvre ici une petite parenthèse pour vous raconter une anecdote que je trouve amusante. Depuis toujours je rêve de croisières. Lorsque j'entendais parler de chanteurs et de chanteuses qui travaillaient sur des bateaux, je les enviais au plus haut point. Un jour, je fus convoquée chez un agent de Montréal qui devait m'offrir ce genre de travail. J'étais folle de joie et tout emballée, persuadée que j'avais et le répertoire et le genre de voix pour travailler lors de croisières.

Je me suis rendue chez cet agent avec mes photos, mon disque, un petit cahier de presse... Après avoir discuté un peu avec cet homme d'une cinquantaine d'années, il ne prit pas la peine de « me faire un dessin » et m'invita carrément à aller passer le *week-end* avec lui dans les Laurentides. J'ai compris aussitôt que c'était le prix à payer pour travailler sur cette croisière. J'étais très surprise d'une approche aussi directe, c'était la première fois que ça m'arrivait dans le métier. J'ai refusé et suis rentrée chez moi très déçue, mais j'avais bien hâte d'apprendre par les journaux qui était la « chanceuse » qui avait décroché ce contrat. Mais dans les semaines qui ont suivi, j'ai raté l'article paru à ce sujet, puis j'ai oublié. Ce n'est que vingt-huit ans plus tard que cette affaire a refait surface.

Lors d'un séjour en Floride, en février 1995, une chanteuse (maintenant retraitée et dont je tairai le nom, bien sûr) s'est présentée et m'a dit : « Ça me fait plaisir de te rencontrer, Monique, ça fait des années que je me dis que tu dois m'en vouloir. C'est moi qui ai travaillé sur le bateau où tu devais aller, il y a plusieurs années. Tu sais, je connaissais des gens de la compagnie et ils avaient

insisté pour que ce soit moi qui obtienne le contrat... »
Je lui ait dit que c'était chose du passé, mais je n'ai pu
m'empêcher d'avoir un petit sourire au coin des lèvres
en la regardant s'éloigner. Venait-elle de vendre la mèche
elle-même ou fallait-il lui donner le bénéfice du doute et
croire à cette histoire « de gens de la compagnie qui
avaient insisté... » ?

J'ai quand même eu le bonheur de faire des croisières sans avoir à aller passer des week-ends où que ce
soit. Grâce à André Roc, j'ai fait mon premier spectacle
sur l'eau à bord de l'*Odessa* en 1976 en route vers Saint-
Pierre-et-Miquelon, puis c'est Clairette qui m'envoya travailler sur le *Delphi*, en Méditerranée, en septembre 1976.
J'adore ce genre de travail et j'ai eu, encore il y a quelques années, le plaisir de faire des croisières sur le Saint-
Laurent à bord de paquebots ukrainiens.

13

MON EXPÉRIENCE AU CABARET

> Il vaut mieux s'éloigner des gens mé-
> fiants, ils sont capables de nous faire ce
> qu'ils redoutent.
>
> M. SAINTONGE

Le monde du cabaret a toujours été un monde à part, et je lève mon chapeau à ceux et celles qui y ont travaillé durant toute leur vie en conservant un équilibre et une vie heureuse. Je n'avais pas cette capacité.

À l'été de 1967, *La Belle Époque* était terminée, le public me connaissait, j'avais une chanson au palmarès, j'animais cinq jours par semaine mon émission sur les ondes de CKJL, c'était le moment ou jamais de m'attaquer au monde du cabaret. Je n'oublierai jamais mon premier contrat d'une fin de semaine que m'avait obtenu madame Daniel, de l'Agence Grimaldi-Daniel. C'était au chic hôtel Pont-Viau. Mon frère Denis avait accepté de m'accompagner et c'était mon amie Murielle qui nous y conduisait.

Tout d'abord, à notre arrivée, nous avons emprunté la mauvaise entrée et c'est par la « taverne » que j'ai eu mon premier contact avec l'endroit où je devais travailler. Puis, en entrant côté cabaret, quand j'ai vu les grosses bouteilles de bière sur les tables, j'ai fait deux pas en arrière. En 1967, un endroit où on servait la bière en grosses bouteilles était aussitôt catalogué dans ma tête comme étant « pas très bien ». Devant ma réaction, mon frère a tenté de me rassurer, et c'est ainsi que j'ai fait mes débuts au cabaret, accompagnée à l'orgue par Benny Moore et présentée par Pat Gagnon. Le spectacle avait débuté par le numéro d'une danseuse et, de la coulisse, j'avais entendu les commentaires que lui avaient criés les spectateurs. Lorsque j'ai commencé à chanter *C'est ma chanson,* puis *Les Parapluies de Cherbourg,* je me suis sentie comme « un chien dans un jeu de quilles ». J'avais peur des réactions du public et, à la fin de chaque chanson, je craignais que ce soit pendant la suivante que les insultes se feraient entendre. Mais non, les gens étaient silencieux, attentifs et surtout, je le compris plus tard, SURPRIS. Quand mon premier tour de chant fut terminé, un client d'un certain âge, très poli, est venu me trouver et m'a demandé : « Voulez-vous bien me dire qu'est-ce que vous faites ici ? Vous devriez chanter dans un grand hôtel, lors de banquets, dans des salles de concert ! » On m'a répété ces remarques à maintes reprises durant les deux années qui ont suivi. Bien sûr que j'aurais souvent préféré chanter dans des décors plus somptueux, mais l'accueil que le public me réservait m'étonnait chaque fois. Je n'avais ni le genre ni la voix auxquels on s'attendait au cabaret, et l'effet de surprise agissait.

À la même époque, Fernand Gignac avait son cabaret boulevard de la Concorde, à Laval, et j'ai eu la chance d'y être à l'affiche plusieurs fois. C'était un plaisir de chanter à cet endroit : les musiciens étaient excellents et le public était attentif, choses plutôt rares dans les « clubs ». Je faisais toujours une chanson ou deux avec Fernand et il était d'une grande gentillesse à mon égard, informant le public que c'était moi qui avais écrit telle ou telle chanson, leur parlant de mes enregistrements, etc. Fernand était devenu en quelque sorte mon « parrain » artistique et je lui faisais confiance, il avait du flair et de l'expérience. Il me dit un jour : « Tu sais, Monique, il vaut mieux ne pas s'habituer à prendre un verre avant de monter sur scène. Si tu le fais, tu risques d'en avoir besoin de deux, trois ou quatre au bout d'un certain temps ». Je l'ai cru et j'ai suivi ce conseil qui m'a évité beaucoup d'ennuis.

J'ai travaillé au cabaret durant deux ans. Les souvenirs que j'en garde ne sont pas les plus heureux de ma vie. Les grandes vedettes avaient la chance d'avoir leurs propres musiciens avec lesquels elles voyageaient à travers la province. Moi, je faisais partie de ceux et de celles qui devaient s'adapter chaque semaine à des musiciens différents. Il existait et il existe encore aujourd'hui des chansons types que tous les artistes de cabaret chantent. Mon répertoire était tout autre et, quand j'arrivais à des endroits où les musiciens n'étaient pas très bons lecteurs, c'était l'enfer, et pas à cause des partitions. Ma musique était bien écrite, par des professionnels pour des professionnels.

Le pire moment du genre, ce fut au Cabaret Rio à Trois-Rivières. En quatre heures de répétition avec les musiciens, nous n'avions réussi à faire que trois chansons. Je n'ai donc chanté que trois chansons le premier soir et, évidemment, le patron n'était pas content. Quand je lui ai expliqué que ce n'était pas ma faute, que ses musiciens n'arrivaient pas à lire ma musique, il a répliqué : « C'est des très bons musiciens. Ça fait quatre ans qui *jousent* icitte, y *jousent* de n'importe quoi, pis le monde les aime. » C'était vrai, ils jouaient n'importe quoi, sauf ce qui était écrit sur les partitions. C'était un orchestre de danse, mais le patron ne pouvait pas comprendre que, pour accompagner un spectacle, il faut savoir lire la musique.

Après les spectacles du dimanche, je prenais la route, seule, et rentrais à la maison, à Saint-Jérôme, le temps de défaire et refaire ma valise pour repartir le lendemain... cinquante semaines par année. Je me souviens du découragement qui m'envahissait vers la fin de mes deux années de ce régime quand, le lundi après-midi, j'entrais dans un nouveau cabaret pour la répétition avec des musiciens que je ne connaissais pas. Les chaises étaient empilées sur les tables et l'odeur d'alcool et de tabac semblait transpirer de partout. Un éclairage cru permettait aux employés de faire le ménage et me permettait à moi de voir la laideur des lieux qui serait cachée le soir même par des lumières tamisées.

J'ai souvent pleuré en voyant ce triste décor et je pleurais encore plus quand j'étais témoin des tricheries et des mensonges sans pudeur que faisaient certains clients. Ce n'était pas ce genre de vie que je voulais vivre. Au milieu de la nuit, après mes deux spectacles, je regagnais seule ma chambre de motel ou d'hôtel (ce n'était pas des palaces, surtout quand on nous logeait à l'étage du cabaret). Et là, en lisant un peu, j'avalais quelques bières ou encore quelques gins afin de me relaxer. Je suivais le conseil de Fernand, je ne buvais qu'après le spectacle !

Quand on fait du cabaret, on travaille durant les heures de loisirs des autres et, quand ils retournent au travail, on est en congé. Mon seul loisir quand j'étais en province, c'était de regarder la télévision en tricotant. Puis, étant donné que j'ai toujours aimé la bonne nourriture, je dénichais un bon petit restaurant et j'allais me consoler en me payant des plats raffinés, accompagnés d'un bon vin. Plusieurs fois, j'y ai laissé une grande partie de mes cachets.

J'ai quand même eu la chance de rencontrer certaines personnes formidables dans ce monde du cabaret. Ainsi, mes semaines de spectacles du côté de Matane ont été un réel plaisir, grâce à André Roc. Durant la journée, nous allions faire un tour de traversier ou encore nous allions à la pêche à la morue. Nous avons même failli devoir annuler un spectacle car, à notre retour de pêche, notre bateau s'est échoué sur un banc de sable et c'est à bord de petites chaloupes qu'on nous a ramenés au quai. Vous auriez dû voir Gérard Vermette, qui était alors « bien en chair », gravir avec peine la vingtaine d'échelons qui nous séparaient du haut du quai, à cause de la marée basse. Ce soir-là, d'ailleurs, le public a pu bénéficier de nos aventures, car Gérard, avec sa verve bien connue, leur en a fait un récit tordant.

Au retour d'un autre contrat de deux semaines en Gaspésie, quelques années plus tard, une surprise m'attendait. C'était durant l'automne et ces deux semaines avaient été difficiles à vivre. Nous avions eu droit à la première tempête de neige, en novembre ; les routes étant fermées, la clientèle se faisait rare au cabaret. Je passais mes journées enfermée dans ma chambre à crocheter un tapis et à entendre le vent pleurer entre les fenêtres. Ma mère venait de subir une opération à l'estomac et j'étais très inquiète. Je suis rentrée chez moi le lundi midi, totalement épuisée après avoir conduit ma voiture pendant onze heures dans une tempête de verglas.

Quelques heures après mon arrivée, le responsable de cette tournée m'a téléphoné pour me demander de lui rendre un service : il avait besoin de quelques jours de délai et me demandait de déposer le chèque qu'il m'avait remis seulement le surlendemain, soit le mercredi. J'ai accepté de bon gré et, quand le chèque a rebondi la semaine suivante avec la mention « provisions insuffisantes », j'étais atterrée. J'avais donc passé ces deux semaines d'enfer à donner deux spectacles par soir et à m'ennuyer à mourir durant les journées et je ne serais pas payée. Je ne fus pas la seule victime de ce bandit, qui était déjà rendu en Floride avec nos cachets quand nous nous sommes aperçus de son manège. Plusieurs artistes ont vécu la même chose que moi et nous voulions tous le poursuivre, mais on nous a avisés qu'il valait mieux laisser tomber. Ça ne servirait à rien d'essayer de récupérer nos salaires : cette personne ne possédait probablement rien « officiellement ». Ah ! Cher cabaret !

14

L'HOMME DE MA VIE

> L'amour, c'est la capacité et la volonté de laisser ceux pour qui on a de l'affection être ce qu'ils choisissent d'être, sans exiger que leur comportement nous donne satisfaction.
>
> Auteur inconnu

En août 1967, madame Daniel m'avait placée pour une semaine au Manoir du Lac à Saint-Gabriel-de-Brandon. Il pleuvait à verse le lundi après-midi et, sur la route, juste devant moi, j'ai été témoin d'un accident qui m'a mis les nerfs en boule pour le reste du trajet. Je suis arrivée à Saint-Gabriel encore toute bouleversée et, quand j'ai vu la distance qui séparait le stationnement de la porte du Manoir par où je devais entrer, je savais que je devrais passer au moins une bonne heure à réparer les ravages que la pluie ferait à ma coiffure. Quand je me suis présentée à la réception de l'hôtel, il y avait là, assis sur un grand sofa, deux ou trois serveurs du bar qui, en manque de clients, tentaient de tuer le temps. L'employée derrière le comptoir m'indiqua que ma chambre se trouvait à l'étage et me remit la clé. Je lui ai demandé si c'était le seul accès puisque j'avais beaucoup de bagages : robes de spectacles, partitions musicales, etc., et elle me répondit par l'affirmative. Je suis donc repartie sous la pluie battante et j'ai ainsi fait trois « voyages », les bras pleins, de ma voiture à la chambre, passant chaque fois devant ces trois garçons, qui faisaient semblant de ne pas me voir. Je n'y comprenais rien ; pourquoi ne pas me donner un petit coup de main, à quatre c'eut été si facile ?

Le lundi soir, après une répétition qui s'était très bien déroulée, car les musiciens étaient excellents, j'ai dû constater, à ma grande déception, que le mois d'août, à Saint-Gabriel, était le mois des voyages de noces. Je crois qu'au mois 80 % des clients étaient des nouveaux mariés. Ça faisait un drôle de public : plus ou moins attentifs au premier spectacle ; au deuxième, bien entendu, les gens avaient regagné leur chambre. Et la pluie qui ne cessait de tomber. Un site de villégiature, quand il pleut, ça m'a toujours paru plus triste qu'ailleurs. Durant mes allées et venues à l'intérieur de l'hôtel, je tentais d'oublier la mauvaise réception à laquelle j'avais eu droit et je saluais les employés comme je l'aurais fait ailleurs, si bien que, le mercredi, j'eus droit à des explications et même à des excuses.

Les serveurs m'expliquèrent que la semaine précédente l'artiste invitée avait été si détestable avec tous les membres du personnel que, d'un commun accord, ils avaient décidé de ne plus rendre de service aux artistes, qui devraient dorénavant se débrouiller seuls. Et c'est moi qui avais été la première à être punie. Je vous avoue que, dans les mois qui ont suivi, je vérifiais toujours si l'artiste en question m'avait précédée où je travaillais. Au moins, si c'était le cas, je mettais les choses au point dès mon arrivée.

Le jeudi, enfin, le soleil fut de retour. Un des serveurs allait faire de la voile avec des amis et il m'a invitée à les accompagner. Lui ayant avoué que j'aurais trop peur de chavirer en voilier, il m'a répondu que si je savais nager je n'avais rien à craindre ; lui, il ne savait pas et il y allait quand même. Je l'ai accompagné, un peu réticente toutefois. Celui qui était à la barre, c'était Louis, l'homme de ma vie. Si j'avais l'habitude depuis l'adolescence de tomber amoureuse très rapidement et très follement, ce n'est pas ce genre de sentiment que j'éprouvais cette fois, c'était plutôt une fascination, une intrigue. Il me plaisait, cet homme solide à la peau bronzée... mais Seigneur qu'il avait l'air bête ! Il ne souriait pas, et les gens qui ne sourient pas ont souvent exercé une espèce de magnétisme sur moi : je cherche à savoir pourquoi. À mesure que nous nous éloignions de la rive et que les manœuvres se faisaient moins exigeantes, la conversation s'amorçait. Et l'on se mit à parler de voyages : moi, de la Martinique, lui, du Mexique. Les VOYAGES : c'était la clé ! Son visage s'était illuminé d'un sourire que je trouvais tout simplement superbe.

Le soir même, il est venu voir mon spectacle et c'était parti. Il m'apprit qu'il avait trente ans (j'en avais vingt-quatre), qu'il était célibataire et travaillait comme pompier à Montréal. Trente ans, célibataire, vivant chez ses parents, n'en jetez plus la cour est pleine ! Je voulais bien le croire, mais j'avais des doutes. Nous nous sommes quittés le dimanche soir ; il rentrait travailler à Montréal et moi j'allais donner une série de spectacles à Chicoutimi dans le cadre de l'Exposition annuelle. Il m'assura qu'il me téléphonerait le soir de mon retour chez moi, soit le lundi de la semaine suivante.

Quand je suis rentrée à la maison, mon père me dit qu'un certain monsieur Bouchard m'avait téléphoné et qu'il rappellerait plus tard. Ce n'était pas Bouchard mais plutôt Bouffard, et quand j'ai entendu sa voix au téléphone j'étais heureuse qu'il ait tenu parole. Il me donnait rendez-vous le mercredi soir à Montréal, pour prendre un verre ensemble, c'était son anniversaire de naissance.

Je me souviens encore du bien-être que je ressentais en présence de cet homme-là. Le fait qu'il s'intéressait à moi était une espèce d'approbation puisqu'il avait de l'expérience. Comme le disait une chanson de Johnny Mathis que j'aimais beaucoup à l'époque : *Ce n'est pas seulement pour ce que tu es, toi, que je t'aime autant, mais pour ce que je suis, moi, quand je suis avec toi* (« When I am with you » de A. Stillman et Weisman). C'est comme ça que je me sentais aux premiers temps de nos amours. Quand nous avons levé nos verres à sa santé, il m'apprit que ce n'était pas trente ans qu'il avait, mais plutôt trente-trois. C'est fou ce que trois ans peuvent faire comme différence. Tout d'un coup, il me paraissait trop vieux pour moi, et son statut de célibataire vivant chez ses parents me semblait absolument impossible. Dès le lendemain, j'ai fait appel à un ami, membre de la Sûreté du Québec, lui demandant de vérifier à partir de la plaque d'immatriculation, dont j'avais noté le numéro, si mon bel amoureux était menteur ou non. C'est ainsi que j'appris quelques jours plus tard que j'avais décroché le gros lot : il n'avait pas menti, il était libre. Ce que j'ignorais encore, c'est qu'il avait la ferme intention de le demeurer, libre. Se « caser » ne faisait absolument pas partie de son plan de vie. J'ai accepté de vivre cette relation sans trop d'attentes. Nous découvrions peu à peu que nous avions plein de choses en commun et nous étions si bien ensemble.

J'aime à rappeler cette petite anecdote. Quelques semaines après notre rencontre, Louis m'a raconté que lorsqu'on nous a présentés l'un à l'autre sur le voilier, il me connaissait déjà parce que le dimanche soir, quand il rentrait chez lui, son père et sa sœur étaient installés devant le petit écran et regardaient *La Belle Époque*. (Sa mère était décédée en septembre 1966.) Et la remarque qu'il faisait en me voyant était : « Qui est-ce que c'est, cette vieille fille-là ? » Je dois avouer que l'allure que j'avais quelquefois à l'émission méritait presque cette remarque. Cet homme, qui me paraissait si sévère quand je l'ai vu la première fois, s'avérait donc un gars avec un très bon sens de l'humour. C'est d'ailleurs lui qui m'a le plus appris à rire, de moi d'abord, et un peu de tout, ensuite.

Nos métiers étaient tout à fait compatibles. Il était souvent libre durant la journée, et moi aussi. Nous pouvions ainsi passer ensemble des journées entières. L'été, c'était à Saint-Gabriel, au chalet qu'il louait avec un groupe d'amis ; l'hiver, à Saint-Sauveur ou encore à Sainte-Adèle, où il pratiquait son sport favori, le ski. Quand par bonheur je ne travaillais pas un samedi soir et qu'après une journée de ski ses amis se rendaient, presque à leur corps défendant, au « club » le plus près pour faire plaisir à leurs petites amies, nous, nous restions au coin du feu, serrés l'un contre l'autre. Des « clubs », j'en voyais à longueur de semaine. Je préférais la tranquillité, et Louis aussi. Ce furent des années de bonheur et de plaisir. Le va-et-vient continuel et l'ambiance de *party* qu'il y avait dans ces chalets me plaisaient beaucoup. De plus, j'avais de multiples occasions de tester mes talents de cuisinière. En compagnie d'autres filles, qui voulaient bien m'aider, nous avions un plaisir fou à préparer les réceptions du temps des fêtes, des dégustations de vin et fromage, etc. La moindre occasion se transformait en réelle *fiesta*.

Bien sûr, j'ai eu droit à quelques petites guerres avec ma mère, qui n'acceptait pas que je découche, et pour acheter la paix j'ai souvent inventé d'habiles scénarios pour aller passer quelques jours avec mon bel amant. Mon père aimait beaucoup Louis. Depuis le temps qu'il me consolait après chaque chagrin d'amour en me disant : « Ne te décourage pas, tu vas voir, un jour tu vas trouver un garçon qui va te comprendre. » Quand Louis est entré dans ma vie, papa, qui ne parlait pourtant pas souvent, a très tôt affirmé que c'était un garçon qui avait de l'allure, un homme sérieux.

Plus le temps passait, moins je comprenais que Louis accepte mon métier sans rien dire. Il m'accompagnait quand il le pouvait et semblait très bien s'en accommoder. À cause des expériences vécues, un jour, je lui ai posé « la » question : « Quand vas-tu me demander d'arrêter de chanter ? » Il m'a répondu : « Quand vas-tu me demander d'arrêter de skier ? Pourquoi est-ce que je te demanderais d'arrêter de chanter ? Tu aimes chanter, j'aime skier, c'est tout. » Je le trouvais extraordinaire ! Enfin, quelqu'un qui me laisserait vivre. Je cherchais un homme parfait. À partir de ce jour, j'ai décidé que je l'avais trouvé et l'ai installé sur un piédestal. Belle folie !

De toute façon, j'avais toujours eu ce genre de réflexe : les gens que j'admirais, je les plaçais sur un piédestal et décidais de faire miennes leurs plus grandes qualités. Ainsi j'ai passé une bonne partie de ma vie à essayer de devenir quelqu'un d'autre. Et puis, ces personnes que je déifiais étaient des êtres humains, donc, un jour, elles faisaient une erreur et tombaient de leur piédestal. J'étais alors déçue, je me sentais trahie. Mais je n'étais pas consciente de cette attitude répétée et je voulais tellement devenir calme et équilibrée comme Louis semblait l'être que je me suis presque démolie à essayer de lui ressembler.

LE CHOIX

Notre belle histoire se poursuivait et je me rendais compte que je n'étais pas la seule à vivre de l'attachement. Même si certains de ses amis essayaient à l'occasion de semer la bisbille entre nous en faisant naître un doute par des allusions à des aventures passées, la confiance s'installait entre nous. Louis ne parlait pas beaucoup, mais ses gestes et son attitude étaient éloquents. Il m'avait amenée dans sa famille à la période des fêtes, ce qu'il n'avait pas fait bien souvent avec ses « anciennes », d'après ce qu'on me disait. Ses neveux et nièces vendaient la mèche en me disant : « C'est l'fun, avant on le voyait jamais, mon oncle Louis, maintenant qu'il sort avec toi, on le voit souvent. »

Je continuais ma carrière, mais ça n'avait plus la même importance qu'avant. En 1968, je travaillais ma voix depuis quelque temps avec Maurice Baril, un pianiste qui vivait à Shawinigan à ce moment-là. C'était un excellent musicien et aussi un *coach* qui avait à son actif la formation des Miladys, des Coquettes (des trios de jeunes chanteuses). C'est lui qui, plus tard, s'est occupé de la carrière de Julie Arel. Maurice croyait en moi, il affirmait que j'avais le talent pour envisager une carrière internationale, et c'est dans cette optique qu'il me préparait. J'étais très emballée quand un agent de Montréal m'offrit de faire partie de l'équipe d'artistes qu'il formait pour aller représenter le Canada à Osaka, au Japon, à l'occasion de l'Exposition universelle. Mais à mesure que l'amour grandissait entre Louis et moi, je sentais que je devais faire un choix. Je me souviens du jour où Maurice me présenta la situation très froidement : « Monique, il va falloir que tu laisses ton *chum*. Si tu continues avec lui, tu vas négliger ta carrière et tu ne pourras jamais atteindre les buts qu'on s'est fixés. Penses-y bien, c'est lui ou ta carrière. » Je n'ai pas hésité longtemps, deux minutes peut-être... Puis j'ai dit : « C'est tout pensé, c'est Louis que je choisis. Je n'ai pas du tout envie de me retrouver seule à quarante ans. »

J'avais mes raisons pour réagir ainsi. Ma mère, qui m'avait mise au monde à l'âge de quarante ans, avait toujours parlé de cette période de la vie comme d'un calvaire. Elle répétait sans cesse : « Mes filles, arrangez-vous pas pour avoir des enfants à quarante ans. Vous allez voir comme c'est pas drôle quand on arrive à quarante ans », etc. De plus, quand je lisais dans les magazines des entrevues avec des artistes qui déclaraient avoir tout sacrifier pour leur carrière et qui terminaient alors leur vie dans la solitude et l'oubli, je trouvais ça épouvantable. Non, je ne voulais pas me retrouver seule à quarante ans, et cette décision que j'ai prise en 1968, je n'ai pas eu à la regretter bien souvent. Comme je l'ai déjà dit à la blague, j'ai regretté d'avoir pris cette décision la première fois le jour où on m'a offert un contrat de plusieurs mois sur un bateau de croisière dans les Antilles et que j'ai refusé parce que j'avais un mari et des enfants à la maison. Ensuite, j'ai regretté chaque fois que je devais nettoyer les grilles de mon four ! Une fois la décision prise, bien sûr, Maurice a cessé de faire des projets pour moi et j'ai jugé inutile de continuer à me préparer pour quelque chose qui n'arriverait jamais.

Je vivais depuis toujours un conflit intérieur, voulant à la fois une vie artistique avec toute l'aventure que ça comporte et une vie rangée avec une famille et la sécurité. Je savais bien que je ne pouvais pas vivre les deux à la fois et, pour une enfant gâtée comme je l'avais été, ce genre de situation était insupportable. Pourtant, depuis que je connaissais Louis, ce choix se faisait en douceur, sans amertume, avec la certitude que je faisais ce qu'il fallait faire. D'une certaine façon, il a dû vivre la même chose puisque l'homme qui pensait ne jamais se marier, préférant sa vie de liberté, m'apprit, un soir de novembre 1968, qu'il prendrait de longues vacances au mois de mai suivant et que ce serait le temps idéal pour se marier et faire un grand voyage.

Comme je l'ai écrit dans une chanson : *Chaque jour est un jour de fête pour l'oiseau qui bâtit son nid.* Les mois qui ont suivi furent des mois de fête. Tous les deux, nous aimions les meubles anciens, ceux qui parlent quand on sait les écouter. Nous sommes partis à la recherche de certains de ces trésors et c'est avec patience et amour que nous avons, dans le sous-sol chez mes parents, décapé, réparé et rénové tout le mobilier qui allait nous accompagner dans notre nouvelle vie.

LA LUNE DE MIEL

Le 19 mai 1969, en l'église Sainte-Paule de Saint-Jérôme, j'épousais Louis Bouffard. Rien de grandiose, tout en simplicité, ce fut une fête familiale et non artistique. Sur toutes les photos de mariage de mes frères et sœurs, on pouvait voir les yeux bouffis de ma mère. Je me souvenais d'ailleurs des jours qui avaient précédé cinq de ces mariages et les larmes incessantes de maman. J'avais souvent dit à ma mère que le plus beau cadeau qu'elle puisse me faire serait de ne pas pleurer le jour de mon mariage, et elle me fit ce cadeau. Je me demandais si c'était le bonheur de me savoir enfin « casée » qui la gardait aussi sereine ce jour-là. Par contre, mon père a pleuré tout au long de la cérémonie à l'église. Il faisait tellement pitié que nous aurions voulu le serrer dans nos bras. Il s'en voulait d'être aussi « braillard », comme il nous le disait, mais c'était son bébé qu'il voyait partir.

J'avais dessiné et confectionné ma robe de mariée ; elle était ornée de marguerites blanches au cœur bleu (je ne sais pas pourquoi, mais la marguerite a toujours été présente lors des événements spéciaux de ma vie). Louis et moi avions deux passions : les voyages et la bonne bouffe, et c'est là-dessus que nous avons mis l'accent pour notre mariage. Le repas de noces fut un magnifique buffet comprenant fesse de bœuf et homards, et le voyage de noces dura un mois. Nous avons fait en auto près de 14 000 kilomètres : de Montréal à Victoria, puis toute la côte du Pacifique jusqu'à Los Angeles et, finalement, de biais à travers les États-Unis jusqu'aux chutes Niagara.

À notre retour, nous nous sommes installés dans notre petit nid d'amour qui nous attendait, rue de Normanville. Louis a repris son travail et nous avons appris à vivre ensemble. C'était facile, je l'ai d'ailleurs écrit dans une chanson *(Avec toi c'est facile)*. Moi qui étais habituée au talonnage de ma mère au sujet de tout et de rien, je me retrouvais libre de penser et d'agir. Toutefois, avec le recul, je puis dire que je ne pensais pas et n'agissais pas librement ; je ne m'en donnais pas la permission. Une fois de plus, j'agissais de manière à ce qu'on me trouve « correcte ». Quand Louis laissait entendre qu'il aimait ou voulait telle ou telle chose, je faisais mienne sa pensée, sans même me demander si c'était vraiment ce que je voulais. Pourquoi faire naître des conflits, au fond, le genre de vie qu'il voulait me rendait heureuse, pourquoi se poser des questions ? J'ai donc répété le même modèle et c'est ce qui devait m'amener à vivre un enfer quelques années plus tard.

À l'Institut familial, durant mes études, j'avais appris tout ce qu'une femme parfaite de l'époque devait apprendre et je pouvais alors mettre en pratique tout ce qu'on m'avait enseigné. Durant les premières années de notre mariage, j'ai décoré, cousu, bricolé, beaucoup plus que j'ai écrit et chanté. Mon passe-temps préféré était de recevoir ; je passais des heures et des heures à préparer des mets raffinés, des spécialités de toutes les parties du monde et j'y ajoutais même parfois le décor. Malgré tant de travail et de préparation, ces réceptions me laissaient toujours une certaine insatisfaction. Il me semblait que les invités n'avaient pas vraiment apprécié ce que j'avais cuisiné, ou alors, ils étaient partis trop tôt. Je ne savais pas pourquoi, mais j'étais très rarement tout à fait satisfaite de ce que je vivais. Quelques années plus tard, j'allais vivre la même insatisfaction face aux voyages que nous faisions : j'avais hâte de partir puis, une fois au loin, j'étais inquiète et je ne profitais pas vraiment de mes vacances, pensant sans cesse à ce qui m'attendait à la maison. Tout allait bien autour de moi, mais à l'intérieur ça n'allait pas. Ces périodes d'insatisfaction et d'angoisse passaient plus facilement en prenant quelques cognacs ou encore une bonne bouteille de vin. Au début, Louis n'y voyait rien d'anormal puisque, depuis plusieurs années, il vivait dans un groupe d'amis où « prendre un verre est normal ». Depuis notre rencontre, j'avais pu le suivre partout sans jamais refuser une consommation et il ne me l'avait jamais reproché. Là aussi je le trouvais formidable !

15

L'ÉCRITURE POUR LES COMÉDIES MUSICALES

> Une chaumière, un cœur, avec des lauriers roses et des pommiers fleuris, avec des poules et des lapins, comment ne pas adorer cela ? Et je l'adore – à condition qu'il y ait aussi de quoi écrire une ou deux pièces de théâtre.
>
> SACHA GUITRY

Côté carrière, j'ai rempli mon dernier contrat au cabaret quelques mois après notre mariage. C'était au Café du Nord, en juillet 1969. Par la suite, j'ai fait quelques émissions de télé, puis c'est l'écriture de chansons sur commande qui a occupé mon temps. Je dis bien « sur commande » car, depuis que je vivais avec Louis une vie sans histoire et heureuse, je n'arrivais plus à écrire ce que je vivais. J'avais tellement l'habitude d'écrire sous l'effet de la tristesse, à la suite d'un rejet, d'une rupture, qu'on aurait dit que je ne savais pas mettre le bonheur en chanson. C'est Gilles Latulippe qui me mit à l'œuvre pour le Théâtre des Variétés.

La façon dont nous procédions pour écrire les chansons des comédies musicales du Théâtre des Variétés était assez particulière. Tout d'abord, Gilles écrivait le scénario, puis il convoquait Vic Vogel au théâtre. Ce dernier s'installait au piano et Gilles lui racontait l'histoire qu'il avait écrite en lui indiquant chaque endroit où il devait y avoir une chanson et par qui elle devait être chantée. Vic « pondait » les mélodies que Gilles enregistrait sur magnétophone. Le lendemain, il venait chez moi et me faisait écouter les mélodies sur lesquelles je devais écrire des paroles. Chaque comédie musicale comprenait une quinzaine de chansons qui amenaient ou complétaient l'action. J'ai donc écrit des dizaines de chansons avec Vic Vogel sans jamais le voir. Nous nous sommes rencontrés des années plus tard et nous en avons bien ri.

Quand Vic fut trop occupé pour continuer le travail de compositeur pour Gilles, ce dernier m'a demandé d'écrire toute seule les chansons du Théâtre. Je l'ai fait durant quelques années. Ce travail m'a permis de rester à la maison et, plus tard, de m'occuper de mes filles. Je me souviens d'avoir écrit, certains jours, avec une bonne demi-douzaine d'enfants dans la maison, car j'étais comme ma mère, j'aimais mieux les avoir tous à ma charge et savoir ce qu'ils faisaient.

FANTAISIE DE NOËL

Durant les mois qui ont suivi notre mariage, j'ai aussi vécu une aventure formidable : l'écriture et la production d'une comédie musicale pour enfants, *Fantaisie de Noël*. C'est un ami de toujours, André Sarrazin, qui avait écrit le scénario et j'y avais ajouté mes chansons. Nous avions souvent discuté ensemble de la possibilité d'écrire pour les enfants. Nous étions tous deux des fanatiques de Disney. Durant mon adolescence, je ne manquais jamais le *Mickey Mouse Club* à la télé et, aussitôt qu'on présentait un film de Disney au cinéma, je le voyais au moins trois fois puisque j'y allais avec mes neveux et nièces. Ne pouvant les amener tous à la fois, je les regroupais en équipes de cinq ou six, et nous allions voir *Mary Poppins* ou *Lady and the Tramp*.

N'ayant pas de mécène pour mettre sur pied notre production, André et moi, assistés de quelques amis, avons travaillé d'arrache-pied côté décor, costumes, répétitions, mise en scène, pour en arriver à quelque chose de féerique. Nous avions gardé nos cœurs d'enfant et c'est ce qui transpirait de notre spectacle. Il s'agissait d'un conte de Noël dans lequel je jouais le rôle d'une mère dont les trois enfants allaient en rêve visiter le pays des jouets à bord d'un lit volant. Faire voler un lit sur la scène de la polyvalente de Saint-Jérôme, ça ne s'était jamais vu ; mais, grâce à la magie du spectacle, aux éclairages et au travail acharné d'une bonne dizaine de bénévoles, il a volé, le lit des enfants. Deux de mes neveux jouaient les rôles de mes enfants, et nous avions tellement répété durant plus de deux mois que nous en étions rendus à nous demander si le spectacle en valait la peine. Je vois encore l'air d'enchantement sur le visage d'un de mes neveux quand à la première, au beau milieu d'une scène, le public se mit à applaudir spontanément. Il me regarda et

me dit, sans trop bouger les lèvres, « Aye, ils aiment ça ! »
Oui, c'était un excellent spectacle que nous avons repris
l'hiver suivant à quelques endroits dans les Laurentides
et, encore aujourd'hui, je suis persuadée que *Fantaisie de
Noël* pourrait très bien avoir sa place dans les spectacles
du temps des fêtes. Tout comme les bons vieux classi-
ques de Disney, un bon spectacle pour enfants ne se
démode pas.

André et moi avons par la suite écrit une autre comédie musicale, celle-là pouvant être présentée à n'importe quel moment de l'année, *Bazar et Zoé,* qui ne vit
jamais le jour. Nous devions présenter ce spectacle à Terre
des Hommes mais, à cause du trop grand risque finan-
cier que nous devions encourir, nous avons renoncé.
Dommage, c'était du bon matériel, et amusant en plus.

16

LA CRISE D'OCTOBRE ?
NAISSANCE DE CAROLINE

> Dans un foyer, un bébé est une source
> de joie, un messager de paix et d'amour,
> un havre d'innocence, un lien entre les
> hommes et les anges.
>
> MARTIN TUPPER

Le 16 octobre 1970 naissait Caroline, un petit rayon de soleil qui allait nous combler de bonheur. Tout d'abord, je dois dire que cette grossesse fut une des périodes les plus heureuses de ma vie. Nous étions tous deux très heureux de la venue d'un enfant, ma santé était excellente, j'étais énergique, j'ai fait de la natation, de la bicyclette, de la marche, bref, j'étais aux anges. Je n'ai pris que quinze livres durant cette première grossesse. Nous avons soigneusement préparé un « petit coin bébé » dans notre logis, puis j'ai tricoté, cousu et, avec l'aide de Louis, repeint et décoré le berceau et le petit bureau que nous

avait donnés quelqu'un de la famille. La seule ombre au
tableau fut la mort du père de Louis en juin 1970 ; il
avait soixante-dix-sept ans. Je n'avais pas connu mes
grands-pères et ça m'avait manqué. Je constatais maintenant que la même chose arriverait probablement à nos
enfants et j'en étais profondément peinée. Lorsque Caroline est née, mon père avait déjà soixante et onze ans,
ma mère, soixante-sept ans, et les grands-parents Bouffard
n'étaient déjà plus de ce monde.

Mon médecin prévoyait la naissance de notre bébé
autour du 8 octobre ; je lui répondais à la blague que je
n'accoucherais pas avant le 15, que je savais compter et
qu'une grossesse durait neuf mois. Je me souvenais très
bien du soir où, encore enlacés, nous avions convenu tous
les deux : « Ça, ça va faire un beau bébé ». Mais l'accouchement fut toute une aventure puisqu'en octobre 1970
c'était la grève des spécialistes dans les hôpitaux. Il n'y
avait plus de service d'anesthésie à l'endroit où je devais
accoucher et, même si j'étais préparée à accoucher sans
anesthésie, mon médecin préféra ne pas prendre de risque. Donc, dès les premiers signes que le temps était venu,
j'ai passé chercher mon dossier médical à son bureau ;
nous devions nous rendre soit à l'hôpital Maisonneuve-
Rosemont soit à la Miséricorde, les deux seuls endroits
où on faisait des accouchements durant cette grève. La
consigne était que si jamais on me refusait aux deux endroits, je devais lui téléphoner et il viendrait m'accoucher à la maison. Très rassurant pour une première
fois ! Et moi qui avais tellement hâte d'arriver à ce jour.
Avec mon dossier médical sur les genoux, j'avais le cœur
serré tandis que nous roulions dans les rues de Montréal.

Le temps était à la grisaille, et j'ai toujours détesté ces jours d'automne où le vent et la pluie semblent se cha-mailler pour remporter quelque bataille. Durant ces heu-res, le bonheur fit place à l'angoisse.

La personne qui était au bureau d'admission de l'hô-pital Maisonneuve, en cette fin d'après-midi du 15 octo-bre, n'a jamais su à quel point elle m'a paru extraordinaire. Quand elle me dit que je pouvais accoucher à cet endroit, j'ai failli en pleurer de joie, mais l'aventure s'est poursui-vie car, à cause de la fameuse grève, presque tout le per-sonnel avait de nouvelles affectations. L'infirmière qui s'occupait de moi dans la « salle de travail » n'avait jamais travaillé en maternité depuis l'école d'infirmières, soit dix ans auparavant. Je devais lui renouveler la mémoire quant aux respirations et aux positions à prendre quand les con-tractions devenaient plus pénibles. Dans la chambre voi-sine, j'entendais des lamentations effrayantes puis des : « Santa Madona, sauvez-moi la vie... » Au point où j'en étais, la douleur était encore supportable, mais je n'avais vraiment pas hâte d'en arriver là où était ma voisine. Quand j'ai fait part de mes appréhensions à mon infirmière, elle me rassura en me disant que le travail était beaucoup plus avancé dans mon cas et que c'était une « question d'atti-tude et non de douleur ». Quel soulagement !

À la dernière minute, mon médecin eut la permis-sion de venir m'accoucher, et c'est à trois heures et trois minutes du matin que Louis et moi avons vu sortir la tête d'un bébé qui criait déjà avant même d'être complè-tement « au monde ». La remarque du docteur Primeau fut : « Tiens, en v'là un qui veut vivre, il perd pas une minute. » Il parlait au masculin, parce que tout au long de ma grossesse, il était persuadé que nous allions avoir un garçon. Il tenait le bébé dans ses mains qu'encore il nous dit : « C'est un beau garçon, madame Bouffard, oups... non, c'est une fille ! » Fille ou garçon, peu importe, il la déposa sur ma poitrine et je vis qu'elle était superbe, toute complète : dix petits doigts, dix petits orteils, un tout petit nez et de rares boucles blondes toutes mouillées et collées sur sa tête toute ronde. Quel miracle extraordinaire ! Avant de m'amener à la salle de réveil, on nous a laissés voir une autre fois notre petite merveille. On l'avait lavée et elle était maintenant emmaillotée et reposait dans un petit lit ; elle était encore plus belle. Nous avions raison neuf mois plus tôt : « ça avait fait un beau bébé ».

Pourquoi la salle de réveil quand on ne nous a pas endormie ? Pour s'assurer que tout se passe bien ; mais, en cette nuit du 16 octobre 1970, c'était la folie furieuse dans cette salle. On venait de voter la Loi des mesures de guerre, c'était la Crise d'octobre et l'armée allait entrer dans Montréal. Tout le monde semblait paniquer sauf moi. J'étais là, assise sur une civière, demandant quelque chose à manger (j'étais à jeun depuis plus de vingt-quatre heures), je me moquais totalement de cette histoire d'armée, d'enlèvement, de FLQ. Je venais de mettre au monde le plus merveilleux des bébés.

À six heures du matin, tel que mon médecin me l'avait promis après l'accouchement, on me servait un excellent filet mignon dans mon lit d'hôpital. C'était ma consolation, disait-il, pour avoir eu à subir tous ces bouleversements qui avaient quand même eu une fin heureuse. Passer cinq jours à l'hôpital, comme on le faisait à l'époque, ne m'attristait pas du tout ; j'aurais de la visite et puis j'avais apporté tout ce qu'il fallait pour apprendre à crocheter en regardant la télé. Mais c'est sur un fond de musique funèbre que j'ai vécu cette fin de semaine puisque, le 16 octobre, on avait retrouvé le corps de Pierre Laporte et, évidemment, on ne parlait que de ça dans tous les médias. Vivement le retour à la maison !

Ce retour était prévu pour le 19 et, quand on amena notre petit trésor afin que je l'habille, ça me semblait être un moment béni. Le pédiatre de garde vint nous rendre visite dans la chambre afin d'examiner le bébé avant qu'il rentre à la maison. C'est alors qu'il détecta un petit « déclic » anormal pendant qu'il faisait tourner la cuisse gauche de Caroline, qui pleurait de tous ses petits poumons, elle en était écarlate. Il fit alors appel à un deuxième médecin, qui se rendit compte de l'inquiétude que toutes ces démarches me faisaient vivre. Il me rassura quant aux pleurs du bébé : « Elle n'a pas mal, vous savez. Elle a tout simplement froid, c'est pour ça qu'elle pleure. » Puis ils décidèrent de passer une radiographie : quelle angoisse ! Louis et moi sommes demeurés dans la chambre à attendre qu'on nous rapporte notre enfant. J'avais tellement hâte qu'ils reviennent, j'avais même envie de leur arracher mon bébé, de l'habiller et d'aller me cacher à la maison avec elle.

Quand le pédiatre est revenu dans la chambre, il nous a expliqué que sa petite hanche ne semblait pas tout à fait formée et qu'elle devrait porter un appareil (une couche orthopédique) qui, en immobilisant ses cuisses, permettrait la formation complète de son bassin. J'étais atterrée, je retournais à la maison avec en main un billet de consultation pour un appareil orthopédique qu'allait porter mon petit bébé, qui nous semblait pourtant parfaitement constitué. Le lendemain, nous sommes allés chercher cette fameuse couche. Quelle horreur ! Mais on me rassurait en me disant de me consoler, c'était des imperfections que la nature se chargeait de réparer quand elles étaient diagnostiquées à temps. Mais les problèmes ne se sont pas arrêtés là. Caroline avait apporté à la maison un petit souvenir de la pouponnière : une gastro-entérite. Évidemment, personne nous avait avertis en quittant l'hôpital, donc, avant de savoir vraiment quel était le problème, comme toute nouvelle maman, j'ai cru que c'était moi qui en étais la source. Je n'avais peut-être pas bien désinfecté les biberons ou les tétines ; est-ce que j'avais mesuré adéquatement les quantités de lait à couper avec de l'eau ? etc. Au téléphone, mon médecin m'avait avertie que je devais être très vigilante, car un bébé peut se déshydrater très rapidement. Le petit berceau de Caroline était juste à côté de moi durant la nuit et je dormais presque la main dans sa couche tellement j'étais inquiète.

Puis, au bout d'une semaine, elle dut être hospitalisée. C'est là que j'ai appris que plusieurs bébés avaient le même problème qu'elle. J'ai cru pleurer toutes les larmes de mon corps durant cette semaine-là. J'allais tous les jours à l'hôpital passer quelques heures à bercer ma « petite balloune », comme je l'appelais, et quand je rentrais à la maison je n'arrivais pas à trouver la paix : ça sentait la poudre de bébé, je voyais tout ce décor qu'on avait aménagé pour elle, j'avais les émotions à fleur de peau. Louis faisait tout pour me consoler, me changer les idées, et c'est ainsi que nous nous sommes retrouvés chez mes parents un dimanche midi. Si j'avais su ce qui m'y attendait, j'aurais certainement choisi un autre endroit. Dès notre entrée, ma mère m'a aussitôt lancé à la figure : « Demande-toi pas pourquoi ces problèmes-là, ces histoires de suivre des régimes durant qu'on attend un bébé... ! » Mais je n'avais pas suivi de diète, j'avais simplement surveillé mon alimentation et voilà qu'une fois de plus, c'était de ma faute. Ma mère avait toujours besoin de trouver un coupable. Mon père, qui ne parlait pas très souvent, vint à ma rescousse en rappelant à ma mère qu'à ma naissance le médecin avait remarqué que j'avais quelque chose à une hanche. Ma mère s'est tue aussitôt et n'est jamais revenue sur le sujet.

Quand Caroline revint à la maison, son système digestif était complètement rétabli. Il ne restait plus qu'à m'apprivoiser avec ce fameux appareil qu'elle devait porter. Évidemment, on ne pouvait pas utiliser le petit fauteuil de bébé à la mode à ce moment-là. Il nous a fallu en tailler les côtés et l'adapter pour elle. J'ai fait de même pour plusieurs de ses vêtements. Elle a porté cet appareil pendant six mois, et je me souviens encore des premières sorties, au temps des fêtes, en 1970. Dès que quelqu'un l'apercevait, les petites jambes tout écartées par cette couche rigide, on entendait la phrase : « Mon doux qu'elle fait pitié ! » Cette réflexion me faisait si mal que je ne voulais plus sortir. Comme toujours, c'est Louis qui me ramenait à l'ordre en me disant : « Qu'est-ce que tu aurais fait si nous avions eu un enfant handicapé, tu l'aurais caché et en aurais fait un être malheureux ? C'est pas si pire que ça et puis c'est temporaire. » Pourtant, il avoua plus tard qu'en voyant les trous qu'avait creusés cet appareil dans les cuisses de notre bébé, il craignait qu'elle reste marquée.

Je me souviens d'avoir devancé de trois jours la fin de cette mesure préventive, comme l'appelaient les médecins. C'était le vendredi saint et je voulais qu'elle s'habitue à sa nouvelle condition avant le jour de Pâques, qui arrivait cette année-là le onze avril. C'était l'anniversaire de naissance de mon père, et je savais très bien que ce serait le plus beau cadeau à lui offrir : une petite Caroline toute nature, sans cet appareil affreux.

Après ces débuts houleux dans la vie, Caroline fut une enfant solide et énergique. Elle semblait mordre dans la vie et, dès le premier rayon de soleil, elle se levait, ne voulant pas manquer une seule minute. Combien de matins, quelques années plus tard, dès le lever du jour, n'a-t-elle pas rampé jusqu'à notre lit et, arrivée près de moi, elle me réveillait en touchant mon bras et en murmurant de peur que son père l'entende. Elle savait bien qu'il lui aurait ordonné de retourner au lit. Je me levais et me rendais compte que ce n'était pas son déjeuner qu'elle voulait ; elle prenait ses jouets, ses livres à colorier et ne s'occupait plus de moi. J'étais là, c'était tout ce dont elle avait besoin.

Quand Caroline eut un an et demi, Louis commença à parler de la possibilité d'avoir un autre enfant. Même si, quelques années plus tôt, nous disions vouloir trois ou quatre enfants, je n'étais plus certaine d'en vouloir un seul autre. J'avais tellement été traumatisée par les problèmes de santé de Caroline à la naissance que j'hésitais. D'autant plus que le problème de hanche qu'elle avait eu se répétait souvent dans les mêmes familles, au dire de mon médecin. Mais Louis insistait ; lui aussi avait changé d'avis concernant le nombre de nos enfants, mais il me disait que, pour notre fille, ce serait tellement mieux si elle avait un petit frère ou une petite sœur. Ayant grandi au sein d'une famille de douze enfants, la perspective d'être enfant unique lui paraissait épouvantable. Et il m'a convaincue.

17

LE DÉPART DE MON PÈRE, L'ARRIVÉE D'ÉLYSE

> Il faut parfois prendre ses sentiments sur son cœur et les bercer comme des enfants.
>
> ANDRÉE AUBÉ

Une fois la décision prise, nous avons attendu ce deuxième enfant avec autant de bonheur que la première. Mais on vit rarement la même chose deux fois de la même façon. Autant ma première grossesse fut facile, autant la seconde me parut longue et pénible. Au sixième mois, des menaces de fausse couche m'ont forcée à passer quelques jours au lit. Puis, au septième mois, mon père tomba dans un coma profond après avoir fait un arrêt cardiaque. C'est à la suite d'une simple opération pour les cataractes que cet « accident » est survenu.

Le dernier amour de mon père fut Caroline. D'abord, c'était le bébé de son bébé et, quand nous allions en visite chez mes parents, nous y passions souvent quelques jours ; il avait le temps de l'apprivoiser puis de la gâter. Il était le seul à pouvoir la garder sur ses genoux durant de longues minutes. Étant très matinal lui aussi, quand elle s'éveillait le matin, elle allait tout droit vers la cuisine où il était déjà. Il s'occupait d'elle, l'assoyait sur son « petit pot », puis lui préparait un bon jus d'orange frais. Ma belle-sœur, qui était près de mon père juste avant qu'il ne fasse son ACV, nous a raconté qu'il lui disait sans cesse : « Parle-moi de Caroline, raconte-moi ce qu'elle a fait. »

Il est demeuré dans le coma durant trois semaines, branché sur un respirateur, puis sa respiration s'est rétablie. Il a vécu encore trois semaines, partant de sa taille imposante de deux cents livres jusqu'à une allure cadavérique de cent vingt-cinq livres à sa mort. Durant ces six semaines, j'ai pleuré presque sans arrêt. Certains jours, un appel téléphonique d'un membre de ma famille nous donnait espoir ; le lendemain, c'était le contraire, si bien qu'après quelque temps je refusais d'entendre parler de guérison possible. Je ne voulais plus avoir d'attentes, je savais qu'ensuite la peine ne serait que plus grande. J'aurais bien voulu le garder encore pendant plusieurs années, mais je savais que, s'il allait survivre, il ne serait plus jamais comme avant. Se voir totalement dépendant de son entourage ou encore placé dans un foyer de malades chroniques aurait été un calvaire pour lui.

Durant les dernières semaines, il semblait avoir un certain niveau de conscience. Par exemple, quand ma mère arrivait à son chevet et qu'elle se nommait, il prenait sa main gauche et allait aussitôt tâter de ses doigts l'anneau nuptial qu'elle portait depuis quarante-neuf ans et demi. Et quand c'était à mon tour de m'approcher de lui, quand il entendait mon nom, il tendait le bras, touchait mon gros ventre de près de huit mois comme s'il avait voulu se retrouver dans le temps. Je lui disais aussitôt : « Bien oui, papa, il est toujours là, mon bébé. On t'attend. »

Le 8 janvier 1973, mon père a cessé de se battre et il est parti en douceur, entouré de six de ses sept enfants. On m'a tenu à l'écart à cause, disait-on, de ma « condition ». C'était sans doute mieux ainsi : le souvenir que je voulais garder de lui était ce grand homme solide avec qui je me sentais tellement aimée et en sécurité. Je l'ai pleuré longtemps et il me manque encore aujourd'hui.

À cause de tout cela, les dernières mois de ma grossesse ont été remplis de tristesse et de larmes. Je disais à qui voulait bien m'entendre que je ne voulais plus d'autre enfant, car j'avais l'impression de pousser dans le dos des plus vieux pour faire de la place à mes petits. Deux grossesses : deux grands-pères décédés ! Quatre semaines jour pour jour après la mort de mon père, mes premières contractions se sont fait sentir. L'accouchement ne fut pas facile du tout : onze heures de douleurs, l'utérus avait basculé. Enfin, le 6 février, en fin d'avant-midi, Élyse naissait. Un superbe poupon de six livres et cinq onces. Après quelques heures d'inquiétude au sujet de ses hanches (mon cher médecin me disait qu'il lui semblait sentir le fameux petit déclic), les examens par des pédiatres nous rassurèrent, tout était parfait. Tout ou presque.

Quand nous sommes rentrés à la maison, Élyse s'est mise à pleurer. Elle a pleuré le jour, pleuré la nuit, pleuré en mangeant, en buvant. On a consulté des spécialistes, on l'a examinée d'un bout à l'autre pour finalement nous dire qu'elle n'avait rien, que certains bébés naissaient avec un système nerveux défectueux et que tout allait rentrer dans l'ordre un jour ou l'autre. Je me souviens du désarroi de certains amis qui venaient à la maison et, la voyant pleurer de la sorte, nous suppliaient de faire quelque chose. Nous avions tout fait. Caroline, qui avait alors deux ans et demi, croyait probablement qu'un petit bébé pleurait toujours puisqu'elle n'y portait même plus attention.

Au bout de quelques semaines, j'étais épuisée, tentant de remédier à une situation qui était hors de mon contrôle. Le seul répit que j'avais, c'était quand Louis ne travaillait pas le soir et que je m'évadais en peignant. Je m'installais près du magnétophone, y mettais de la musique douce et, après avoir recouvert mes oreilles d'écouteurs, je pouvais enfin respirer et ne plus entendre ces pleurs qui finissaient par m'exaspérer. Comme les médecins l'avaient prédit, du jour au lendemain Élyse a cessé de pleurer. Drôle de coïncidence ! Les trois derniers mois de ma grossesse furent remplis de larmes, les trois premiers mois de sa vie furent imprégnés des mêmes émotions.

Par la suite, ce fut une enfant modèle. Autant Caroline demandait de l'attention, autant Élyse était solitaire. Elle était tellement silencieuse que souvent nous allions nous assurer qu'il ne lui arrivait rien de mauvais. Elle jouait sagement, s'inventait des situations, rangeait tout sans qu'on ait à le lui demander. Je tenais à donner une bonne éducation à mes enfants et chez nous, la discipline, ça existait. Caroline avait une force de caractère, une indépendance et un *leadership* qui n'étaient pas faciles à vivre quand elle était toute petite, alors qu'Élyse semblait s'accommoder de tout. Ses besoins étaient moins grands. Elle était très affectueuse, « colleuse », et j'adorais ça. Durant des années nous avons regardé la télé dans le même fauteuil, blotties l'une contre l'autre. Je l'avais surnommée « ma consolation ».

18

D'ABORD LA FAMILLE, ENSUITE LE MÉTIER

La paix du cœur est le paradis des hommes.
PLATON

Les enfants grandissaient, je pouvais me permettre de faire du spectacle de temps à autre, et c'est au Théâtre des Variétés que j'ai le plus appris durant ces années. À ce moment-là, Gilles Latulippe y présentait un film, une ouverture musicale (un sketch de quarante-cinq minutes comprenant une ou deux chansons), puis un spectacle d'une vedette invitée. J'ai fait partie durant deux ans de l'équipe qui jouait les ouvertures musicales. Le programme changeait chaque semaine. Nous nous présentions au Théâtre le lundi soir vers six heures avec une chanson que nous pourrions peut-être intégrer au sketch. Gilles nous racontait l'histoire que nous devions jouer et, après avoir défini qui jouerait qui et avoir mis en place certains détails, nous montions sur scène à huit heures. Les premières fois je paniquais presque, mais je n'avais qu'à me laisser porter, car j'avais la chance de partager cette scène avec des gens formidables, à commencer par Gilles Latulippe lui-même. J'ai plusieurs fois joué avec Manda, cette femme qui me faisait mourir de rire et qui semblait si rude et dure sur scène ; elle était en coulisse une bonne maman, douce et même un peu timide. Paul Desmarteaux, lui, adorait me faire peur. En effet, il jouait souvent des rôles d'homme entreprenant ou encore de joyeux fêtard. Il avait l'habitude de se dessiner d'énormes moustaches au crayon de khôl et, une fois sur scène, il s'arrangeait pour m'adosser à une colonne et « m'étamper » ses moustaches sur la figure. J'en ressortais toute noircie. Dans les coulisses, monsieur Desmarteaux était toujours très respectueux à mon endroit et, un soir, encouragé par Gilles à me pourchasser sur scène encore plus qu'à l'accoutumée, il fut affolé quand on lui apprit que mon mari était présent dans la salle. Il avait tellement peur d'avoir paru « déplacé » qu'il n'arrêtait pas de s'excuser en jetant des regards réprobateurs à Gilles, qui ne pensait qu'à jouer des tours. Je me souviens d'un soir où je jouais le rôle de son épouse. Il tardait à rentrer, et je me retrouvais seule sur scène à m'inquiéter et à faire les cent pas. J'avais dit tout ce que je pouvais dire dans cette situation quand je l'aperçus en coulisse me faisant signe « d'étirer ». Il se croisait ensuite les bras, attendant de voir ce que j'allais faire. J'ai inventé quelques phrases qui avaient plus ou moins rapport à la situation, j'ai risqué une petite blague puis, voyant qu'il ne rentrait toujours pas, je me suis adressée directement au public en disant : « Bon, euh... j'crois bien que je vais vous chanter une petite chanson ! » Voyant mon désarroi, le public a ri, et Gilles est entré.

Un autre avec qui j'ai eu le bonheur de travailler, c'est Michel Noël. Cet homme nous faisait rire autant en coulisse que sur scène. Je l'ai côtoyé au moment où nous présentions les comédies musicales pour lesquelles j'écrivais les paroles. Michel a toujours eu de la difficulté à mémoriser les paroles des chansons, et c'était un réel poème que d'entendre les rimes qu'il inventait quand sa mémoire lui faisait défaut. Quand je lui disais : « C'est pas tout à fait ça que j'ai écrit », il éclatait de rire.

Je me souviens d'un soir de Saint-Valentin où dans une pièce je tenais le rôle de sa maîtresse. J'étais plus grande que Michel et, pour ajouter à la drôlerie, je portais des souliers plate-forme d'une hauteur de quatre pouces ; nous avions alors un bon huit pouces de différence. Le rôle de sa femme devait être tenu par Manda, mais celle-ci étant très malade, Gilles a demandé à Rose Ouellette, « La Poune », de la remplacer. Évidemment, plusieurs répliques tournaient autour de l'obésité ; on a donc dû lui fabriquer un costume entièrement doublé de caoutchouc mousse. Elle avait l'air d'une tortue perdue sous sa trop grande carapace. À un moment donné, je me suis retrouvée dans une chambre avec Michel Noël, et il me faisait une cour enflammée au moment où sa femme arrivait à l'improviste. Nous avions répété un plongeon très réussi : nous arrivions en trois secondes à nous lancer chacun de notre côté sous le lit qui se trouvait dans le décor. Mais ce soir-là quelque chose d'inhabituel s'est produit. Dès que nous nous sommes retrouvés sous le lit, la grande feuille de contreplaqué qui servait de matelas s'est effondrée sur nous. Il ne restait donc que le pourtour du lit recouvert du couvre-lit. Rose est entrée comme à l'accoutumée, elle a fait son petit monologue, après quoi elle avait l'habitude de venir s'asseoir sur le lit. Nous avons eu beau lui murmurer qu'il ne fallait pas s'asseoir ce soir-là, elle ne nous a pas entendus et dès qu'elle a voulu poser ses fesses sur le couvre-lit, qui n'était tenu que par le contour, elle est tombée à la renverse, ne pouvant plus se relever à cause de son énorme costume. Nous, nous étions coincés entre le plancher et la feuille de contreplaqué sur laquelle elle était allongée. Ce soir-là, j'ai cru que Michel Noël allait mourir, le fou rire qui nous secouait l'avait rendu écarlate. Heureusement, le public a ri avec nous, et cette situation a duré au moins cinq minutes. Pour ma part, quand je suis sortie de cette impasse, j'avais de longues traînées noires de chaque côté du visage : j'avais ri aux larmes et tout le maquillage de mes yeux avait coulé jusque dans mes cheveux.

Ces années passées au Théâtre des Variétés ont été pour moi la plus merveilleuse école du spectacle. J'y ai appris à improviser, à me débrouiller pour défendre ma place sur scène et à travailler avec des artistes d'expérience. Nous donnions huit représentations par semaine : une chaque soir et deux le samedi, pas de relâche. Le temps d'arrêt entre les spectacles du samedi était toujours agréable. Nous avions pris l'habitude, à tour de rôle, d'apporter des choses à manger. J'avais ma spécialité : des fèves au lard, tandis que Suzanne Lapointe, quand elle faisait partie de la distribution, nous gâtait de ses découvertes culinaires. Parmi ceux avec lesquels j'ai eu le plaisir de travailler, je garde d'excellents souvenirs de Robert Desroches, Marcel Gamache, Pierre Thériault, Gilles Morneau, Suzanne Langlois, Denise Andrieu, Yolande Circe, Claudette Delorimier, Paul Thériault, Fabiola, sans oublier Georges Guétary, qui venait chaque automne faire ses adieux au public québécois. Puis il y eut, bien sûr, les Fernand Gignac, Michèle Richard et Pierre Lalonde. Au début, les musiciens étaient sous la direction d'Huguette Saint-Louis, puis ce fut Claude Rogen, avec lequel j'ai écrit des chansons, dont *Ma maison de pierre*. Après quelques années, Jacques André Giroux a pris la relève. C'était une grande famille, et j'étais heureuse d'en faire partie. Ce travail me permettait de demeurer en contact avec le milieu artistique tout en étant avec mes enfants durant la journée et ça, j'y tenais.

LA RONDE

Durant les étés de 1974 et 1975, j'ai eu la chance de travailler dans un restaurant de la Ronde, l'Aquadélices (j'y ai retravaillé au début des années quatre-vingt ; ça s'appelait alors Les Délices). Cette période en fut une de grand plaisir. Les gens qui fréquentaient cet endroit seront d'accord avec moi pour dire que c'était une expérience unique que de passer une soirée à l'Aquadélices. Les jeunes comme les moins jeunes s'amusaient, chantaient et dansaient ensemble. J'avais l'habitude de dire qu'on se serait cru dans une grosse noce. Des organistes se succédaient pour assurer une musique continuelle, et à tour de rôle des chanteurs venaient interpréter quelques pièces pour agrémenter l'heure des repas ou encore pour faire danser. Tout le monde se sentait en vacances, et nous nous amusions souvent autant que le public présent. Il faut dire que nous avions un patron en or (Claude Pilon) qui faisait preuve d'une grande patience avec nous tous ; c'était un homme qui aimait les artistes.

C'est grâce à cet emploi que j'ai commencé à bâtir mon tour de chant d'une façon différente, que j'ai appris des dizaines de chansons sur lesquelles les gens pouvaient danser et que, finalement, j'ai monté des pots-pourris que le public chantait avec moi. J'y ai également connu des amis qui me sont encore très chers aujourd'hui, dont un peintre, Léon, qui est devenu mon professeur durant quelques années.

J'ÉTAIS DISPONIBLE

Je tenais absolument à voir moi-même à l'éducation de mes filles ; je serais la seule à blâmer si quelque chose leur arrivait. Je négligeais ma carrière, mais je ne voulais pas l'abandonner pour autant. Je vivais donc encore ce déchirement d'enfant gâtée : choisir entre deux choses qui me tenaient à cœur. Je suis tout à fait consciente aujourd'hui que la vie familiale passait en premier pour moi, la carrière arrivait en deuxième. Je jugeais plus important d'être une épouse et une mère qu'une « vedette » et, à cet égard, je trouvais très peu de compréhension parmi les gens de mon métier.

Je me souviens encore d'une remarque d'Edward Remy qui me blessa profondément. Il était alors recherchiste pour une émission matinale quotidienne à Télé-Métropole. Durant toute l'année, je n'avais pas été invitée à cette émission mais, tout à coup, on pensa à moi pour l'émission du lendemain du Jour de l'An ou de Noël. Les enfants avaient alors aux alentours de six et huit ans, et mon époux travaillait toujours selon des horaires variables au Service d'incendie, quel que soit le temps de l'année. Je savais qu'il me serait très difficile d'avoir une gardienne pour ce matin-là, et c'est la réponse que j'ai faite à Edward quand il m'a téléphoné. Il m'a répondu : « Mais quel âge ils ont ces p'tits morveux-là. Ils doivent pouvoir s'occuper d'eux-mêmes tout seuls, non ? » Je lui ai répondu que mes enfants n'étaient pas des petits morveux et que, non, je ne les laissais pas seules. Je crois que c'est la dernière fois qu'Edward Remy m'a proposé une émission.

Je constatais que je servais très souvent de bouche-trou pour certains recherchistes et réalisateurs. Bien sûr, je n'avais pas le statut de « vedette » et, surtout, j'étais disponible. Je refusais rarement : j'avais tellement peur de ne pas être aimée et, surtout, peur qu'on ne me rappelle plus. Donc, quand à la dernière minute quelqu'un se décommandait, j'étais la candidate idéale. Je me souviens même d'avoir appris, de nuit, les paroles de deux « chansons à répondre » pour une émission du temps des fêtes, parce que je remplaçais Jeanne d'Arc Charlebois, qui était malade. C'était un tour de force ; ces chansons-là ne faisaient pas partie de mon répertoire. J'ai fait l'émission, et tout s'est bien déroulé. Quand les projecteurs se sont éteints et que je suis rentrée dans ma loge pour me changer, j'étais soulagée et fière de moi. J'avais hâte de voir si le réalisateur était satisfait, mais je ne l'ai jamais su puisqu'en ressortant de la loge, quelques minutes plus tard, tout le monde était parti, sans un au revoir, sans un merci. Rien du tout !

Je sais aujourd'hui que j'aurais pu, dès lors, changer ces situations qui se répétaient. Il aurait tout simplement fallu que je refuse ces remplacements de dernière minute, que je m'affirme. Mais c'était risqué, on ne m'aurait peut-être plus demandée ? J'avais donc le choix, ON A TOUJOURS LE CHOIX : continuer à vivre ces situations humiliantes et me détester, ou alors refuser, dire que je valais mieux que ça et être fière de moi. Je n'étais pas prête à faire ce choix à l'époque. J'ai continué à courber l'échine et ce, dans tous les domaines de ma vie. Cette attitude faisait partie de l'évolution d'une maladie que je portais déjà en moi : l'alcoolisme.

Je voulais tellement que tout soit parfait que j'ai été souvent déçue et, mes déceptions, je les engourdissais dans l'alcool. Déceptions dans ma vie familiale, déceptions dans ma vie professionnelle, toutes les déceptions, quoi ! J'en parlerai plus loin et plus en détail.

19

L'ENVERS DE LA MÉDAILLE

La trahison est comme la fleur qui se referme sur l'abeille en train de butiner.

ÉLYSE BOUFFARD

La vie artistique comporte de grandes joies et de grandes peines. Heureusement que j'ai pu y côtoyer quelques personnes dont je conserve encore aujourd'hui l'amitié sincère. S'il s'est trouvé des réalisateurs et des recherchistes qui ne savaient qu'exploiter mon « à-plat-ventrisme », d'autres ont reconnu que j'avais un certain talent et m'ont donné la chance de l'exprimer. Je pense à Pierre A. Morin, qui a toujours saisi l'occasion qui lui était donnée pour me faire progresser, me faire relever des défis. Il y eut aussi Jean-Paul Leclerc, qui, à Radio-Canada, m'a fait un cadeau merveilleux. À sa dernière réalisation de l'émission *Les Coqueluches,* en 1978, il m'a consacré l'heure entière, alors que tous les invités venaient interpréter mes compositions. J'ai même, à cette occasion, chanté avec mes filles, qui n'avaient que quatre et six ans. Clairette m'a fait un cadeau semblable quand, à sa boîte de la rue Saint-Jacques, elle m'a demandé de présenter un spectacle entièrement composé de chansons que j'avais écrites. Ces gens croyaient en moi et ils m'ont aidée à continuer ma route.

Plus tard, ce fut au tour de Gilles Latulippe et de son réalisateur aux *Démons du Midi* de m'inviter lors d'émissions spéciales, soit comme interprète, soit comme auteur-compositeur. J'ai écrit des chansons-thème pour la millième émission ainsi qu'à l'occasion d'hommages rendus à Olivier Guimond et à d'autres grands de chez nous. J'ai dû conserver précieusement ces souvenirs pour aller y puiser un peu de paix quand certains jours moins heureux ont surgi. En voici quelques-uns de ces jours moins heureux qui m'ont amenée à croire un jour que ce métier était en train de me détruire.

À l'émission *Michel Jasmin,* en décembre 1981, on rendait hommage à Olivier Guimond, mort dix ans plus tôt, et on a fait appel à Gilles Latulippe pour savoir qui pouvait apporter quelque chose d'intéressant à cette émission spéciale. Il y aurait, bien sûr, ceux qui avaient côtoyé Olivier durant les moments les plus importants de sa carrière, mais il fallait un pendant musical à cet hommage. Gilles leur suggéra alors de m'inviter à aller chanter une chanson bien spéciale que j'avais écrite justement en hommage aux grands comiques disparus : *Les Comiques.* J'ai reçu un appel de la recherchiste de l'émission, qui me dit ceci : « Madame Saintonge, nous préparons une émission spéciale en hommage à Olivier Guimond, et monsieur Latulippe nous a dit que vous aviez composé une chanson en hommage aux comiques. » Après lui avoir répondu par l'affirmative, elle a poursuivi : « Nous aimerions que cette chanson fasse partie de l'émission. Est-ce que quelqu'un d'autre que vous la chante, cette chanson ? » Je n'en croyais pas mes oreilles. Elle avait l'audace de m'appeler personnellement pour que je lui recommande quelqu'un d'autre pour chanter ma chanson ? Je l'ai informée que j'étais la seule à interpréter cette chanson et, sur un ton de déception mal dissimulée, elle m'a alors demandé si j'étais libre pour l'enregistrement de cette émission spéciale. J'y suis allée, la chanson a bien passé, Gilles était content, mais moi j'avais un nœud dans la gorge en pensant que j'avais été « imposée », et ce n'était malheureusement pas la seule fois que cela s'est produit.

LE LAC DE CÔME

Je n'avais pas enregistré de disque depuis longtemps quand on m'a fait une offre qui m'a paru intéressante. Je participais à une émission des *Coqueluches* où Daniel Hétu assurait la direction musicale. Durant les répétitions, Daniel m'a fait part qu'il était associé à Robert « Bob » Watier, qu'ils avaient une compagnie de disques et qu'il serait peut-être temps pour moi de penser à un retour sur disque. Nous étions à la fin des années soixante-dix. Il m'a demandé de penser à ce que j'aimerais enregistrer et d'aller le rencontrer à son bureau.

Quelques jours plus tard, j'étais devant lui avec en main un 45 tours d'Alain Morisod, *Le Lac de Côme,* et des paroles que je venais tout juste d'écrire sur cet air.

Cet instrumental tournait beaucoup à la radio, et j'étais assurée qu'une version chantée de cette douce mélodie était tout à fait dans mes cordes. Daniel ne l'avait jamais entendue et il me dit qu'il allait tenter d'obtenir la permission de l'éditeur d'origine pour l'enregistrer. Je suis retournée à la maison le cœur en fête, j'allais faire un disque et avec une chanson que j'aimais. Une semaine plus tard, n'ayant pas de nouvelles de Daniel Hétu, je l'ai appelé pour me faire dire qu'il attendait toujours une autorisation de Suisse. Deux semaines, trois semaines plus tard, toujours la même réponse. Un mois s'était écoulé depuis notre rencontre quand j'ai entendu à la radio une version chantée, *Les Fiancés du Lac de Côme*. Évidemment, il ne s'agissait pas de mes paroles et j'ignorais qui était la chanteuse. J'ai pensé : « Ça y est, on a trop tardé et quelqu'un d'autre nous a devancés ». J'ai téléphoné à la station radiophonique et j'ai demandé qui chantait ce qui venait de tourner et sur quelle étiquette avait été fait cet enregistrement. La chanteuse était Arianne Voyer, et l'étiquette était celle de Daniel Hétu et de Robert Watier. Eh oui, pendant que j'attendais, m'impatientais et venais aux nouvelles chaque semaine, ils avaient fait écrire d'autres paroles et les avaient fait enregistrer par une jeune chanteuse. Je ne mettais pas en cause la qualité vocale ni la poésie de cette version, mais j'étais choquée de cette malhonnêteté. J'ai continué à chanter MA version du *Lac de Côme*, et Suzanne Lapointe a fait de même. Puis, par l'intermédiaire de l'éditeur canadien de monsieur Morisod, je lui ai fait parvenir ma version, lui racontant ce qui s'était passé.

L'année suivante, une amie m'invita à l'accompagner à un récital de Sweet People à l'Habitat Saint-

Camille, à Montréal-Nord. Après le spectacle, elle insista pour que j'aille me présenter à Alain Morisod, ce que je fis. Cette rencontre fut bénéfique pour moi. Il savait qui j'étais, il avait reçu mes paroles et m'avoua qu'il était désolé de la façon dont les choses s'étaient passées. Au moment d'autoriser l'autre version, il ignorait que j'en avais fait une et il ajouta même que, s'il avait eu à choisir entre les deux versions, il aurait préféré la mienne et de beaucoup. Pour m'assurer de sa sincérité, il ajouta : « Maintenant, ces choses ne se produiront plus, car je vais vous donner mon adresse personnelle, vous pourrez communiquer directement avec moi. » Puis, il m'a fait écouter deux mélodies qui figuraient sur son dernier enregistrement ; si elles m'inspiraient, il désirait que j'y écrive des paroles.

Il avait entendu chanter Fernand Gignac et m'a laissé entendre qu'il aimerait que les versions que j'allais écrire soient interprétées par lui. Le lendemain après-midi, toute l'équipe de Sweet People repartait pour l'Europe. Je me suis mise au travail dès mon arrivée à la maison ce soir-là et j'ai écrit sur *Élodie, Laisse-toi aimer* et sur *Bélinda, Si demain*. Je suis allée déposer ces paroles au comptoir de l'hôtel où logeait Alain et, l'après-midi même, il me téléphonait pour m'annoncer qu'il aimait beaucoup ce que j'avais fait et qu'il comptait sur moi pour offrir ces chansons à Fernand Gignac.

Un mois plus tard, Fernand les enregistrait, et c'est ainsi que nous avons fait en duo ce *Laisse-toi aimer* qui a tant tourné à la radio et qui m'a valu quelques participations à des émissions de gala. J'ai aussi eu le bonheur de faire quelque chose dont je rêvais depuis bien longtemps :

être en vedette américaine lors d'un spectacle de Fernand Gignac à la salle André-Mathieu, puis au Grand Théâtre de Québec. Ces soirs furent ce que j'appellerais des moments de grâce, surtout à Québec où nous étions accompagnés par l'orchestre symphonique sous la direction de Guy St-Onge (incidemment, nous n'avons aucun lien de parenté).

On me demande souvent pourquoi je ne chante plus avec Fernand Gignac puisque, pendant de nombreuses années, nous faisions partie des mêmes émissions et avons chanté plusieurs duos. Nos voix étaient faites l'une pour l'autre, et c'était un réel plaisir pour moi que de partager la scène avec cette grande vedette. Je l'ai dit plus tôt, j'ai écrit plusieurs versions pour Fernand et, chaque fois qu'il faisait appel à moi pour écrire quelque chose, je le faisais avec grand plaisir, et gratuitement, car la plupart du temps les éditeurs originaux n'accordaient aucun droit de suite. Quand, dans mon entourage, on me disait que je ne devrais pas faire ce « bénévolat », je répondais toujours que le simple fait d'entendre mes paroles chantées par Fernand Gignac me faisait plaisir et que si je ne le faisais pas pour l'argent, je le faisais pour la gloire. Fernand avait l'habitude de mentionner que j'étais l'auteure de certaines chansons qu'il interprétait. En 1982, j'ai écrit pour lui des versions de *As time goes by / Rien n'a changé*, *Because of you / Tu fais de moi*, *Return to me / Ne m'oublie pas* et finalement *Papa loves mambo / Dansons le mambo*. Ces chansons faisaient partie de son album *Ballroom* et j'étais très heureuse du résultat.

En 1983, Fernand m'a demandé de lui écrire des versions « personnalisées » de chansons à saveur humoristique dont il allait se servir lors d'une série de récitals au Théâtre Félix-Leclerc. Guy Roy, le producteur du spectacle, m'a téléphoné à la toute dernière minute pour m'inviter à la première. J'étais libre, j'y suis allée, accompagnée de ma fille Élyse, qui avait dix ans à l'époque. Au programme se retrouvaient sept de mes chansons ; sept sur une quinzaine, c'était pas si mal. Parmi celles-ci, évidemment, il y avait les chansons de *Ballroom* mais aussi le duo *Laisse-toi aimer* qu'il faisait avec une choriste. Ma fille ne comprenait pas pourquoi ce n'était pas moi qui allais chanter cette chanson avec lui, et j'ai dû lui expliquer qu'il ne pouvait pas me payer un cachet, chaque soir, pour ne chanter qu'une chanson.

Puis le spectacle a commencé. La première de mes chansons passe, Fernand ne fait pas mention des auteurs-compositeurs. La deuxième, même chose, et à mesure que le temps passe, je me dis que c'est un oubli, qu'il va se reprendre ; je ne suis pas habituée à une telle attitude de la part de Fernand. Au moment de chanter *Laisse-toi aimer,* il la présenta comme une belle musique de monsieur Alain Morisod et c'est tout. Aucune mention de mes paroles ni même de notre duo sur disque. Là, c'était trop, j'avais les larmes aux yeux, j'essayais de ne pas les laisser couler en regardant le plafond. Ma fille me regardait, désespérée, ne sachant trop quoi dire ou faire. Quand le moment du rappel arriva, j'ai dit à Élyse que nous n'allions pas rester jusqu'à la fin. Je ne me sentais pas capable d'affronter les artistes et les journalistes présents. Nous avons donc quitté les lieux en vitesse. C'est en pleurant que je suis revenue à la maison, j'étais profondément déçue, je ne comprenais pas. Oui, j'avais travaillé pour la gloire, mais voilà que la gloire n'y était plus.

Le lendemain matin, Carmen Montessuit, du *Journal de Montréal,* m'a téléphoné. Elle m'avait vue au spectacle la veille et avait remarqué mon absence à la toute fin. Je lui ai fait part de ma déception et le samedi suivant, dans sa chronique, on pouvait lire un article intitulé *Rendons à César...* Cet article, je l'ai encore, et après l'avoir relu je constate qu'il n'était pas méchant du tout. On y disait seulement que j'aurais aimé que Fernand Gignac mentionne que j'avais écrit des textes, il y en avait quand même sept, etc. Ce même samedi, l'épouse de Fernand m'a téléphoné pour me dire que son mari avait beaucoup de peine, qu'il ne comprenait pas que je fasse écrire de telles choses dans le journal, que son oubli était dû à la nervosité, que je ne devais pas être fâchée. J'ai expliqué que je n'étais pas du tout fâchée mais plutôt déçue et peinée. Fernand m'a glissé quelques paroles à son tour, m'assurant que la situation serait corrigée. D'après ce que m'a répété un musicien qui était présent durant les dix jours suivants, la situation n'a jamais été corrigée, mon nom ne fut jamais mentionné durant ce spectacle. Quelques semaines plus tard, je lui ai expédié une facture de quelques centaines de dollars pour les versions que j'avais faites, mais cette facture resta sans réponse ni paiement.

Et voilà, c'est pour ça que je n'ai plus jamais chanté avec Fernand Gignac. Non pas que j'aie eu à refuser des demandes en ce sens : Fernand ne m'a plus jamais demandé de chanter avec lui. Lorsque nous nous rencontrons, il me salue poliment, c'est tout. Il y a quelques années, dans les coulisses de *De bonne humeur,* j'ai tenté de lui expliquer que je ne comprenais pas qu'il m'en veuille à ce point ; après tout, c'est lui qui avait fait une erreur. Il m'a seulement répondu que c'était l'article dans le journal qui l'avait blessé.

Tout ça se passait en 1983, l'année de mes quarante ans, et je me sentais profondément malheureuse. J'avais l'impression que tout s'effondrait autour de moi et, pourtant, j'avais toujours un merveilleux mari, deux belles filles, et nous habitions la maison dont nous avions tant rêvé, *Ma maison de pierre ;* nous venions de la construire de nos mains.

Le Carnaval de Saint-Jérôme m'a valu mes premières
apparitions à la télé. Cette photo a été prise sur le plateau
de « Réal Giguère Illimité », à Télé-Métropole.

À l'émission *Découvertes 1965,*
pendant que les juges faisaient leurs commentaires.

C'est en juin 1965 que j'ai remporté, avec Claire Lepage,
le premier prix. Nous posons ici avec le chef d'orchestre Jean Larose,
le réalisateur Jacques-Charles Gilliot et le regretté Yoland Guérard.

Voici ma première photo professionnelle à mes débuts au cabaret.

Au tout début de ma vie professionnelle, en 1966.

Avec mon partenaire Serge Laprade, nous sommes entourés de
l'équipe de *la Belle Époque* : le réalisateur Gaétan Bénic, les danseurs
Renée Décarie et Louis Perret, l'auteur Phil Laframboise
et le chef d'orchestre Jean Larose.

C'est grâce à André Roc que j'ai eu la chance de travailler sur
les bateaux de croisière. Nous sommes ici à Matane, en 1968,
où nous avons partagé la vedette d'un spectacle de cabaret.

En 1967, j'ai rencontré mon prince charmant, Louis Bouffard.

C'est le 19 mai 1969
que nous avons uni
nos vies.

Pour « Fantaisie de Noël », je me transformais en maman de
trois enfants. À l'arrière plan, je suis en compagnie de Michèle Ouimet
et de Réjean Paquin. Les enfants sont mes deux neveux
Christian St-Onge, Luc St-Onge et l'adorable Christine Lachance.

L'échange d'alliances devant le prêtre officiant, le curé Adam.

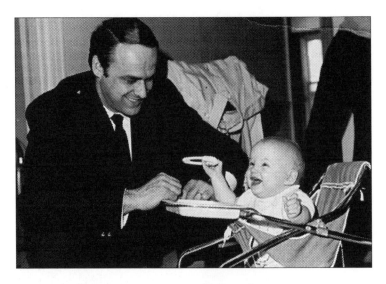

Louis était toujours très heureux de retrouver
sa petite Caroline au retour du travail.

Louis tient dans ses bras Élyse, qui n'en était
qu'à ses débuts comme nageuse.

J'étais heureuse d'avoir un métier qui me permettait de voir
à l'éducation de mes filles. Ici, elles ont 3 ans et 5 ans.

En 1978, j'ai eu le plaisir d'interpréter quelques chansons,
en compagnie de mes filles, à l'école Georges-Étienne-Cartier
de Longueuil.

À l'Aquadélices de la Ronde, nous fêtions Noël en juillet. Je suis
entourée de Claude Pilon et de son épouse, Luce, de Réal Boies, du Père
Noël, de l'organiste Jean-Marcel Raymond et de mon époux, Louis.

Même si mon équilibre intérieur n'était pas à son mieux,
je retrouvais toujours un peu de sérénité en compagnie
d'Élyse et de Caroline.

Avec mon ami Jacques Antonin, je pose près d'une
de mes toiles lors de ma première exposition en 1975.

Gilles Latulippe et son épouse, Suzanne, ont toujours compté
parmi mes « fidèles ». Ils étaient là, en compagnie de
Me Hector Grenon, à mon premier vernissage.

Troisième partie

LA FIN D'UNE VIE, LE DÉBUT D'UNE AUTRE

Deviens ce que tu es !
AUTEUR INCONNU

20

MES ANNÉES DE GRANDE NOIRCEUR

L'abus de bonnes choses ne prouve pas
qu'elles soient mauvaises.

MARMONTEL

Pour moi, l'alcool avait deux visages : celui de la fête et
celui du malheur. J'avais bien vu dans des réunions fa-
miliales mes frères, des oncles, des tantes, gens de nature
plutôt taciturne, devenir soudain joyeux, articulés et
même chanteurs d'un soir après quelques verres de bière
ou de « p'tit blanc ». Et aux jours de fête on sortait toujours la bouteille de whisky pour payer la traite à la visite. Mais il y avait aussi le côté malheur. Lorsque
j'entendais ma mère rappeler la peur qu'elle avait de son
père quand celui-ci avait trop bu, ce sont des souvenirs
terribles qu'elle évoquait. Je me souviens aussi de la mort
horrible et prématurée qu'ont eue une sœur et un frère
de maman, tous deux rongés par une cirrhose. C'est

pourtant cet oncle qui fut si gentil avec moi quand j'étais petite ; il n'avait pas d'enfant et, quand nous allions lui rendre visite, il avait toujours un bon mot ou un petit cadeau pour moi. Un jour nous sommes entrés chez mémère (chez qui il habitait à ce moment-là) et il était dans un état de colère épouvantable, je ne le reconnaissais pas. Il avait bu et ça le rendait violent. J'ai constaté pour la première fois que l'alcoolisme s'accompagne d'un dédoublement de la personnalité.

Mis à part les jours de fête, on ne buvait pas à la maison : ma mère surveillait de près. Elle avait souffert à cause de la « maudite boisson », comme elle le disait, donc son mari et ses enfants ne boiraient pas, ou peu. Nous avions un grand garde-manger (qu'on appelait la dépense) et chaque soir, avant le souper, mon père y entrait, refermait la porte, s'ouvrait une petite bouteille de bière et la « calait » en deux lampées. Je l'ai appris à mes dépens puisque j'ai fait un saut à m'en arrêter le cœur le jour où je l'ai surpris en ouvrant brusquement la porte. Mais le dimanche, c'était autre chose. En revenant de la dernière messe (mon père était toujours placier, donc il assistait à toutes les messes), il avait alors le droit de boire une petite bière au grand jour, assis à sa place, au bout de la table. C'est à ce moment-là que j'ai quelquefois eu droit à un tout petit verre de ce liquide amer que je trouvais pourtant délicieux.

Malgré ces idées en tête et ce contexte familial, j'ai commencé, à l'âge de quinze ans, à prendre un verre « socialement ». Pendant des années, ce fut seulement les fins de semaine lorsque, avec mes compagnes de travail, j'allais danser dans les hôtels des Laurentides. Mais pourtant, je ne buvais pas comme les autres, ma soif semblait plus grande que celle de mes amis et, dès l'âge de seize ans, il m'est arrivé de ne plus me souvenir de la fin des *parties*. Les jours suivants, quand j'en discutais avec mes amies, elles me disaient que c'était parce que je ne savais pas boire : « L'alcool, ça ne se boit pas comme du Seven-Up, bois plus lentement. » J'ai bien essayé mais la soif l'emportait. J'ai décidé à ce moment-là d'être prudente : je ferais attention où j'étais quand je buvais et surtout avec qui j'étais.

L'alcoolisme est une maladie progressive, ça ne se manifeste pas du jour au lendemain chez un être humain. Quand on parle de contexte social et d'exemple qu'on reçoit au foyer, je ne crois pas que ce soit mon cas. Par contre, je suis persuadée qu'il y a une certaine « hérédité » dans l'alcoolisme. Si je fais le décompte de ceux qui en sont atteints du côté de ma mère, par exemple, il y en a au moins un par famille. Chez moi, je suis celle qui a remporté « le gros lot », comme je le dis maintenant. Je n'ai pas l'intention d'entrer dans des explications profondes de cette maladie insidieuse. Je veux seulement raconter comment, moi, je l'ai vécue.

Si j'avais su, à seize ans, ce qu'était réellement l'alcoolisme, j'aurais peut-être constaté que j'avais déjà un comportement à risque. Quand je buvais, c'était rapidement. J'aimais le goût, et surtout l'effet. Tous les rêves que je caressais depuis toujours et qui paraissaient utopiques dans mon milieu, je les mettais alors de côté. J'engourdissais ce « mal-être » de plus en plus présent en moi quand je m'apercevais que je ne ferais jamais ce dont je rêvais, que je ne dirais jamais ce que je pensais vraiment, je n'en avais pas le droit, je voulais être « correcte », je voulais être comme tout le monde, je voulais qu'on m'aime. Je l'ignorais à l'époque, mais je sais maintenant que mes années de cabaret et les coups durs du métier n'ont rien à voir avec mon problème d'alcool. Le mal n'était pas à l'extérieur mais plutôt à l'intérieur de moi.

Quand je pense à la sévérité de ma mère et à sa surveillance constante, j'ai compris récemment que la seule raison pour laquelle elle n'a jamais constaté que j'avais bu quand je rentrais, c'est qu'en vieillissant son sens de l'odorat avait presque complètement disparu. S'il y avait eu un feu chez nous, ma mère s'en serait aperçu seulement en le voyant, elle n'aurait jamais senti la fumée. D'ailleurs, j'ai fumé en cachette durant deux ans avant d'avoir enfin sa permission à l'âge de vingt ans.

Je l'ai dit, l'alcoolisme est une maladie progressive. Donc, j'ai eu la certitude que j'étais tout à fait normale pendant plusieurs années. Je buvais simplement « un peu plus » que les femmes qui, après deux coupes de vin, s'arrêtaient parce qu'elles avaient la tête qui tournait. Quand j'ai rencontré Louis, il n'a jamais pensé qu'il avait devant lui une alcoolique en puissance. Le fait que je puisse le suivre partout dans les bars, les *parties,* le verre à la main, ça lui plaisait. Je savais boire, pensait-il, j'étais « déniaisée ». Mon Dieu, quand j'y pense ! ... J'étais tellement tordue à l'intérieur.

Quand nous nous sommes mariés, j'avais vingt-six ans, Louis en avait presque trente-cinq : c'était la fin de son *party,* et le début du mien. Ma mère n'était plus là pour me surveiller, d'ailleurs Louis me demandait souvent : « Es-tu bien avec moi ? Je te pousse pas, te surveille pas. » Mais pourtant, la surveillance n'allait pas tarder. Il y avait les fêtes et les réceptions que je multipliais, mais aussi les moments où je buvais seule. Je buvais pendant qu'il était au travail (le soir ou le jour, selon le cas), je buvais quand les enfants dormaient. Je me cachais. Et moi qui n'avais jamais pu accepter d'être seule la nuit de Noël, je l'ai bue durant des années, cette solitude. La première fois que Louis n'a pas travaillé à Noël, ça faisait tellement longtemps qu'il n'avait pas passé un réveillon avec nous que les enfants ne se souvenaient pas que ce soit déjà arrivé. À la moindre déception, j'engourdissais le mal intérieur que je ressentais. J'admirais le calme et l'équilibre que je voyais chez mon conjoint et, plus le temps passait, plus je me rendais compte que je n'arriverais jamais à être aussi « parfaite ». Ne l'oublions pas, je voulais que tout soit parfait, mon mari, mes enfants, ma vie et surtout MOI.

Louis ne comprenait plus ce qui m'arrivait. Il ne comprenait pas, entre autres, pourquoi je m'enivrais presque toujours avant de partir pour une réception. Il ne comprenait pas que j'aie encore soif en rentrant à la maison après une soirée « bien arrosée ». Lui, quand il avait assez bu, il s'arrêtait, même si la table était remplie de bouteilles et de verres pleins. Il n'avait plus soif ; moi, oui.

Vu de l'extérieur, nous étions le couple idéal, nous avions tout pour être heureux, mais un fossé se creusait entre nous.

J'avais rêvé d'une vie de couple enrichissante basée sur le dialogue, mais mon homme ne parlait pas beaucoup. D'ailleurs, il parlait de moins en moins. Nous en étions rendus à ce qu'on appelle « se donner des nouvelles ». Nous parlions du quotidien, de l'école, des enfants, un peu des finances, mais jamais de nos sentiments. Dès que je buvais, je me risquais sur ce terrain des sentiments, j'essayais très maladroitement de l'amener à s'ouvrir. Il se renfermait de plus belle. Je me plaisais à dire, à l'époque : « Si tu meurs avant moi, je sais ce que je ferai inscrire sur ta pierre tombale. *Ça aurait été si merveilleux si tu avais parlé.* » Et je le pensais sincèrement.

Vers l'âge de trente-cinq ans, les cuites se multipliaient, et je ne comprenais pas ce que j'étais en train de faire de ma vie. Je savais que j'avais un bon mari, des filles merveilleuses, un métier que j'avais toujours voulu exercer et, pourtant, j'avais l'impression de souffrir d'autodestruction. D'ailleurs, lorsque j'avais la chance de faire partie d'un spectacle spécial, d'un gala ou d'une émission qui me tenait à cœur, la veille, je buvais, et beaucoup. Évidemment, le lendemain, j'avais la gueule de bois, et la voix n'était pas à son mieux. Comme si j'avais voulu tout bousiller. À certains moments, mes agissements étaient si illogiques que je croyais devenir folle. Si j'étais invitée à un cocktail de presse ou encore à un lancement où je rencontrerais des gens de mon métier, des réalisateurs, des journalistes, je me jurais d'être très prudente et sage avec l'alcool, et la première chose que je savais : j'étais ivre et je rentrais à la maison « sur le pilote automatique ». Le lendemain, les remords et la honte m'étouffaient. Je me demandais ce que j'avais bien pu faire et, surtout, comment avais-je pu en arriver là alors que j'étais partie remplie de bonnes intentions.

UNE LUEUR D'ESPOIR

Un après-midi, « par hasard », alors que j'étais à travailler dans ma cuisine, j'ai entendu à la radio une animatrice parler d'alcoolisme. Elle avait comme invités des membres des Alcooliques Anonymes. Pour moi, à ce moment-là, un alcoolique était une personne qui buvait le matin, buvait tous les jours, avait tout perdu et dormait souvent sur un banc de parc. Donc, ce n'était pas mon cas. Je pouvais facilement être plusieurs jours sans boire et je n'avais rien perdu (extérieurement). Je n'ai rien retenu de cette émission sauf une phrase, phrase magique puisqu'elle allait changer ma vie : « Pour un alcoolique, un verre, c'est trop et dix, c'est pas assez. » En entendant ces mots, j'ai compris que je n'étais pas en train de devenir folle, mais que j'étais alcoolique. Depuis le temps que je me demandais à quel moment je perdais toute volonté. Est-ce que c'était après le deuxième, le troisième ou le cinquième verre ? J'apprenais que c'était le premier qui était de trop !

La nouvelle me paraissait bonne. J'aimais mieux être alcoolique que folle. C'était simple, j'avais seulement à ne pas toucher à mon premier verre et le tour était joué. J'ai décidé d'aller apprendre la bonne nouvelle à mon mari, qui bricolait au sous-sol. « Je viens d'entendre quelque chose à la radio, je sais maintenant quel est mon problème : je suis alcoolique. » Et il m'a répondu sans même réfléchir : « Ben voyons donc, Monique, t'es pas alcoolique. J'ai bu plus que toi et plus longtemps que toi, et je ne suis pas alcoolique ! » Et il avait raison, il n'était pas alcoolique. Étant donné que c'était un homme parfait qui me faisait cette affirmation et qu'après tout il me connaissait plus que ces gens qui venaient de parler à la radio, je l'ai cru et j'ai acheté ce qu'il me disait. Il ajouta même : « Ton problème, c'est que tu bois trop vite, essaie de boire à ma vitesse. » Et j'ai essayé durant cinq ans.

L'homme parfait que j'avais épousé se transforma rapidement à mes yeux en trouble-fête. Il m'a avoué, des années plus tard, qu'il avait même ralenti son rythme de consommation étant donné que je devais l'imiter. Imaginez ! Je buvais déjà plus vite que lui et maintenant il fallait mettre les freins. Il faisait pourtant preuve de patience et de douceur à mon égard, mais je me suis vite rendu compte que c'était un autre but que je n'arriverais jamais à atteindre. J'ai donc commencé à boire à MA vitesse.

La certitude que j'étais alcoolique a repris place dans ma tête et j'ai décidé de régler ce problème moi-même. Mon orgueil ne me permettait même pas d'envisager demander de l'aide. Mon raisonnement était le suivant : j'ai de la volonté, je suis une femme intelligente et débrouillarde, j'y arriverai donc. J'ai lu à peu près tout ce qui a été écrit sur l'alcoolisme. Je me souviens même d'une remarque de ma fille aînée, qui avait alors une douzaine d'années : « Dis donc, est-ce qu'il y a quelqu'un d'alcoolique ici ? On a plein de livres là-dessus ! »

J'ai essayé de m'analyser, d'identifier ce qui me faisait boire, etc. J'ai même consulté un psychologue, qu'on disait spécialisé dans les problèmes de dépendance. Son diagnostic a été le suivant : j'étais stressée, j'en faisais trop, je devais apprendre à déléguer, ensuite je pourrais contrôler mes consommations. Somme toute, encore une fois, c'était ma bonasserie qui me détruisait. Je n'avais pas appris à dire non et, SURTOUT, je voulais garder Louis à tout prix. Je savais que sa patience s'effritait et que je risquais de l'entendre me dire qu'il allait me quitter, j'avais donc trouvé (inconsciemment) une façon de le garder. Je faisais presque tout à sa place. Bien sûr, il allait travailler mais, pour tout le reste, il n'avait pas à lever le petit doigt. Les courses, les visites chez le médecin avec les filles, les réparations de l'auto, les réunions scolaires, la couture, le ménage, la cuisine, bref, je faisais l'impossible pour qu'il soit tellement bien qu'il n'oserait pas partir. Et tout ça en buvant ! Durant ces dernières années de consommation, nous avons même construit la maison de nos rêves, et j'ai participé à cette construction à 100 %. Les jours où je n'étais pas sur le « chantier », je préparais le déménagement de notre maison de Longueuil. Mon époux ne pouvant être à deux endroits à la fois, j'étais seule pour remplir des dizaines de boîtes. Nos filles ne pouvaient pas tellement m'aider, elles avaient neuf et sept ans. Quand on dit que les alcooliques sont des irresponsables, je crois qu'on généralise. L'intention n'était peut-être pas la bonne, mais les gestes y étaient, et je constate que j'en fais beaucoup moins aujourd'hui. J'ai sans doute moins de choses à me faire pardonner...

Nos filles grandissaient et ma plus grande peur était qu'un jour elles se rendent compte que je buvais. La seule pensée de cette éventualité m'angoissait au plus haut point. Moi qui avais tant désiré une relation mère-fille chaleureuse et amicale, j'avais peur de décevoir mes enfants, j'avais peur qu'elles me rejettent. Même si je savais qu'un jour elles allaient découvrir « ma laideur », je n'arrivais pas à arrêter de boire. Au fond, même à cette époque, ce que je désirais vraiment, ce n'était pas d'arrêter de boire, mais plutôt d'arriver à boire normalement, comme tout le monde. Il m'était impossible d'envisager une vie sans boire : j'étais persuadée que tout le monde buvait. Évidemment, je m'étais entourée de gens qui buvaient plus ou moins comme moi et, plus tard, j'ai constaté que j'en ai fait boire bien d'autres. Arrêter de boire pour moi était synonyme de ne plus recevoir, ne plus aller au restaurant, ne plus fréquenter mes amis, ne plus aller à des réceptions. Je préférais essayer de « contrôler ».

Quelquefois, en lisant le journal, je voyais bien une petite annonce qui invitait à faire appel aux Alcooliques Anonymes, mais ce n'était pas pour moi : je ne croyais pas à l'anonymat de cette association et voici pourquoi. En 1979, alors que j'habitais Longueuil, juste à côté du salon de coiffure que je fréquentais se trouvait une petite maison où avaient lieu des *meetings* des A.A. Un jour, j'ai entendu une coiffeuse dire : « Savez-vous, *telle chanteuse…* elle est alcoolique, elle vient à des *meetings* à côté. » C'en était fait de mon opinion, ces gens ne se cachaient pas assez à mon goût, et je n'irais jamais à leurs réunions de peur qu'on m'y voie entrer. J'avais vraiment l'esprit malade puisque je préférais risquer d'être vue ivre quelque part, plutôt que d'être vue sobre à un *meeting* des A.A. Cette jeune coiffeuse n'a jamais su qu'elle avait contribué à prolonger l'enfer que je vivais et, qui plus est, je sais aujourd'hui que la chanteuse dont elle parlait n'était pas alcoolique. Elle assistait à des réunions pour accompagner une amie qui en avait, comme moi, grandement besoin.

J'ai toujours été remplie de peurs ; ça m'a fait boire et ça m'a aussi aidée à arrêter de boire. Après tout, on dit que « la peur est de début de la sagesse ». Ma santé se détériorait ; je souffrais de névrites aux deux mains. J'avais du mal à soulever un objet tellement mes mains engourdissaient. Chanter en tenant le micro devenait impossible, je devais le déposer sur son pied au bout de quelques minutes. J'avais aussi terriblement mal à l'estomac, je faisais un début d'ulcère. Pour ce qui est de mon foie, il ne suffisait plus au travail que je lui imposais. Il m'arrivait de penser à ma tante et à mon oncle, et une de mes grandes peurs était de me retrouver à l'hôpital et qu'on diagnostique une cirrhose. J'imaginais aussitôt les titres des journaux artistiques alimentés par les bavardages de quelque employé du service médical. Ce serait le scandale, la honte pour moi, pour mon mari, mes enfants. J'étais consciente de l'image que je représentais auprès du public et je savais que je ne pourrais survivre à une telle annonce. Il faut se rappeler que ça se passait en 1984 et qu'à cette époque bien peu d'artistes avaient osé avouer leurs problèmes de dépendance.

J'étais hantée par toutes ces éventualités, et ma consommation, au lieu de diminuer, augmentait dangereusement, non pas en quantité mais en fréquence : j'en étais rendue à boire tous les jours. J'étais désespérée de devoir constater que mes tentatives de contrôler mes consommations échouaient à tout coup. J'ai alors commencé à penser que si je mourais dans un accident, mes filles ne sauraient jamais que j'étais alcoolique, elles garderaient un bon souvenir de moi. Ça devint ma nouvelle obsession. Mais quel moyen prendre ? Peureuse comme je l'ai toujours été, j'avais besoin d'un moyen sûr et qui ne faisait pas mal. Inutile de penser aux médicaments, je n'en avais pas à la maison, j'étais et je suis toujours allergique à toutes ces petites pilules qui finissent en *ium*. Il ne restait plus que l'accident de la route, un pont ou un pilier d'autoroute... J'y ai pensé longtemps et souvent. Dans mon esprit malade, il me semblait que c'était là la seule issue qu'il me restait.

On dit que Dieu met sur notre route les êtres dont nous avons besoin. C'est la police provinciale qu'Il a mise sur la mienne. Bien que les suites de cette arrestation aient été bénéfiques pour moi, au moment où elle eut lieu, ce fut une catastrophe. Quelle honte ! Les empreintes digitales, la photo ! Tout ça est loin derrière, mais je ressens encore une douleur au creux de l'estomac en écrivant ces lignes aujourd'hui. Je savais que les policiers n'avaient fait que leur devoir et j'avais même envie de les remercier de m'avoir empêchée de tuer quelqu'un, mais quand l'un d'eux a voulu faire le drôle en me disant que la photo qu'il prenait serait belle dans *Écho Vedettes,* je ne me sentais plus aussi reconnaissante. Heureusement son confrère, plus humain, le ramena à l'ordre. J'étais complètement atterrée, abattue. Je devais me rendre à l'évidence : je ne contrôlais plus rien du tout et, pour la première fois, je devais avouer que J'AVAIS BESOIN D'AIDE ! Seule, ça ne marchait pas.

Le lendemain, mon mari bricolait au sous-sol, les enfants étaient à l'école, et je pleurais seule dans ma cuisine, tremblante et complètement démolie, ne sachant que faire du reste de ma vie. Comment dire à quelqu'un que j'étais malheureuse au point de vouloir mourir ? J'étais certaine d'avoir comme réponse : « De quoi tu te plains, tu as tout pour être heureuse ! » J'ai pensé que la seule personne à qui je pouvais demander de l'aide, c'était Dieu et, en pleurant, j'ai crié : « Fais quelque chose, moi, je ne suis plus capable. » C'était sans doute la reddition qu'il attendait puisque, aussitôt, le téléphone a sonné.

21

LE DÉSIR D'ARRÊTER
DE SOUFFRIR

Et le combat cessa, faute de combattants.
CORNEILLE

Au bout du fil, c'était une amie, la dernière vraie, qui venait aux nouvelles. Nous ne nous étions pas parlé depuis des mois et voilà qu'elle m'appelait à cet instant critique. Quand elle m'entendit pleurer, elle quitta son bureau du centre-ville et vint tout de suite à mon secours. Je la vois encore s'installer au bout de la table et me demander calmement : « Qu'est-ce qui se passe, Monique ? » Et pour la première fois, je disais : « Je suis alcoolique. » Contrairement à ce que je m'attendais, aucune grimace sur son visage, aucun dégoût. Elle m'a demandé seulement : « Qu'est-ce que tu comptes faire avec ça ? » Je lui ai dit alors que j'avais entendu parler d'une maison de thérapie où, paraît-il, on faisait des miracles. Les gens qui y entraient en ressortaient transformés trois semaines plus tard.

« Et qu'est-ce que ton conjoint en pense ? » Je l'ai informée que je ne lui en avais pas parlé, que le coût de cette thérapie était élevé et que je n'avais pas les moyens de la payer. Après avoir invité Louis à nous rejoindre dans la cuisine, elle a accompli une excellente performance de conciliateur (c'est un peu son métier d'ailleurs) et, quelques instants plus tard, je téléphonais à la Maison Jean-Lapointe, et mon cher époux se rendait à la caisse emprunter le montant exigé. Cet emprunt, quelques mois plus tard, je l'avais entièrement remboursé et, encore aujourd'hui, je considère que c'est le meilleur placement que j'aie jamais fait.

Je n'avais jamais quitté la maison pour trois semaines et je tenais à dire la vérité à mes filles. Je ne voulais pas leur mentir, elles avaient le droit de savoir où je m'en allais. D'ailleurs, je me sentais tellement démolie que je n'avais plus d'énergie pour me battre. Quand elles rentrèrent de l'école, ce 29 mars 1984, je leur ai appris que j'étais alcoolique et que j'allais passer trois semaines dans une maison de thérapie. Élyse, âgée de onze ans, m'a regardée et m'a dit simplement : « Bien quoi, t'es malade et puis tu t'en vas te faire soigner. » Caroline, de deux ans son aînée, pleura avec moi et ajouta : « T'aurais dû m'en parler, j'aurais peut-être pu t'aider. » Aucun jugement, aucun rejet : c'était tout à fait le contraire de ce à quoi je m'attendais. C'est merveilleux, des enfants, ça nous aime tout simplement.

Les heures qui ont précédé mon entrée en thérapie furent remplies de larmes. Je ne savais pas trop où je m'en allais et puis, après tout, qu'est-ce que ça pouvait bien faire : j'avais besoin qu'on me dise où aller, quoi penser, quoi dire, quoi faire. Je ne pouvais plus rien par moi-même. J'avais l'impression d'être un casse-tête complètement défait ; il fallait que quelqu'un remette les pièces en place. Le matin du départ, j'ai dû recommencer mon maquillage trois fois ; les larmes diluaient mes efforts aussitôt que je terminais la ligne de contour de mes yeux. Je ne pouvais me résigner à descendre à la cuisine le visage triste et défait, je ne voulais pas inquiéter mes filles, elles non plus ne savaient pas vers quoi je partais. J'ai décidé de faire appel à la prière pour la deuxième fois ; après tout, ça avait donné de bons résultats la veille. J'ai demandé à Dieu de sécher mes larmes jusqu'à ce que mes filles soient parties pour l'école, ensuite Il pourrait me laisser pleurer autant qu'Il le voudrait. Et c'est ce qui s'est produit. Je suis descendue, nous avons déjeuné ensemble, nous avons même fait des blagues : les filles taquinaient leur père en lui annonçant qu'elles allaient le mettre à leur main durant mon absence, etc. Dès qu'elles eurent passé la porte, mes pleurs ont repris de plus belle, et j'ai tellement pleuré durant les jours qui ont suivi que je croyais avoir asséché mes glandes lacrymales.

LA THÉRAPIE : UN VOYAGE INTÉRIEUR

J'allais en thérapie pour apprendre à vivre sans alcool, pour savoir comment être heureuse et surtout pour ne pas aller chez les Alcooliques Anonymes. Le soir même de mon entrée, j'ai participé à une réunion des A.A. et j'ai eu la chance de « tomber en amour » avec ce mouvement d'entraide. Pour la première fois de ma vie, je rencontrais des gens qui aimaient au besoin et non au mérite.

Durant mes trois semaines de réclusion, j'ai eu la chance de faire le voyage le plus important de ma vie : un voyage à l'intérieur, dans MON intérieur. Encore aujourd'hui, je crois que c'est le plus beau cadeau que j'aie pu m'offrir. Alors que j'avais toujours cru qu'arrêter de boire était la fin, j'apprenais soudain que c'était plutôt le début : début d'une nouvelle vie, début d'un cheminement vers la paix intérieure. On m'expliquait qu'il ne suffisait pas d'arrêter de consommer pour être heureux et demeurer sobre ; il fallait aussi et surtout tenter de changer ses agissements, sa façon de penser. Mais il m'a fallu aller plus au fond avant de comprendre et de mettre cette vérité en pratique. Je savais que j'avais tout pour être heureuse, le seul problème semblait être ma consommation d'alcool, je le réglerais donc en ne buvant plus. Pour le reste, on verrait bien.

Après quelques jours en thérapie, j'étais morte d'inquiétude au sujet de ce qui pouvait se passer à la maison. Je réalisais soudain que mon mari travaillait de nuit cette fin de semaine-là et que nos filles seraient seules. Comment pourraient-ils se débrouiller sans moi pour les repas ? Bien sûr, Louis savait cuisiner, mais de là à aller faire des achats à l'épicerie et planifier les besoins de la famille... C'était ma responsabilité, tout ça ! J'étais tellement angoissée que je n'arrivais plus à me concentrer sur ce que nous expliquaient les thérapeutes, mon esprit était ailleurs, chez moi, avec mon mari et mes filles. Après la séance du lundi matin (j'étais là depuis le vendredi précédent), j'étais vraiment découragée. L'animatrice nous invita à faire quelques minutes de méditation. Je ne savais pas comment je pourrais arrêter la course folle qui se passait dans ma tête. Elle alluma quelques lampions qui se trouvaient déjà sur la table autour de laquelle nous étions assis, éteignit les lumières et mit en marche une cassette de musique douce. Elle nous invita à fermer les yeux et à essayer d'arrêter notre pensée sur une image, un mot. Je sentais que si je n'arrêtais pas de m'inquiéter pour les miens, je ne saisirais pas les outils qu'on m'offrait. J'ai fermé les yeux et j'ai fait appel à Dieu pour la troisième fois, lui demandant de m'enlever cette obsession qui m'habitait. Tout doucement, la tension nerveuse est tombée, et j'ai vu apparaître dans ma tête, tel un film qu'on y aurait projeté, une image d'une grande clarté. Je voyais Louis, Caroline, Élyse et notre chien, Charlot, riant et courant sur une plage ensoleillée. Ils avaient l'air tellement heureux ! Quand on ralluma les lumières de la salle, j'ai fondu en larmes. Demeurée seule avec la thérapeute, elle a voulu savoir ce qui se passait et, quand je lui eus décrit ce que je venais de voir, elle me donna cette explication : « Tu vois, tu as probablement la réponse que tu cherchais. Ne t'inquiète pas, ceux que tu aimes sont bien. Tu dois penser à toi, c'est pour ça que tu es ici. Tu auras bien le temps de t'occuper d'eux au retour à la maison. Tu les as vus riant, courant, heureux : ils ont probablement du plaisir ensemble. » Quand je suis rentrée à la maison, trois semaines plus tard, j'ai constaté qu'effectivement tout s'était très bien passé. J'eus même le loisir de lire un compte rendu fait d'anecdotes plus cocasses les unes que les autres que mes filles avaient préparé pour moi. L'image dans ma tête ne m'avait pas trompée.

Nous avons alors commencé à vivre une nouvelle vie ensemble tous les quatre. Le bonheur, c'est contagieux et, me voyant heureuse, toute la maisonnée l'était. Je remerciais le Ciel tous les jours de m'être arrêtée à temps ; mes filles m'ont toujours affirmé qu'elles ne s'étaient pas rendu compte que je buvais. Une seule fois, elles avaient souvenir que j'étais bizarre et que je leur radotais quelque chose. Dès mon retour, nous avons parlé ouvertement d'alcoolisme et de dépendances de toutes sortes. Je croyais qu'il était important de leur faire part de l'enfer que j'avais vécu afin qu'elles soient prudentes, nous étions du même sang. Je me souviens encore de la réaction, inattendue pour moi, qu'elles avaient eue quand je leur ai raconté que je voulais tellement arrêter de souffrir sans qu'elles apprennent que j'étais alcoolique que ma seule issue me semblait le suicide ; elles m'ont affirmé : « On ne t'aurait jamais pardonné. »

22

UN CADEAU DU CIEL : ÉPOPÉE ROCK

Si vous ne surmontez pas la peur, vous
ne pouvez pas dire la vérité. Et si vous
ne dites pas la vérité, vous ne pouvez pas
surmonter la peur.

MORARJI DESAI

Durant les mois qui avaient précédé mon entrée en thérapie, j'en étais venue à croire que, si je voulais régler
mon problème d'alcool, je devrais quitter cette carrière
artistique où je vivais tant de rejet. J'avais parlé à une
amie de mon intention de changer de métier. Elle était
propriétaire d'une entreprise de secrétariat publique et,
étant donné mon expérience dans ce domaine, elle me
proposa de me joindre à son équipe. Ma fonction serait
d'évaluer les besoins de la clientèle puis de lui affecter
une de nos secrétaires en disponibilité. La veille de mon
entrée à la Maison Jean-Lapointe, j'ai téléphoné à cette

amie et lui ai raconté ce qui m'arrivait. Elle m'a invitée à aller la voir dès ma sortie, elle serait heureuse que j'aille travailler pour elle. Mais ce n'est pas du tout ce qui s'est passé. Je ne pouvais absolument pas me douter de ce qui m'arriverait.

Je suis sortie de thérapie le 20 avril 1984 et, cinq jours plus tard, j'ai reçu un appel de Pierre A. Morin (P.A. comme ses amis l'appellent), réalisateur à Télé-Métropole, avec qui j'ai toujours adoré travailler. P.A. m'a expliqué qu'il avait un projet d'émission d'été. Il s'agissait d'un genre de mini-comédie musicale dont l'action se passerait dans les années cinquante, époque du *rock'n'roll*. Étant donné que les grands succès du *hit parade* de cette période étaient en anglais, il faudrait en traduire quelques couplets afin de ne pas choquer les téléspectateurs. Il voulait savoir si j'étais intéressée à travailler à ce projet. Je ne serais pas seule, il en avait déjà parlé à Gilles Brown. Croyant que tout ce qu'il attendait de nous, c'était la traduction de ces grands succès que je connaissais tant, j'ai acquiescé avec enthousiasme. Il a poursuivi alors : « J'aimerais qu'on se rencontre pour parler des personnages à créer, nous avons connu la même époque, donc nous parlerons des mêmes choses ; puis Gilles et toi travaillerez ensemble, par la suite... » Je l'interrompis tout de suite : « Es-tu en train de me dire que tu veux qu'on écrive les scénarios ? » Il m'a dit que oui. « Mais, je ne suis pas capable de faire ça, Pierre, je ne l'ai jamais fait ! » Il a tenté de me rassurer en disant : « Moi, je suis certain que tu en es capable. Penses-y, depuis des années, tu écris des petites histoires dans chacune de tes chansons. Crois-moi, tu es capable. » Durant mes trois semaines de « voyage intérieur », les phrases qu'on m'avait répétées le plus souvent étaient : « Prends ta place, donne-toi une chance, fais confiance. » Alors, j'ai accepté le défi en le mettant toutefois en garde. « Je ne peux pas te promettre de réussir, mais je vais essayer. » Et c'était parti.

Nous avons, P.A., Gilles et moi, fouillé dans nos souvenirs d'adolescence et donné vie à des personnages bien typés : le restaurateur du coin, *Monsieur Popol,* la serveuse sexy, *Jackie,* les vieilles filles, *Ti-Sœur et Azilda.* Il y avait aussi les jeunes : le beau gars *François,* le grassouillet *Bouboule,* le grand lambin *Slim,* la jeune fille *Suzanne* et sa mère, *madame Dufour.* Il fallait ensuite trouver les comédiens qui pourraient incarner ces personnages et, bien sûr, un groupe de musiciens rétro qui, à chaque semaine des treize épisodes que nous avions à écrire, rempliraient la portion musicale de l'émission. Mais avant d'écrire quoi que ce soit, il fallait d'abord définir plus précisément qui étaient les personnages et quels étaient leurs caractères. Ces rencontres que Gilles Brown et moi devions avoir s'avérèrent infructueuses. Tout d'abord, l'horaire chargé de Gilles, qui s'occupait déjà à l'époque de galeries d'art, ne nous laissait pas suffisamment de temps. Ensuite, les quelques fois où nous avons réussi à nous asseoir ensemble, rien avançait. Je ne saurais dire pour quelle raison, mais on tournait en rond, si bien qu'après une quinzaine de jours, P.A. m'a demandé si j'étais prête à écrire seule. Encore une fois, j'ai dit que je voulais bien essayer, mais j'étais inquiète. Il m'assura de son aide, il avait l'expérience. Il me restait alors deux jours pour mettre sur papier une courte description de chaque personnage, en plus d'écrire deux scènes qui donneraient le ton de la première émission. Le tout serait alors présenté au directeur de la programmation. Côté musical, j'avais la collaboration indispensable de Donat Steben, le responsable de la discothèque de T.M. Il connaissait parfaitement son métier et, sans lui, l'émission n'aurait pas été ce qu'elle fut. Le décor existait déjà : le *snack bar* et la ruelle provenaient d'une émission spéciale qu'avait enregistrée René Simard quelques mois plus tôt.

Je n'oublierai jamais cet instant magique lorsque, installée à la table de la cuisine, le plan des décors devant moi, j'ai commencé à imaginer les mouvements des personnages et à les faire parler. Aussitôt, ils ont pris forme dans ma tête et j'avais l'impression qu'ils parlaient d'eux-mêmes. Lorsque j'ai dit à mon réalisateur que j'étais surprise de constater que j'écrivais avec facilité et que j'en ressentais une grande satisfaction, il a rétorqué : « C'est rien ça, attends d'entendre les comédiens jouer tes textes ! »

Tel que convenu, deux jours plus tard, nous étions prêts pour la présentation du projet. C'est avec enthousiasme que le tout fut reçu, mais il fallait presque accomplir un miracle. Il restait très peu de temps avant la date prévue de mise en ondes et nous n'avions pas encore trouvé nos musiciens. Quelqu'un proposa alors d'auditionner un groupe de la région de Québec déjà existant, qui s'était spécialisé dans la musique rétro. Ils furent convoqués au studio et, à première vue, ils avaient tout à fait l'allure recherchée. Après avoir entendu quelques chansons, nous avons constaté qu'ils avaient aussi le style musical dont nous avions besoin. Vincent Gabrielle, qui était alors le directeur de la programmation, est venu se joindre à nous pour l'audition. Après avoir discuté avec les musiciens, il apprit qu'ils ne lisaient pas vraiment la musique ; la rapidité avec laquelle les enregistrements se feraient et la possibilité d'avoir à accompagner les comédiens-chanteurs devenaient donc des obstacles majeurs. Il fallait repartir à zéro, et c'est presque par miracle que quelques jours plus tard P.A. Morin ait réussi à former un nouveau groupe de musiciens-chanteurs qui n'avaient pas l'habitude de travailler ensemble : Jœy Tardif, Carlyle Miller, John Farley (remplacé plus tard par Sydney Freund) et Sylvain Coutu (remplacé, lui, par Dominique Messier). Les *Stardust* étaient nés !

J'avais fait tout ce travail sans jamais savoir quel serait mon cachet. Quelques connaissances du métier m'avaient assurée que le travail d'auteur pour la télévision était très bien rémunéré. Ce que ces personnes ignoraient sans doute, c'est qu'à ce moment-là Télé-Métropole ne reconnaissait pas les tarif établis par la SARDeC (la Société des auteurs, recherchistes, documentalistes et compositeurs). De plus, pour chaque émission, il n'y avait qu'une quinzaine de minutes de textes, le reste étant rempli par des chansons, sans compter l'argument préféré de la boîte : elle est nouvelle, elle n'a pas d'expérience. C'est au « fabuleux » salaire de 400 $ que j'ai écrit, traduit et bâti les premières émissions d'*Épopée Rock* (c'est Vincent Gabrielle qui l'a baptisée ainsi). Je gagnais moins cher que le chef d'orchestre ! Mais, peu importe, j'ai fait mes classes et j'ai beaucoup appris.

UNE PLANCHE DE SALUT

P.A. avait raison, c'est une expérience unique que d'entendre ce qu'on a écrit sortir de la bouche des comédiens. *Popol* devenait vraiment le restaurateur d'origine belge sous les traits de Roger Michaël. Suzanne Bouchard, une mignonne danseuse-comédienne à l'air angélique sous ses cheveux blonds, devenait la méchante *Jackie* dès qu'elle enfilait sa perruque noire. Et Jeannine Mignolet, quelle *madame Dufour* elle faisait ! Nos vieilles filles avaient pris vie grâce à Hélène Martineau et Murielle Berger. Cette dernière n'a fait qu'une émission. Elle fut remplacée par Marthe Choquette, qui demeura notre fidèle *Ti-Sœur* jusqu'à la fin de la série. Les jeunes étaient personnifiés par Dominic Philie *(François)*, Thomas Graton *(Bouboule)*, Sylvain Bellerose *(Slim)* et Francine Lareau *(Suzanne)*. Maintenant que j'avais vus, mes personnages, je les entendrais parler chaque fois que je m'installerais devant ma machine à écrire et, plus tard, devant mon écran d'ordinateur.

Nous avons accompli un réel petit miracle ! Pierre A. Morin m'avait téléphoné pour me parler d'*Épopée Rock* la première fois le 25 avril 1984 et trente-cinq jours plus tard, soit le 30 mai, la première émission était en ondes. J'avais douze émissions à écrire et, lorsqu'un texte était terminé, je le présentais à P.A., qui le corrigeait en m'indiquant que telle ou telle scène devrait être modifiée ou raccourcie. Il connaissait tout des exigences de la télévision et il m'apprenait les rudiments de l'écriture pour ce média. C'est vraiment lui qui m'a tout enseigné. Je me rappelle encore la panique que j'ai ressentie quand, en recevant mon quatrième ou cinquième texte, il m'a dit :

« C'est bien, remets-le à ma secrétaire afin qu'elle en fasse faire des copies. » « Mais tu ne l'as pas lu ! » Il répliqua en souriant : « Le petit oiseau est prêt à quitter le nid, il suffira d'y revenir de temps à autre. Tu peux maintenant voler de tes propres ailes. » Il me faisait confiance, et ce genre d'attitude m'a toujours poussée à me surpasser.

Dès les premières semaines de la mise en ondes d'*Épopée Rock,* le public nous a accueillis avec enthousiasme. Un des commentaires que nous recevions souvent et qui me faisait vraiment plaisir était qu'en regardant notre émission des discussions naissaient entre parents et adolescents. Ces derniers demandaient à leurs parents si les choses se passaient vraiment ainsi dans leur jeunesse. Bien sûr, il nous a fallu souvent fermer les yeux sur des inexactitudes dans les accessoires ou les décors. À Télé-Métropole, on n'avait pas les moyens ou la volonté d'atteindre la perfection dans les détails. L'important, c'était que le public réponde, et il le faisait au-delà de nos attentes. Il n'en était pas de même pour les critiques et une certaine catégorie de gens du milieu artistique. Nous avons vite été qualifiés de « quétaines », les textes et les personnages étaient sans profondeur. Allez donc avoir de la profondeur en racontant une histoire complète en quinze minutes, les scènes étant entrecoupées d'un *Jailhouse Rock* ou d'un *Hound Dog* chanté à gorge déployée, entre autres, par Jœy Tardif. De toute façon, je ne faisais que ce pourquoi on me payait : j'écrivais de petits textes qui servaient d'enchaînement à des chansons choisies à l'avance, et ces textes devaient raconter une histoire qui se passait vers 1956. Pour moi qui commençais à ce moment une nouvelle vie dans bien des domaines, je m'accrochai à ce travail comme à une planche de salut. Ma petite famille a dû faire preuve de grande patience : je parlais d'*Épopée Rock*, j'en mangeais, j'en rêvais.

Les cotes d'écoute furent tellement bonnes que la direction de Télé-Métropole constatait qu'elle ne devait pas laisser tomber notre émission. Mais, la programmation d'automne étant complète, il n'y avait plus de place pour nous à la grille horaire. J'entends encore monsieur Gabrielle me dire : « Écrivez, madame, écrivez », alors qu'il venait de m'informer qu'aussitôt qu'un bloc d'une demi-heure serait disponible, nous reprendrions l'antenne. J'en avais vu d'autres, je préférais attendre d'avoir signé un contrat avant de me remettre au travail. J'ai dû plus tard prendre les bouchées doubles à cause de cette incrédulité.

Le malheur des uns fait le bonheur des autres ; un téléroman mis à l'affiche à l'automne 1984 n'obtenait pas le succès escompté et il allait être remplacé par *Épopée Rock*. C'est donc en février 1985 que nous sommes revenus à l'écran. J'étais bien peinée en apprenant que P.A. Morin ne pourrait pas quitter la nouvelle émission qu'il réalisait alors pour reprendre la direction de notre équipe. C'est Roger Legault qui a pris la relève avec à la fois de la poigne et de la flexibilité. C'est un homme qui sait où il va et j'ai bien aimé travailler avec lui. Quant au salaire, il semble que mes devoirs n'étaient pas encore faits puisque je n'ai eu droit qu'à une petite augmentation pour ce deuxième bloc d'émissions.

Deux nouveaux personnages se sont joints à l'équipe à ce moment-là : *Nico* (Jano Bergeron) et *Gerry* (Gildor Roy). Il m'arrivait, de temps à autre, de demander à un comédien d'interpréter une chanson. La plupart d'entre eux se tiraient assez bien d'affaire mais, avec ces deux nouveaux venus, nous avions le loisir de faire de la vraie comédie musicale. Gildor n'en était qu'à ses premiers contrats à la télé, mais il rendait son rôle d'une façon remarquable : un super macho, tombeur de femmes que toutes les mères de l'époque voulaient garder très loin de leurs filles. Le courrier que recevaient les comédiens et les musiciens était abondant et lorsque des admiratrices se donnaient la peine d'écrire leur « flamme » au grand *Gerry*, je me souviens de l'avoir vu se cacher timidement pour lire ses lettres.

Les personnages avaient pris de l'importance auprès des téléspectateurs, si bien qu'il fut décidé de raccourcir la portion musicale et d'allonger les textes. Et puis, grâce à nos cotes d'écoute, le nouveau budget nous avait permis d'ajouter des décors à ceux déjà existants. Nous avions maintenant une salle paroissiale pour les soirées de danse. Les *Stardust* pouvaient faire entendre leur musique ailleurs que dans le garage. Roger Legault fut transféré à une autre émission avant la fin de la série et il a été remplacé par Armand Bastien. Ce dernier avait toujours travaillé du côté des affaires publiques (bulletins de nouvelles, *talk show*, etc.) et c'était sa première expérience dans la direction d'acteurs. Il a été à la barre de l'émission durant toute l'année suivante.

Ce réalisateur apportait à *Épopée Rock* une nouvelle couleur. Il se donnait la peine de faire des mises en scène et de petits décors pour certaines chansons qui s'y prêtaient, ce qui eut des résultats très agréables. Armand avait un sens de l'humour particulier et, bien que nous ayons souvent ri ensemble, encore plus souvent il a dû m'expliquer ses blagues et moi, les miennes. Nous n'étions pas sur la même longueur d'onde. Encouragés par cette attitude, trois des jeunes comédiens avaient pris l'habitude d'ajouter quelques gags visuels à l'émission (une porte qui s'écrasait sur la figure de quelqu'un, une tape dans le dos qui fait cracher la gorgée de boisson encore dans la bouche, etc.). Ces gags se multipliaient et se traduisaient souvent par des grimaces peu comiques. Je ne disais rien. Mon ancienne attitude reprenait le dessus. Je pensais que je n'avais pas assez d'expérience pour m'opposer à des gens qui avaient fait des études en théâtre, et puis le réalisateur approuvait ce qu'ils faisaient. Pourtant, j'aurais plutôt dû remarquer que les comédiens expérimentés s'en tenaient, eux, aux textes qu'on leur remettait. Ils l'apprenaient puis le jouaient très bien. Quelquefois, ils me demandaient s'ils pouvaient changer une tournure de phrase, un mot, et je m'empressais de le faire avec eux. Mais les jeunes en ajoutaient, changeaient, critiquaient. Ne voulant pas déplaire, je laissais faire.

J'agissais comme certains parents qui n'osent pas dire non et laissent toujours gagner les enfants : un jour ou l'autre, les enfants vont trop loin et c'est l'affrontement. C'est ce qui s'est produit. En janvier, une rencontre qui devait en être une de lecture de texte se transforma en une séance de revendications. On disait que les textes n'étaient pas assez drôles. Les trois comparses, Francine Lareau, Thomas Graton et Dominic Philie, exprimèrent alors le désir de collaborer aux textes, de donner une autre orientation aux personnages qu'ils trouvaient insignifiants. C'en était assez, je m'y suis opposée. Je me suis sentie placée sur la sellette, les attaques venant de toutes parts et ce, sans la moindre intervention du réalisateur. Tout d'abord, je leur ai rappelé que je n'étais pas un auteur comique. J'avais bien souvent pris en considération des suggestions qui me paraissaient bénéfiques pour l'émission. J'étais ouverte aux améliorations, mais j'étais celle qui écrivait les textes, eux, ils avaient à les jouer. Durant les semaines qui ont suivi, nous avons eu droit au très grand sérieux, pour ne pas dire à certaines bouderies de ces jeunes, sans doute pour nous démontrer que sans ces rajouts les textes étaient nuls. Ça n'a rien changé au résultat final.

LA CRISE

Le 19 février 1986, alors qu'il ne nous restait que quelques émissions à enregistrer pour compléter la saison, j'ai cru que le ciel me tombait sur la tête. J'étais en train de dîner à la cafétéria de Télé-Métropole quand Armand Bastien s'est approché pour me dire, un peu mal à l'aise : « Les jeunes ont décidé d'aller rencontrer la direction et ils m'ont demandé de les accompagner. Ils sont insatisfaits des textes. » Puis il ajouta qu'ils nous reprochaient, en plus, d'avoir fait passer des auditions pour trouver une jeune chanteuse : ils auraient dû être consultés, car ils pouvaient nous en recommander quelques-unes, disaient-ils ! Ils affirmaient avoir créé eux-mêmes les personnages et avoir même eu droit de parole lors de mon embauche ! J'ai demandé au réalisateur s'il allait les accompagner. Il m'a répondu que oui. Je me suis tue, il n'y avait plus rien à dire.

Ce jour-là, au volant de ma voiture, aveuglée par les larmes, j'ai compris en rentrant chez moi que c'était pour passer à travers des moments comme ceux-là que plusieurs années auparavant j'avais fait mon choix. J'avais à la maison un homme et des enfants qui m'aimaient et qui m'attendaient. C'était ça et seulement ça qui comptait. Mais j'avais quand même le cœur déchiré. Comment ces gens pouvaient-ils faire une chose pareille ? Je leur avais donné le meilleur de moi-même, j'étais si fière de leurs succès, je me réjouissais quand ils me disaient que les gens les reconnaissaient dans la rue. C'était comme si ça m'arrivait à moi. Après tout, j'avais collaboré à les faire connaître. Je n'étais pas consciente à ce moment-là que si je ne les avais pas laisser faire leurs pitreries aussi longtemps, les choses se seraient passées autrement. Ils en étaient venus à croire que le succès de l'émission ne dépendait que d'eux, que mes textes ne valaient rien. Tant et aussi longtemps que je ne disais rien, ça pouvait aller, mais le fait de m'avoir entendu dire « non » les avait sans doute choqués.

Les semaines qui suivirent furent un enfer. Les rumeurs couraient de plus belle dans les couloirs de Télé-Métropole. Certains venaient demander : « Est-ce vrai que Bouboule veut quitter l'émission ? » Thomas m'avait déjà dit qu'il pensait nous quitter. Son personnage, que les gens adorait, commençait à trop le marquer. Il craignait de n'être identifié qu'à Bouboule aux yeux des gens.

Je lui avais alors répondu que c'était un choix à faire. Être reconnu pour son personnage, est-ce pire que de ne pas être reconnu du tout ? Des camarades de travail venaient ici et là nous raconter ce qu'ils avaient entendu dire. Je me souviens d'un Pierre Marcotte scandalisé par l'attitude de ces jeunes comédiens, qui, après tout, étaient inconnus avant *Épopée Rock*. Il vint me dire : « Tu sais, Monique, si tes textes sont de la merde, moi je dis que de la merde à deux millions de téléspectateurs, c'est de la bonne merde. » C'est comme ça que j'ai appris qu'on donnait divers qualificatifs à mon écriture... Eh oui, nous avions atteint une cote d'écoute de deux millions durant quelques semaines, et j'avais tenté d'expliquer à mes « insatisfaits » que le public était le grand décideur, que nous avions la bonne recette. Ils m'avaient répondu : « Deux millions, pis après ? Pourquoi pas trois ? »

Je ne crois pas qu'ils soient allés rencontrer la direction, mais quelques jours plus tard Armand Bastien m'a téléphoné pour me dire qu'il avait décidé d'organiser une rencontre avec toute l'équipe afin qu'on discute ouvertement de la crise en cours. J'étais totalement opposée à aller une fois encore servir de cible. Il insista puis j'acceptai à la condition que toute l'équipe soit présente, en plus d'un membre de la direction et de P.A. Morin, le tout premier concepteur. Je savais qu'il pouvait, lui, remettre les choses à leur place ; il était là au tout début et savait comment les choses s'étaient passées. Après m'avoir fait part de sa colère, P.A. m'expliqua au téléphone qu'il ne pouvait pas venir s'immiscer au sein d'une émission qui était maintenant entre les mains d'un autre réalisateur, mais qu'il était disponible pour mettre les choses au point face à la direction. Jacques Drolet, l'adjoint de Vincent Gabrielle, fut désigné pour venir « observer » notre rencontre.

Ce sont sensiblement les mêmes revendications et les mêmes insatisfactions qui furent exprimées lors de ce *meeting* sauf que, cette fois, tous les comédiens étaient présents, et c'est ce qui fit la différence. Janine Mignolet tenta d'expliquer aux jeunes ce qu'elle percevait comme un manque de compréhension. Elle leur dit : « Vous n'avez pas l'air de comprendre vos rôles. N'oubliez pas que l'action se passe en 1957 et que les choses étaient bien différentes à cette époque. Vous trouvez vos personnages « niaiseux », ils ne sont pas niaiseux, c'est comme ça qu'on était à ce moment-là. Le fait qu'une mère interdise à sa fille de porter des jeans n'est pas niaiseux. C'était la réalité. » Roger Michaël aussi, par son intervention, a affirmé vouloir continuer à travailler dans la même veine. Après avoir fait un tour de table et chacun ayant exprimé son point de vue, je sentais que rien était réglé.

À la suite de cette rencontre, je fus convoquée au bureau de monsieur Drolet, qui me demanda de m'abstenir d'assister aux enregistrements qu'il nous restait à faire. Il avait lu et fait lire quelques-uns de mes textes et il me dit de ne pas m'inquiéter : quelqu'un verrait à ce que tout ce qui s'y trouvait fasse partie des émissions à venir.

Le 2 avril, j'ai eu une rencontre avec monsieur Gabrielle, monsieur Drolet et le nouveau réalisateur Réal
Nantel (secrètement nommé). C'est lui qui prendrait la
barre de l'émission pour l'automne 1986. Lors de cette
rencontre, nous devions décider de l'orientation pour la
nouvelle saison, car les enregistrements se feraient durant l'été. Aussitôt assis, en face de moi, monsieur Gabrielle me dit : « Avant de commencer, j'aimerais que
vous preniez connaissance d'une lettre que je viens de
recevoir. » Elle était signée par Thomas Graton, Francine
Lareau, Dominic Philie et Gildor Roy. Ils annonçaient
leur intention de ne pas renouveler leur contrat à cause,
premièrement, *de nombreuses lacunes au niveau des textes
de l'auteur* et, deuxièmement, *aucune communication
n'était possible entre eux et l'auteur due à l'attitude négative de cette dernière.* Évidemment, c'était la douche froide.
Aussitôt que j'eus terminé ma lecture, monsieur Gabrielle
me demanda : « S'ils partent, est-ce qu'on a encore une
émission ? » Sans aucune hésitation je répondis « oui ». Il
retourna la lettre et dit : « Bon, si on passait aux choses
sérieuses. » C'est ainsi que je dus, encore une fois en un
temps record, planifier l'écriture de quatre émissions à
thème, qu'on pouvait passer en ondes à n'importe quel
moment et avec l'équipe restante. Ceci nous permettrait
de penser à d'autres personnages et de les intégrer dès la
rentrée de septembre. Le principal défi à relever, c'était
de maintenir les cotes d'écoute malgré le départ de la
moitié de l'équipe. C'est à partir de ce moment-là que la
direction a semblé reconnaître que « j'avais fait mes clas-
ses » et qu'enfin j'ai pu recevoir un cachet décent pour le
travail que j'accomplissais.

J'ouvre ici une parenthèse au sujet de Gildor Roy. Ce dernier nous avait été présenté par Thomas Graton et Dominic Philie. Bien que son rôle fût marquant, il ne participa qu'à une quinzaine d'épisodes et chaque fois qu'il y eut une discussion et des critiques, il était absent. Le fait qu'il ait signé conjointement sa lettre de démission m'a surprise et semblé un geste de solidarité, c'est tout.

Évidemment, ces démissions en bloc alimentèrent les journaux artistiques. À la direction de Télé-Métropole, on m'avait demandé de ne pas accorder d'entrevues, qu'elle-même émettrait un communiqué pour expliquer ce qui se passait. Donc, quand un journaliste d'*Écho Vedettes* m'a demandé une entrevue, j'ai répondu que je n'avais aucun commentaire à faire. La réaction à mon mutisme, je l'ai lue dans la parution suivante de ce journal. En première page, on pouvait lire : « *Épopée Rock* menacée de disparaître, plusieurs comédiens en révolte. Monique Saintonge : ses textes sont trop niaiseux ! » Je n'avais pas souvent fait la une des journaux, et ce n'était certainement pas de cette façon que je voulais la faire. J'ai attendu quelques semaines avant de répliquer et il s'ensuivit, évidemment, une petite guerre ouverte dans la presse artistique.

Une chose dont je suis fière encore aujourd'hui, c'est de n'avoir pas changé le scénario des dernières émissions de cette année-là. La toute dernière, entre autres, tournait autour du personnage de Bouboule et il y faisait un numéro de production sur *Make them laugh*. Je n'ai pas assisté à l'enregistrement, mais j'ai pu voir le résultat en ondes et j'étais heureuse de constater que Thomas avait bien saisi l'occasion pour nous montrer son talent.

LES LEÇONS À EN TIRER

Avec le recul, je considère aujourd'hui que cette crise a été un point tournant dans ma vie. Ces jeunes m'ont démontré que si je continuais à faire taire ce que mon intuition ou ma conscience me disait, simplement pour ne pas déplaire, je ne pourrais jamais continuer à vivre heureuse. Ce que je détestais le plus dans la vie, c'était quelqu'un qui n'avait pas le courage de dire ce qu'il pensait et, pourtant, c'était cette image que le miroir me renvoyait. C'est à partir de ce moment-là que j'ai commencé à dire « non ». Les premières fois que je l'ai fait, les personnes en face de moi en sont restées bouche bée. Elles n'étaient pas habituées à une telle attitude de ma part, moi si fine, si gentille ! ... Certains se sont éloignés, n'ont plus rappelé. J'avais à accepter que tout le monde ne m'aime pas, mais je prenais conscience qu'il était beaucoup plus important que, moi, je m'aime en me regardant dans un miroir. Après tout, c'est avec moi que je passerais le reste de ma vie.

ET LA VIE CONTINUE

Au mois de septembre suivant, nous avons présenté nos nouveaux personnages au public. Il s'agissait de *Ti-Guy* (Guillaume Lemay Thivierge), *Miche* (Maryse Michaud), *Normand* (François Cormier), *Ginette* (Linda Roy) et *J.C.* (Martin Faucher). Avec le nouveau réalisateur, Réal

Nantel, un nouveau souffle était donné, la machine re-
partait. Nous avions toujours une bonne équipe de co-
médiens qui nous étaient restés fidèles et aussi nos fameux
Stardust, qui étaient tout simplement adulés. Se sont en-
suite joints à l'équipe *Gaétan* (Pierre Mayer), *Sergent
Laliberté* (André Saint-Denis), *Ti-Nours* (Jean-Marie
Lapointe), *Hectorine* (Mireille Thibault) et *Lison* (Ruth
Arsenault).

Les cotes d'écoute sont sorties en décembre, nous
étions toujours parmi les dix émissions les plus regardées. Les chiffres parlaient d'eux-mêmes, le public avait
accepté le virage, nous pouvions continuer. Le début de
la saison suivante amena un autre changement : les invités spéciaux. J'ai tout d'abord rencontré assez de difficulté à faire accepter cette nouvelle approche par la
direction. On m'apportait comme argument que les artistes ne se prêteraient pas de bon cœur à venir chanter
autre chose que leurs succès actuels, qu'il leur faudrait
beaucoup de disponibilité pour l'enregistrement de leur
chanson, les répétitions, l'enregistrement-télé, etc. J'ai
quand même réussi à « vendre ma salade », sachant très
bien que j'ajoutais un fardeau à la tâche déjà impression-
nante que j'avais. Écrire pour la télévision, du moins dans
les conditions où je l'ai fait, comportait de nombreuses
contraintes. Il ne fallait pas utiliser plus qu'un certain
nombre de décors par émission, la même contrainte s'ap-
pliquait pour le nombre de comédiens (budget oblige)
et, de plus, à la signature du contrat, on leur avait promis un nombre minimum d'apparitions durant la saison, je devais donc respecter cette promesse. Puis, il y
avait les chansons : il fallait des rythmes variés à chaque

épisode, elles devaient, ces chansons, se fondre dans l'histoire. À tout ça, voilà que j'ajoutais la difficulté d'intégrer toutes les deux semaines un artiste invité en lui inventant un personnage et en tentant surtout de faire concorder ses disponibilités avec notre horaire de studio. Mais j'y tenais, à cette idée, et elle s'avéra être aussi au goût du public.

Comme comédiens invités, nous avons vu défiler Jacques Godin, Gilbert Comtois, Gaétan Labrèche, Paul Buissonneau, Marc Legault, Pascal Rollin, les animateurs Clovis Dumont, Claude Lafortune, Jacques Auger puis le grand « rocket », Maurice Richard. Côté chanson, bien que la liste soit longue, je crois qu'il est important de se rappeler ces invités qui sont venus à tour de rôle ajouter leur talent à notre équipe : Michel Louvain, Serge Laprade, Gilles Girard, Patsy Gallant, Tex Lecor, Jacques Desrosiers, Claude Landré, Louise-Josée Mondoux, Roméo Pérusse, Jenny Rock, Martine Fugère, Julie Daraiche, Pierre Jean, Evan Joannes, Jen Roger, Serge Turbide, Lucille Dumont, Jacques Boulanger, Roberto Médile, Ginette Sage, Toni Massarelli, Jean Faber, Patrick Normand, France Castel, Denise Émond, Rock Voisine, Monique Vermont, Rosita Salvador, Jacques Salvail, Dino L'Espérance (César), Mitsou et Nathalie Simard.

À la fin de l'avant-dernière année, un autre conflit a surgi au sein de l'équipe. Certains comédiens n'étaient pas d'accord avec l'approche du réalisateur, qui consacrait beaucoup de temps à la mise en scène et à l'enregistrement des chansons, ce qui leur laissait trop peu de temps, à eux, pour reprendre les scènes qu'ils avaient à jouer. Bien qu'étant très consciente du travail ardu et du perfectionnisme de notre réalisateur, j'étais plutôt d'accord avec les revendications des comédiens. C'est drôle qu'il y ait, dans un milieu de communications, si souvent des manques de communication ! C'est ce qui s'est produit ; on ne s'est pas compris, on ne s'est pas assez expliqué, les messages ne passaient pas et, encore une fois, des comédiens sont partis. Dans les décisions que j'ai eu à prendre, à ce moment-là, j'ai mis de côté mes sentiments personnels et je n'ai pensé qu'à la survie de l'émission. Avec le recul, je considère que j'ai fait une erreur en prenant parti. Par la suite, j'ai dû faire face aux conséquences.

C'est Pierre Laberge qui a pris la relève à la réalisation pour la dernière année d'*Épopée Rock*. Au même moment où sévissait cette dernière crise interne, la direction avait complètement changé à Télé-Métropole. Une nouvelle équipe avait décidé de « donner de la classe » à notre émission. Je sortis d'un certain *meeting* complètement atterrée et je n'étais pas la seule. Notre chef d'orchestre d'alors, Carlyle Miller, avait menacé de tout laisser tomber quand on a tenté de lui imposer un directeur musical qui gérerait l'ensemble du travail des *Stardust,* en plus de faire le choix des chansons. Certains personnages devaient disparaître, ils déplaisaient aux gens en place. On jetait carrément à la poubelle tout ce que nous avions mis en place depuis cinq ans. Comble d'ironie, j'entends encore la directrice de la programmation nous dire que dans l'émission nous devrions avoir un décor de garage dans lequel les *Stardust* feraient leurs répétitions. C'était, nous dit-elle, comme ça que ça se passait dans le temps. Je fus très heureuse de lui apprendre que ce décor de garage, nous l'avions et l'utilisions depuis la toute première émission. Elle ne parla plus de décor !

Les exigences étaient tellement grandes et nos façons de penser, tellement différentes que j'ai hésité avant d'entreprendre cette dernière saison. C'est à force d'insistance et de bataille que nous avons pu faire les trente dernières émissions dans de nouveaux décors, avec une équipe de comédiens nouvellement arrivés. J'avais réussi à sauver quelques personnages mais pas tous. Du tout début, il ne restait que *Ti-Sœur, Jackie et Slim*. Ceux de la dernière couvée furent : *Zipper* (Mario Lirette), *Michelle* (Nathalie Dery), *Paul Brien* (Patrick Peuvillion), *Madeleine Brien* (Francine Morand), *Pierrot* (Sébastien Tougas) et *Jojo* (Marie-Claude Brault). Ces « grands penseurs » nouvellement nommés à la direction n'ont occupé leurs postes que quelques mois ; en fait, juste le temps de tout bouleverser, puis ils sont allés faire des vagues ailleurs.

ÉPOPÉE ROCK : SUITE ET FIN

Quand je pense à cette période, je me dis que c'est un cadeau du ciel que j'ai reçu à ce moment-là. Non seulement ce travail m'a permis de faire la découverte d'un talent que j'avais, il m'a aussi permis de reprendre confiance et de vivre des années d'abondance.

D'une petite émission d'été qui ne devait durer que treize semaines, la série entière fut composée de cent quatre-vingt-cinq épisodes, sur une période de six ans.

J'ai très souvent pensé, en écrivant mes textes, que j'aurais voulu, étant plus jeune, faire partie d'une telle émission. Je retirais un réel plaisir à faire vivre aux autres ce que j'aurais voulu vivre à mes débuts. Mes années de secrétariat, cette expérience de sténographe se sont avérées un atout sans égal durant cette période d'écriture, comme quoi toute expérience peut nous servir un jour. Il faut aussi souligner que c'était un tour de force que de faire travailler ensemble des artistes de disciplines si différentes. Avec le temps, nos musiciens sont devenus partie intégrante du téléroman, et leurs répliques se sont multipliées. Bien qu'ils s'en soient tirés honorablement la plupart du temps, il ne fallait pas s'attendre à découvrir des Gérard Philippe. Certains comédiens faisaient preuve d'intolérance face au jeu « amateur » de nos musiciens. Il fallait alors que je leur rappelle que les musiciens devaient eux aussi vivre de l'inconfort quand ils accompagnaient des comédiens qui « essayaient » de chanter. J'ai longtemps eu l'impression de jouer à la maman au sein de l'équipe. Je tentais de sauver la chèvre et le chou et d'aplanir des difficultés, comme une mère le fait souvent dans une famille.

Il ne fut pas toujours facile de calmer les esprits quand certains membres de l'équipe avaient l'ego un peu trop gonflé. Et les injustices du métier : comment expliquer à quelqu'un que même s'il travaille plus fort que son camarade, c'est ce dernier qui a la cote d'amour du public ? Évidemment, quand on regarde la télé, on ne voit pas ce qui se passe derrière les caméras et, bien souvent, le public devrait voir le vrai caractère de leurs idoles. Leur opinion ne serait plus la même. Durant la dernière année, la tâche était lourde, les tensions augmentaient, il valait mieux qu'on s'arrête.

Même si les critiques ont été virulentes et si j'ai souvent eu droit à des ricanements dans les milieux « pseudo » branchés, je pense encore : mission accomplie ! On m'avait demandé d'écrire des textes d'enchaînement à des chansons rétro, les personnages devaient être tracés à gros traits, caricaturés, en fait. Nous avons conservé des moyennes de cotes d'écoute d'au-delà un million de téléspectateurs durant des années et, encore aujourd'hui, les gens voudraient qu'*Épopée Rock* revienne au petit écran. Nous avons donné au public ce dont il avait le plus besoin : la détente, la fraîcheur et la douce insouciance que vivaient les jeunes des années cinquante et soixante.

Je termine cette rétrospective avec un petit souvenir. Un jour, ma fille Élyse, qui étudiait alors au secondaire, m'a rapporté de l'école une page de son cahier d'exercice d'anglais où on parlait d'*Épopée Rock* dans un questionnaire. Ça m'a fait un petit velours et j'ai conservé cette page.

23

LES PROBLÈMES DE SANTÉ DE CAROLINE

C'est s'affliger deux fois que de s'affliger d'avance.

SAINTINE

Caroline avait dix-sept ans lorsqu'elle commença à se plaindre d'une douleur intermittente à la cuisse et la hanche gauche. Après une visite chez l'omnipraticien, la radiographie révéla qu'il y avait quelque chose d'anormal sur le fémur et elle fut dirigée vers un spécialiste en orthopédie. Quelques années auparavant, ma sœur avait été opérée par un excellent orthopédiste, Pierre-Paul Hébert, avec qui, par la suite, nous nous étions liés d'amitié. Nous sommes allés le consulter. Il a découvert que Caroline avait un kyste osseux situé à quelques pouces de la tête du fémur (aucun lien avec la malformation congénitale décelée à la naissance). Il nous a expliqué que ces kystes se développaient souvent chez les adolescents et qu'ils ne représentaient généralement aucun danger. Certains même finissaient par se résorber. Caroline devait tout simplement aller passer des radiographies de contrôle tous les ans, ce qu'elle fit. Un an plus tard, tel que le médecin l'avait prévu, il n'y avait eu aucune évolution.

Mais durant les mois qui ont suivi, elle se plaignait d'une douleur plus vive. Étant donné que cette douleur était intermittente, nous avons réagi « en parents ». Nous croyions que c'était pour éviter certaines tâches ménagères que la douleur apparaissait soudain. Un jour, pour en avoir le cœur net, Caroline a pris rendez-vous chez notre ami médecin et, quand il compara la nouvelle radiographie à la précédente, il nous annonça qu'il fallait opérer au plus tôt. Le volume du kyste avait triplé, il avait littéralement « dévoré » l'intérieur du fémur, et la paroi interne de l'os s'était effondrée. J'ai alors compris que Caroline avait un seuil de douleur très élevé et qu'à l'avenir, quand elle me dirait qu'elle avait mal, je la croirais. C'était la période des fêtes, il fallait attendre pour l'opération. Elle devait faire preuve de grande prudence, car le moindre choc sur sa cuisse aurait suffi pour provoquer une fracture, et le docteur Hébert nous expliqua qu'une telle fracture pourrait représenter un grand danger d'hémorragie interne. Caro termina ses cours au cégep et fut admise à l'Hôpital du Sacré-Cœur au début de janvier 1989. Elle devait y subir une batterie de tests préopératoires. On lui donna congé la fin de semaine précédant l'intervention ; elle retournerait à l'hôpital le dimanche en fin d'après-midi afin d'être opérée le lundi matin.

Le samedi soir de cette fin de semaine, nous avions une réunion du temps des fêtes avec la famille de mon mari. Caroline et Élyse restèrent seules à la maison. Durant la soirée, Caroline me téléphona pour me dire que le docteur Hébert avait appelé à la maison, qu'il voulait me parler. Je me demandais bien ce qui pouvait bien se passer pour qu'il prenne la peine de nous téléphoner un samedi soir. Sans laisser voir mon inquiétude à ma fille, j'ai raccroché et décidé d'en avoir tout de suite le cœur net. Quand j'eus Pierre-Paul au bout de la ligne, il m'était très difficile d'entendre ce qu'il me disait. L'ambiance était à la fête à l'endroit où j'étais, et les voix de stentor de certains membres de la famille Bouffard m'empêchaient de comprendre ce que mon interlocuteur avait à m'annoncer. Pourtant, par le ton, je sentais que quelque chose de grave se passait. Voyant mon air désespéré, ma belle-sœur vint à ma rescousse et m'amena dans un petit boudoir où je pus refermer la porte et enfin apprendre la mauvaise nouvelle.

Le médecin m'annonçait qu'il n'allait pas opérer Caroline le lundi matin ; il préférait attendre qu'elle passe un scanner. Il parlait maintenant de tumeur et m'expliquait que l'évolution fulgurante de la condition de son fémur inquiétait l'équipe de radiologistes. Ils craignaient un cancer ; pourtant, l'état de santé général de Caroline ne donnait aucun signe de la présence d'une telle maladie. En raccrochant, j'avais le goût de crier mon inquiétude, mais j'entendais derrière la porte les blagues et les éclats de rire de la famille. Je n'ai évidemment pas pu taire ce que je venais d'entendre, mes larmes m'ont trahie, puis l'ambiance de fête s'est transformée en discussions parfois calmes, parfois animées. Louis m'a demandé si je voulais rentrer tout de suite à la maison ; je préférais attendre un peu, car je ne voulais pas que Caroline me voie si bouleversée. Je me disais que le lendemain, je pourrais mieux lui expliquer ce qui se passait.

Le lendemain matin, dès le réveil, Caroline et Élyse m'annoncèrent qu'elles m'avaient préparé une surprise. Sans même prendre le temps de déjeuner, elles se sont installées au piano et ont joué pour nous une pièce musicale d'Énya, *Watermark,* qu'elles avaient transformée en duo et répétée durant notre absence, la veille. C'était magnifique ! Cette mélodie m'allait droit au cœur, et j'ai dû leur dire que c'était l'émotion qui avait rempli mes yeux de larmes. Mais, ce que je taisais, c'étaient d'autres émotions, l'angoisse, la panique : cette belle mélodie que j'entendais, s'il fallait qu'il arrive quelque chose à Caroline, je ne pourrais plus jamais l'écouter sans crier ma douleur. Quelques minutes plus tard, j'expliquai à Caroline qu'elle ne serait pas opérée le lendemain matin. On avait plutôt d'autres examens à lui faire subir, car les médecins ne comprenaient pas la raison pour laquelle le kyste avait grossi si rapidement. Je ne voulais pas lui parler de la possibilité de cancer, il valait mieux attendre le résultat des tests.

Le reste de ce dimanche m'a paru durer une éternité. J'avais le cœur en pièces et je devais cacher mon inquiétude. Caroline est une bonne nature, elle aime la vie, elle adore s'amuser et rire. Sa chanson préférée à ce moment-là, c'était *Don't worry, be happy*, et c'est ce que nous avons toutes les deux adopté comme thème durant ces jours difficiles. Cette petite musique joyeuse m'a aidée à « faire semblant ».

L'ANGE GARDIEN DE CAROLINE

Hospitalisée au département d'orthopédie, Caroline était entourée de patients très âgés et elle avait insisté pour être seule dans sa chambre. Elle fut exaucée. À son arrivée, le deuxième lit était vide mais, quelques heures plus tard, elle a fait la connaissance de celle qui deviendrait son ange gardien, et le mien aussi en quelque sorte. Diane Desabrais, une femme dans la quarantaine, avait dû subir une intervention chirurgicale quelques mois plus tôt parce qu'elle souffrait d'une salmonellose et de septicémie. Après analyse de la vertèbre qu'on lui avait retirée, les médecins lui avait annoncé qu'on avait découvert une cellule cancéreuse. Son état de santé s'était vite détérioré, son corps ne pouvant plus lutter. Mais son esprit, lui, n'avait rien perdu de sa vigueur. C'était une femme extraordinaire qui faisait preuve d'un courage exemplaire. Elle fut celle qui rassura notre fille, lui expliquant que tel ou tel examen n'était pas souffrant, que ça servait à diagnostiquer tel problème, etc. Elle les connaissait bien, ces tests, elle les avait tous passés et elle dédramatisait tous ces protocoles hospitaliers qui peuvent être si apeurants pour une jeune fille de dix-huit ans qui n'a jamais été malade. Une complicité d'enfants s'installa entre elles dès le premier jour et, malgré ses grandes souffrances, Diane trouvait l'énergie nécessaire pour jouer des tours et faire des blagues. Elle est morte au mois d'avril suivant, et nous avons toujours pensé à elle comme à un ange qui fut placé sur notre route, au bon moment.

Tel que prévu, la semaine qui a suivi en fut une de tests, d'examens, de questionnement et de probabilités. À ce moment-là, Louis et moi n'avions pas encore réglé notre problème de communication quand les émotions et les peurs étaient en cause. Si je lui disais à quel point j'étais inquiète, il répliquait aussitôt qu'il fallait attendre, que je ne devais pas m'en faire avec ça, etc. Élyse, elle, faisait carrément de la négation : « Bien voyons donc ! Je suis certaine qu'il y a rien là ! C'est pas grave ! » J'étais la seule à m'en faire, donc je me sentais PAS CORRECTE ! Je m'énervais pour rien. Lorsque j'étais chez moi, je gardais à l'intérieur tout ce que j'aurais eu besoin de dire. Heureusement, au cours des années précédentes, j'avais rencontré de vrais amis, qui parlaient des vraies choses et qui connaissaient l'importance du partage. Quand on ne dit pas sa peine, elle risque de nous étouffer. Le lundi soir, j'ai décidé de dire mon angoisse à un de ces « amis », que je rencontrais régulièrement. Il m'a répondu aussitôt : « Tu sais que la peur, c'est un manque de foi. Il faut que tu confies ta fille à Dieu, de toute façon, elle ne t'appartient pas. Fais confiance. » C'était trop me demander ; c'est bien beau confier sa fille à Dieu, et si sa volonté était différente de la mienne ? Je ne voulais pas qu'elle meure, je voulais la garder, c'était mon enfant et je l'aimais ! C'en était fait des confidences, je serais plus sélective à l'avenir.

Le lendemain matin, j'étais seule à la maison et je pleurais abondamment. Ce qu'on m'avait dit la veille me hantait, mais je ne pouvais me résigner à dire : « Que ta volonté soit faite », j'avais peur. Pourtant, j'avais fait l'expérience de la prière durant les dernières années et ça marchait. Une image m'est soudain venue : quand j'étais toute petite, mon père me levait au bout de ses bras en me tenant par les cuisses. Je savais qu'il m'aimait et me protégerait de tout mal mais, malgré cela, j'avais peur. C'était haut, j'avais le vertige. Et c'était exactement ce que je ressentais : je voulais avoir confiance en Dieu, mais j'avais le vertige, la peur qui m'habitait était viscérale. Puis je pensai *Aux pas dans le sable,* cette petite histoire si merveilleuse. Certains l'appellent *La marche du Seigneur,* je la reproduis ici :

> Une nuit un homme fit un songe.
>
> Il rêva qu'il marchait en compagnie de Jésus, sur la rive. À chaque scène, il remarquait une double trace de pas dans le sable, la sienne et celle de Jésus.
>
> Quand la dernière image s'effaça, il repensa aux traces de pas et s'aperçut qu'à diverses reprises, le long du sentier, il n'y avait qu'une seule empreinte de pas dans le sable. Il se rendit compte que cela correspondait aux moments les plus sombres et les plus tristes de sa vie.
>
> Il s'adressa à Jésus : « Seigneur, dit-il, tu avais dit que tu m'accompagnerais tout le long de la route. Mais je constate qu'aux heures les plus pénibles de ma vie, je ne puis retracer qu'une seule série d'empreintes sur le sable.
>
> Je ne comprends pas qu'au moment où j'avais le plus besoin de toi, tu m'aies délaissé. »
>
> Jésus répondit : « Mon enfant, je t'aime et je ne saurais t'abandonner.
>
> Aux jours d'épreuves et de souffrances, quand tu ne vois qu'une trace de pas, c'est qu'alors, je te portais. »

Dieu ne m'avait pas abandonnée, il me portait et comme dans les bras de mon père, j'avais le vertige. Je me pardonnai plus facilement mon « manque de foi » à ce moment-là.

L'opération était prévue pour le vendredi matin. Le mercredi, j'ai rendu visite à Caroline, comme nous le faisions tous les soirs. Cette fois, Élyse m'accompagnait. Le docteur Hébert est venu faire une visite et, dans le couloir, il m'a expliqué comment il procéderait lors de l'intervention. Les tests n'avaient rien précisé, et ce ne serait que lorsqu'il « ouvrirait » qu'il verrait de quoi il s'agissait. On ferait immédiatement une biopsie sous congélation et c'est à ce moment-là seulement que nous saurions s'il s'agissait ou non d'un cancer. Selon l'état de son fémur et le résultat de la biopsie, il procéderait alors à une greffe osseuse, en prélevant un peu d'os dans la crête iliaque. S'il s'agissait de cellules cancéreuses, il refermerait l'incision, ferait des recherches dans une banque d'os déjà existante pour trouver un bout d'os compatible. Cette fois, la greffe n'aurait lieu que quelques jours plus tard. Après ces explications, je suis retournée auprès de Caroline et je l'ai informée, avec précaution, qu'il se pourrait qu'elle ait à subir une deuxième intervention. Je lui ai parlé de la possibilité de cancer, mais ce mot ne l'a pas fait frémir. Elle attendrait les événements.

De retour à la maison, j'ai pu constater à quel point Élyse refusait de voir la vérité en face. Plusieurs mois auparavant, nous avions acheté quatre billets pour le spectacle d'André-Philippe Gagnon. Ces réservations étaient pour le jeudi soir, soit la veille de l'opération de Caroline. Je n'avais vraiment pas envie d'aller où que ce soit ces jours-là, et encore moins à un spectacle d'humour, mais on m'a convaincue que ça me ferait le plus grand bien. Élyse et Louis avaient le goût d'y aller et, si je les accompagnais, il ne restait qu'une place à combler. À notre retour de l'hôpital, Élyse a téléphoné à une amie pour lui offrir le billet de Caroline. J'étais assise à mon bureau, elle se tenait debout, juste à côté de moi, et quand j'ai entendu ce qu'elle disait, je n'en crus pas mes oreilles. Son amie lui demanda probablement pourquoi Caroline ne pouvait assister au spectacle. « Ah, elle est à l'hôpital, répondit-elle, un petit kyste dans la jambe, une petite affaire, rien de grave. » Une heure plus tôt, elle avait entendu comme moi le médecin nous expliquer en long et en large la complexité de la situation et la possibilité qu'il soit question d'un cancer.

Je connaissais la nature renfermée de ma fille et sa façon bien à elle d'analyser les situations. Je n'avais pas le goût d'argumenter. Je me suis tue et, avec le temps, j'ai compris qu'Élyse avait beaucoup de difficulté à faire face à la maladie et à la souffrance. Le simple récit des traitements que Caroline a dû recevoir la faisait frémir, et elle fuyait. Ce soir-là, je ne sais pas comment j'ai pu y arriver, mais je me suis agenouillée avant d'aller au lit et j'ai été capable de dire : « Que Ta volonté soit faite », et j'ai bien dormi.

Le lendemain matin, ma sœur Thérèse est venue me rejoindre à l'hôpital. Caroline était déjà partie pour la salle d'opération. Elle ne m'a jamais faussé compagnie, ma grande sœur. Dans les moments difficiles, elle est toujours là. Nous sommes allées prier à la chapelle puis, en revenant vers la chambre, j'ai vu arriver le docteur Hébert, qui marchait rapidement vers nous. Il avait le souffle court, le visage rougi par l'effort et, avec un large sourire, il m'a dit : « C'est correct, c'est bénin, mon collègue poursuit l'intervention. Je voulais venir te le dire moi-même. » Jamais je n'avais vu un sourire aussi beau, entendu des mots aussi doux ! Merci mon Dieu, tout irait pour le mieux.

Ils ont procédé à une greffe osseuse et, quelques heures plus tard, Caroline revenait dans sa chambre. À peine l'œil ouvert, elle taquinait son père, qui était venu me rejoindre après son travail. En fin d'après-midi, notre ami médecin est venu nous exhiber avec fierté les radiographies prises après l'opération. On pouvait y voir une longue plaque de métal, cinq vis et un clou qui supporteraient le fémur de Caroline jusqu'à ce que l'os se soit régénéré. Elle ne garderait pas toujours cette « quincaillerie » dans sa chair ; elle retournerait à l'hôpital dix-huit mois plus tard.

C'est beau la jeunesse, on récupère vite à dix-huit ans. La capacité d'endurance de Caroline et sa détermination ont fait qu'elle a récupéré quand même assez rapidement de cet « accident de parcours », comme l'appelait le médecin. Elle a poursuivi ses études au cégep et nous avons dû jouer au taxi, car elle a eu droit aux béquilles durant quatre mois puis à une canne le mois suivant. Elle prenait l'autobus quand elle le pouvait mais, cet hiver-là, il y a eu plus de verglas que de neige, donc béquille + glace = chute, et il fallait absolument éviter cela.

À la fin du mois de juillet suivant, nous sommes partis tous les quatre pour un voyage de trois semaines en France. Malgré un boitement inquiétant, elle a réussi à nous suivre partout et même à nous essouffler dans nos visites. Puis, l'année suivante, tel que prévu, elle est retournée à l'hôpital pour qu'on lui enlève tout le métal de soutien. Je la revois encore revenir de la salle d'opération, tenant sur sa poitrine un petit sac transparent contenant tout cet attirail. Le médecin lui avait dit de bien conserver ces clous, vis et plaque, que ce n'était qu'un mauvais souvenir, ce genre de kyste ne revenait pas.

Six mois plus tard, les douleurs étaient revenues de plus belle et au même endroit. La radiographie révéla que le fameux kyste, qu'on nommait maintenant tumeur, était revenu, et en force puisqu'il avait la même taille que lors de la première opération. Pourtant, six mois plus tôt, tout était parfait ! Le médecin n'a même pas voulu que Caroline quitte la clinique sans prendre une paire de béquilles au rez-de-chaussée avant de partir. C'était au mois de novembre ; encore une fois, la glace couvrait le sol et un simple choc aurait suffi à fracturer son fémur. L'intervention ne devait pas tarder, mais Caroline a refusé, elle était en période d'examen à l'université Concordia et elle voulait absolument terminer avant d'être opérée. Horaire d'examens en main, ils ont décidé, le médecin et elle, que le 5 décembre serait la date de l'opération. Notre fille était atterrée : elle savait maintenant ce qui l'attendait. Elle n'avait pas oublié les « à-côtés » de l'opération : les tubes, les sondes, etc. J'ai tenté de la rassurer en lui répétant que les choses ne se passaient jamais deux fois de la même façon et, heureusement, c'est ce qui est arrivé. On procéda à une autre greffe osseuse, puis on remit en place « la quincaillerie » d'usage et elle a repris les béquilles. Il lui restait un examen à passer à l'université et, si elle ne se présentait pas le jour venu, elle coulait ce cours. C'est donc le lendemain de sa sortie d'hôpital que mon mari l'a conduite au centre-ville et, après s'être installée dans un fauteuil roulant, elle a pu rejoindre ses compagnons dans la salle d'examen. Elle garde de cette journée un souvenir plutôt nébuleux, mais elle a réussi à obtenir de très bonnes notes. J'étais fière de ma fille et j'en remerciais le Ciel. Mes enfants vieillissaient bien et ce n'était pas seulement grâce à moi.

24

MON RETOUR DEVANT LES CAMÉRAS

> Où serais-je dans cinq ans ? Je n'en sais
> rien et j'en suis ravi. L'une des choses
> les plus merveilleuses dans la vie, ce sont
> les surprises qu'elle nous réserve.
>
> MARLO THOMAS

Nous avions terminé les derniers enregistrements d'*Épopée Rock* au tout début de l'année 1990. Durant les mois précédents, j'avais travaillé à mettre sur papier différents projets d'émission. Je croyais pouvoir continuer à œuvrer au sein du monde de la télévision, mais derrière les caméras. Je m'y sentais très bien ; ce travail m'avait comblée durant les six dernières années. J'avais en mémoire la phrase que m'avait dite un des patrons au moment d'une négociation de cachet : « Soyez patiente, madame Saintonge, vous allez voir que ça va rapporter ce que vous faites là. Avec un succès comme celui d'*Épopée Rock*, vous êtes à Télé-Métropole pour longtemps. » Mais, il n'était plus en poste, ce patron ! Il faisait partie de ceux qui avaient été « mis sur une tablette » lors des grands changements.

Malgré plusieurs démarches, il semblait que mes projets ne satisfaisaient pas les nouvelles exigences de la télévision. L'orientation n'était plus la même. Je suis allée trouver des directeurs de maison de production qui m'avaient déjà dit être intéressés à me prendre dans leur boîte dès que ma série se terminerait. Ça non plus, ça n'a rien donné. Mais je ne m'inquiétais pas outre mesure, je venais à peine de terminer mon travail.

Durant ces années d'écriture, j'ai rarement chanté à la télévision. J'avais vite compris qu'il me fallait canaliser mes énergies pour réussir une telle tâche. Mon travail de rédaction étant terminé au printemps de 1990, j'ai accepté de participer à l'émission *De Bonne Humeur* de Michel Louvain. Étant dans le même édifice, j'allais de temps à autre jeter un coup d'œil sur ce qu'on y faisait et ça me plaisait beaucoup. Lors de cet enregistrement, j'avais dit, en blaguant, à Michel Louvain : « Si jamais tu envisages d'ajouter une femme à ton émission, pense à moi. Je sais que je pourrais le faire et, de plus, nous avons tous les deux le même public. » Puis j'ai ajouté : « Je sais que j'ai des livres en trop mais, durant l'été, je peux les perdre. »

L'été arrivé, le téléphone restait muet, mais je ne m'inquiétais pas. J'ai profité de tout ce temps pour entreprendre une diète très sévère sous surveillance médicale et, en un mois et quelques semaines, j'ai perdu vingt-trois livres. On m'avait pourtant dit que ce genre de diète donnait rarement des résultats définitifs, mais je croyais que j'étais l'exception. Sans faire d'excès, je les ai reprises, ces livres, une à une, jusqu'à la vingt-troisième, après un an et demi. Mais voilà qu'en cet été 1990, j'étais toute mince et en forme et j'attendais ! Je me souviens d'avoir dit à Louis au début du mois d'août : « Je ne me reconnais plus. On est rendu au mois d'août, j'ai toujours rien pour l'automne et ça ne m'inquiète pas. Je n'ose pas entreprendre quoi que ce soit de sérieux. Je ne sais pas pourquoi, mais j'ai la certitude que le téléphone va sonner et qu'on va m'offrir quelque chose. »

Le lendemain après-midi, le téléphone a sonné. C'était Michel Louvain. Il me disait que lors d'un *meeting* avec son équipe, il avait été décidé d'ajouter une chronique à son émission, durant laquelle on soulignerait les anniversaires de mariage de quarante ans et plus. Il me demandait si je voulais me joindre à lui pour ce bloc durant lequel nous ferions un duo d'une chanson souvenir. J'étais folle de joie et j'ai eu envie de lui crier : « Je le savais, j'en étais certaine. » Bien sûr, c'était à la dernière minute, ça voulait dire que cette dépense n'était pas prévue au budget. On aurait dit un retour à la case départ, car j'ai fait toute la saison au cachet minimum et en fournissant mes propres vêtements.

J'ai adoré faire cette émission. Je me sentais à ma place. Connaissant déjà un grand nombre de chansons anciennes, il m'était facile d'en suggérer à Michel. Je ne faisais pas de coanimation, je n'étais qu'un « élément » dans la série et je n'en demandais pas plus. Le public a très bien réagi à mon retour devant les caméras et j'en étais très heureuse. J'ai commencé à recevoir du courrier et des demandes spéciales, ce qui m'étonnait presque. Depuis six ans, je ne pensais plus à ma carrière de chanteuse. Ne plus être à l'avant-plan comporte de grands avantages et je croyais pouvoir terminer ma carrière ainsi.

25

MES CHANSONS
ET LES VÔTRES

> Le succès n'a jamais de fin et l'échec n'est
> jamais définitif.
>
> AUTEUR INCONNU

À la période des fêtes, des amis m'ont fait une offre que je n'ai pu refuser. Plusieurs années auparavant, ces personnes, qui m'étaient chères, s'étaient généreusement offertes pour financer l'enregistrement d'un disque. Cette chance unique m'avait fait passer quelques nuits blanches, puis j'avais refusé. Bien sûr, leur situation financière leur permettait de « risquer », mais j'avais trop peur que les ventes ne couvrent pas leur investissement. Je savais que je me sentirais en dette pour le reste de mes jours. Mais cette fois-ci, c'était différent. Un million de personnes chaque semaine me voyaient à la télévision. J'avais déjà en tête un concept auquel je croyais. J'ai dit à mes amis : « J'ai déjà refusé votre offre, mais je pense qu'aujourd'hui je vais l'accepter. » Ils m'ont assurée du fait que, s'ils le faisaient, c'était qu'ils croyaient en moi, en mon talent, et de ne pas me préoccuper du reste. Ils étaient certains que ça irait bien.

C'était mon premier « vrai » disque. Bien sûr, il y avait eu les 45 tours, qu'on avait ensuite regroupés sur un 33 tours, puis des participations aux disques des autres : Fernand Gignac, Paul Davis et Serge Laprade pour *La Belle Époque.* Le titre de mon album serait *Mes chansons et les vôtres,* et voici pourquoi. J'ai toujours été à la fois auteur-compositeur, puis interprète, j'allais donc présenter certaines de mes compositions et les autres seraient les chansons que le public me réclamait le plus souvent. Je ne connaissais pas vraiment les rouages de l'industrie du disque. Je savais que j'aurais besoin d'un guide et j'ai fait appel à une vieille connaissance en la personne d'Yvan Dufresne. Yvan avait été un « grand manitou » du disque québécois dans les années soixante et, en 1991, il semblait commencer une nouvelle vie. J'ai retenu Daniel Piché pour les orchestrations et la direction musicale. J'avais toujours aimé ce que Daniel faisait et j'ai adoré travailler avec lui. Il s'est révélé un excellent *coach* lors de l'enregistrement de ma voix. Je me sentais en confiance. Quand j'ai dû faire un dernier choix de chansons, il m'a fallu faire des concessions. C'est sur les conseils de Daniel et d'Yvan que j'ai accepté de mettre de côté certains titres et d'en ajouter d'autres, que j'aurais préféré oublier. Le but de cette sélection : présenter un produit qui puisse plaire aux gens de la radio, car il nous fallait absolument « tourner » si nous voulions vendre, n'est-ce pas ?

Dès le début de cette belle aventure, l'idée que j'avais d'enregistrer un album était on ne peut plus réaliste. Je savais très bien que je n'allais pas tenir la tête des palmarès, que Mitsou pouvait dormir tranquille mais, en même temps, j'étais confiante, car je savais qu'un public était là pour moi. Ce que j'ignorais, c'est que ce n'était plus possible d'avancer parallèlement à la grosse machine du *show business* des années quatre-vingt-dix. Et Yvan non plus n'avait pas l'air de savoir que, maintenant, il faut passer par l'engrenage, sinon...

Rien ne fut épargné, de toute façon, la qualité du produit fini en témoigne. La période de production de cet enregistrement a été un temps de fête pour moi et les miens. Ceux qui m'aimaient se réjouissaient de voir qu'enfin je réalisais ce rêve. Je me souviendrai toujours de ma sœur aînée, Aline, qui me montrait avec fierté le lecteur de disque laser qu'elle et son mari venaient d'acheter. « J'ai tellement hâte de t'entendre chanter *L'Amour en Héritage* là-dessus, m'a-t-elle dit. Ça va être beau. » Un mois et demi plus tard, j'enregistrais cette chanson alors qu'Aline était aux soins intensifs à l'Hôtel-Dieu de Saint-Jérôme. Elle mourait le surlendemain à l'âge de soixante-six ans après une agonie d'un mois causée par une pancréatite : premier nuage sombre au ciel de ma nouvelle vie.

La réalisatrice de *De Bonne Humeur*, Claire Bouchard, m'apprit qu'elle consacrerait une émission entière à la sortie de mon album. Évidemment, Michel était d'accord et toute l'équipe a fait un travail formidable. Je leur en suis très reconnaissante encore aujourd'hui. On m'avait réservé des surprises : Gilles Latulippe, qui ne sortait presque jamais, était là pour moi. Marthe Choquette, ma *Ti-Sœur* d'*Épopée Rock,* qui était devenue une amie, avait accepté de participer à l'émission. Et parmi le public, mes frères et mes sœurs : ça, c'était le plus beau cadeau.

Après le lancement à la télé, le lancement pour la presse écrite a eu lieu à la boîte de Jean Faber. Comme par hasard, c'était le 29 avril, le jour de mon 48e anniversaire de naissance. Je n'aurais jamais pu penser à un plus beau cadeau de fête. Tout le monde y était : Louis, mes filles, les amis, la famille. Au lendemain de ces festivités, nous sommes partis, Yvan Dufresne, Louis et moi, sur les routes du Québec, afin d'aller présenter notre « bébé » aux gens de la radio et de la télévision. Mais, ce fut peine perdue, et voici pourquoi.

26

TROP VIEILLE POUR LA RADIO... ET LA TÉLÉ !

> Je ne vois pas pourquoi on ne laisserait
> pas chaque âge à ses plaisirs.
>
> ALPHONSE KARR

Je savais qu'il existait un certain « comité d'écoute »
dans des stations FM et que, si un disque ne « passait
pas le test », il était mort-né. Le directeur de la programmation à CFGL (une de ces stations FM) était
Jacques-Charles Gilliot, celui-là même qui était responsable de mes débuts à la télévision, vingt-cinq ans plus
tôt. Avant que mon album ne soit reproduit et mis en
circulation, j'ai voulu lui faire entendre ce que j'avais
fait, je lui ai envoyé une cassette. Voyant qu'il ne donnait pas suite à mon envoi, je lui ai passé un coup de fil
deux semaines plus tard. Il croyait que par ma démarche auprès de lui je voulais savoir si ça valait la peine de
mettre cet enregistrement sur le marché. Quand je lui

ai appris que tout était déjà en production et que la distribution serait assurée par Trans-Canada, il m'a livré son verdict. « Monique, c'est un excellent produit, mais ça ne tournera pas. » Puis il a ajouté : « Tu es trop vieille ! » « Non, lui ai-je répondu, donne-moi n'importe quelle autre raison, mais pas celle-là. Si c'est bon, qu'est-ce que mon âge a à voir là-dedans ? » Il ajouta qu'il y avait des pressions, mais il n'a jamais voulu m'expliquer d'où elles venaient. Probablement parce que je m'entêtais à essayer de comprendre leur position, il m'a rapporté les paroles du responsable de la discothèque. Ce dernier lui avait dit, après avoir écouté mon album : « Elle aurait dû changer de nom. » Eh oui, on travaille durant vingt-cinq ans à se faire un nom et il faudrait le changer par la suite. Est-ce que ça signifiait que, si on avait ignoré qu'il s'agissait d'une chanteuse de quarante-huit ans, j'aurais eu des chances de tourner à la radio ? Devant une telle absurdité, je n'avais plus d'arguments, j'ai raccroché.

Quand ces stations clés montréalaises décident qu'un disque ne tourne pas, la province suit, parce qu'il s'agit souvent de stations satellites. Quand on me recevait lors de la tournée de promotion et que les animateurs se montraient très réceptifs à mon retour sur disque, j'étais vite ramenée à la réalité. La musique identifiant la station était la même qu'à Montréal, seules les lettres d'appel changeaient. Je savais dès lors qu'aussitôt que j'aurais quitté les lieux, on n'entendrait plus jamais ma voix sur leurs ondes.

Je connaissais le responsable de la discothèque à CIEL et je savais que quelques chansons de mon album étaient du genre qu'on y faisait tourner à certaines heures de la journée. Quand je lui ai parlé au téléphone il m'a dit qu'il faisait son possible, que c'était difficile, qu'il y allait en douce, etc. J'avais l'impression qu'il parlait de quelque chose d'illicite, d'interdit. Je lui ai fait remarquer que mon enregistrement était on ne peut plus légal et que je ne comprenais pas qu'il faille faire autant de cachettes et de détours pour le faire tourner. Il m'a alors avoué qu'il ne pouvait pas faire ce qu'il voulait. J'ai compris que lui aussi « avait des pressions », comme avait dit l'autre.

Un an après la sortie de mon album, à CIEL on mettait en ondes une émission de « demandes spéciales ». Lors d'un spectacle, deux personnes m'ont dit qu'elles avaient demandé de mes chansons à cette émission et qu'on leur avait répondu qu'ils n'avaient pas mon disque dans leur discothèque. Dès le lendemain, je me suis empressée d'envoyer un disque compact, à l'attention de Jean-Pierre Coallier lui-même, avec une petite note explicative. Toujours pas de mes chansons en ondes. Certains amis ont alors décidé de vérifier ce qu'on leur dirait s'ils téléphonaient pour entendre de mes chansons ; on leur a fait la même réponse : « On n'a pas ce disque. » Encore une fois, j'ai posté un disque et une petite lettre à monsieur Coallier. Ça fait cinq ans de ça, et je ne tourne toujours pas à CIEL. Tirez-en vos propres conclusions.

LA PROMOTION À LA TÉLÉ

J'avais eu une heure d'antenne à *De Bonne Humeur* pour promouvoir mon album. J'ai aussi obtenu un passage à l'émission *Les Démons du Midi* avec mon ami Gilles. Ensuite, les émissions enregistrées à Québec et à Sherbrooke m'ont ouvert leurs portes. Mais toutes ces émissions rejoignaient à peu près le même public ; il me fallait, comme tous ceux et celles qui ont quelque chose à promouvoir, obtenir un passage à l'émission *Ad Lib* de Jean-Pierre Coallier, qui était LE *talk show*. Étant donné que je travaillais régulièrement dans la même boîte qu'eux depuis maintenant sept ans, je croyais que les recherchistes de cette émission m'obtiendraient une entrevue. Ce ne fut pas le cas : sans dire non, on nous remettait toujours à plus tard, si bien que la fin de la saison approchait et que je n'avais toujours pas passé à *Ad Lib*. J'ai fini pas avoir une explication d'une des recherchistes, Diane Bonneau. « On va attendre qu'une des chansons de votre album fasse son petit bonhomme de chemin, m'a-t-elle dit, ensuite on vous passera. » J'ai répliqué que pour qu'une des chansons fasse son « petit bonhomme de chemin », il fallait au préalable la faire entendre. Et j'ai ajouté qu'on voyait régulièrement à leur émission des Européens, souvent connus ni d'Ève ni d'Adam, qui venaient présenter leur album remplis de chansons nouvelles. Je ne comprenais pas : deux poids deux mesures.

Un jour où j'étais à la cafétéria de T.M., j'ai vu Jean-Pierre Coallier et j'ai décidé de lui faire part de mes échecs répétés pour passer à son émission. Voici ce qu'il m'a répondu : « Je vois pas pourquoi on vous passerait pas, madame. On en passe des tellement plus plates que vous ! » Plate, peut-être, mais pas folle ni insensible. J'ai abandonné après lui avoir envoyé une lettre dans laquelle je lui faisais part de ma révolte et de ma déception.

27

JE RENTRE CHEZ MOI

Point n'est besoin d'appeler le chagrin ;
il connaît l'adresse de tout le monde.

HORACE

Même si mon petit « quart d'heure » hebdomadaire à *De Bonne Humeur* était aimé du public, j'ai appris en juillet 1991 que je ne ferais pas partie de l'équipe à la reprise en septembre. Il fallait rajeunir l'image : on changea le co-animateur, Jacques Auger. Yves Saucier l'a remplacé. Cette émission, qui s'adressait surtout aux aînées, a été à mon avis tellement transformée qu'elle a connu une perte de vitesse dès le retour en ondes, fournissant ainsi à la direction un argument de plus pour la faire disparaître. Belle stratégie : tuer ses bébés pour en faire d'autres plus « à notre goût ».

L'équipe d'analystes de T.M. continuait son grand balayage. On voulait rajeunir l'image. Il fallait s'adresser aux vingt-cinq/quarante ans ; ce sont eux, disaient-ils, qui dépensent le plus, et les annonceurs veulent une programmation en fonction de cette réalité. C'est peut-être vrai qu'on dépense à cet âge, mais on est aussi très occupés : occupés à gagner sa vie, à bâtir sa carrière, à élever les enfants, à se faire une place dans la société. Donc, il ne reste pas beaucoup de temps pour la télévision. Je crois que les jeunes couples d'aujourd'hui ne consacrent à la télévision que quelques heures par semaine et, à ce moment-là, ils regardent une émission préenregistrée ou encore un film loué en magasin. On fait, de nos jours, une télévision qui vise une population qui ne la regarde pas !

Par contre, quand j'apportais comme argument que les quarante-cinq ans et plus étaient en grand nombre devant le petit écran, vous savez ce qu'on me répondait ? « C'est pas grave, on leur donnerait n'importe quoi, ils regarderaient quand même. » On n'a plus le respect qu'on avait envers ses téléspectateurs ! C'est ce qui arrive quand ceux qui « pensent » la télévision sont d'abord et avant tout des analystes et non des créateurs.

Durant l'année qui a suivi, j'ai continué à me battre pour garder ma place au sein du monde du spectacle et de la télévision. Je n'étais pas de taille. Partout les portes se refermaient, on me disait presque de laisser la place aux plus jeunes. Je tentais tant bien que mal de faire vendre le plus de copies possible de mon album afin que mes amis n'essuient pas un trop grand déficit, mais c'était peine perdue. On faisait appel à moi pour des spectacles bénéfices mais non diffusés. C'est-à-dire que lorsqu'on avait besoin d'artistes pour travailler bénévolement dans des campagnes de financement précédant un téléthon, on me demandait. Quand le téléthon arrivait, plus moyen d'y chanter, il n'y avait plus de temps disponible. Savez-vous pourquoi ? Lorsque les responsables de la programmation d'un téléthon veulent qu'une vedette passe à l'antenne, l'agent ou le producteur de cette vedette s'occupe souvent de la carrière d'autres artistes moins connus. Il fait alors ce qu'on appelle un *package deal :* tu prends mes jeunes artistes, je te donne ma vedette. Et c'est ainsi qu'on retrouve souvent à l'intérieur d'un téléthon d'illustres inconnus puis de très grandes vedettes. Pour les artistes connus mais non vedettes, il n'y a plus de place.

Si ce rejet m'avait été servi par le public, j'aurais vite compris et je me serais retirée sans trop d'amertume. Mais là où j'ai eu le plus mal, c'est quand, jour après jour, je rencontrais des personnes qui me demandaient : « Pourquoi on ne vous voit plus à la télévision ? On vous aime tellement. » J'essayais d'expliquer qu'on ne voulait plus de moi, mais je voyais de l'incrédulité dans les yeux de mes interlocuteurs. Eux ne croyaient pas que j'étais trop vieille. Je rentrais à la maison les larmes aux yeux. Il fallait que j'apprenne à vivre avec cette situation : le public voulait m'entendre mais, pour les gens de la radio et de la télévision, j'étais dépassée.

MA FAMILLE, MA CONSOLATION
En arrêtant de boire, je m'étais branchée sur la réalité, et le niveau de conscience que m'apportait cette sobriété était un réel cadeau. Quand on gèle sa douleur, elle guérit moins vite. Quand on la vit « à froid », elle fait plus mal, mais on règle des choses. Depuis ma thérapie, j'avais

appris à identifier les situations que j'avais l'habitude d'engourdir par l'alcool. Chaque fois que se présentaient de telles situations, le mal intérieur revenait et je m'interrogeais sur ce que je pouvais changer pour retrouver ma paix. Comme aurait dit ma grand-mère, il n'y a rien de parfait en ce bas monde. J'avais une vie familiale heureuse, mon métier me faisait souffrir. Ce que je vivais avec mon mari et mes filles depuis quelques années dépassait, et de loin, tout ce dont j'avais rêvé. Je me souviens de certains soirs de bonheur tout simple, qui me comblaient pourtant. Lorsque nous nous retrouvions tous les quatre installés devant le petit écran pour visionner un film choisi à l'unanimité, je m'assoyais entre mes filles. Je leur prenais la main et, en fermant les yeux, je disais : « Il faut que je grave cet instant dans ma mémoire, car je sais que ça ne durera pas toujours. » Je savais qu'elles partiraient un jour, ça arrivait à toutes les mères de devoir couper le cordon. Mais, pour le moment, elles étaient là et, avec mon Louis, j'étais entourée d'amour.

Caroline en était à sa dernière année d'université quand elle a décidé d'aller vivre avec son copain. C'est ainsi que les choses se passent aujourd'hui, et je n'étais certainement pas pour m'y opposer. Bien sûr, la maison serait grande après son départ. C'était celle qui parlait, qui bougeait, qui prenait de la place. Élyse avait toujours été plus secrète, plus renfermée. Après avoir déménagé les dernières boîtes, je me souviens d'avoir pleuré devant sa chambre vide. Par la suite, j'ai remercié Dieu pour ces vingt et une belles années vécues avec elle. Et puis, après tout, elle ne s'en allait pas vivre au bout du monde et elle était heureuse de commencer à vivre sa propre vie.

Je regardais vieillir ces belles grandes filles et je me disais que je leur avais donné ce que je pouvais ; maintenant elles volaient de leurs propres ailes. J'ai d'ailleurs entendu un jour un conférencier dire qu'« élever des enfants, c'est leur montrer à se passer de nous », et il n'avait pas tort. Je tiens à reproduire ici un texte que mes filles avaient écrit et qui me fut présenté lors de mon passage à l'émission *En toute amitié* en 1989. C'est un des plus beaux cadeaux que j'aie reçus, moi qui avais comme but premier de vivre une belle relation mère-filles.

Elles sont grandes à présent.
D'un œil critique, tu les regardes,
Espérant avoir tout donné...
Si tu leur demandais, elles te diraient que oui.

Bien sûr, ça n'a pas été facile,
Et elles le savent,
Et après tant d'efforts, elles s'en vont.

Elles voudraient te dire à quel point tu leur es chère,
Que ton support a été grandement apprécié
Et elles aiment à penser qu'elles te l'ont rendu parfois.

Elles envient ta persévérance, ta tendresse, ta douceur,
Cette douceur qui colore leurs souvenirs d'enfance.
Quelquefois, l'affection qu'elles te portent
    se transforme en amitié.
N'est-ce pas ce que tu as toujours espéré ?

Le rideau tombe, mais ce n'est que l'entracte.
Tu jettes un regard mélancolique
    sur cette première partie qui s'achève
Pensant que ton rôle s'amoindrit.
Elles te diront qu'il ne sera que différent.

Les mots sont trop vagues,
Elles se contentent de dire merci.

CAROLINE ET ÉLYSE

Quand j'ai travaillé sur le *M/S Kazakhstan* pour la deuxième fois, en 1978, c'est ma mère qui m'y a accompagnée. Elle était alors âgée de 75 ans.

Une photo qui m'a toujours amusée : la femme forte !
Je porte dans mes bras, l'espace d'un instant, Lionel Giroux
alias Little Beaver, un Jérômien comme moi.

Voici une des troupes dont j'ai fait partie au Théâtre des Variétés. Dans l'ordre habituel : Robert Desroches, Gilles Latulippe, Claudette Delorimier, Georges Guétary, Manda Parent, Denise Andrieu, Serge Lasalle, moi, Paul Desmarteaux. Devant : Pierre Thériault, Paul Thériault et Gilles Morneau.

Avoir Manda comme camarade de travail, c'était un cadeau pour moi.

La troupe de *Voyage Désorganisé* du T. des V. : Michel Noël, Rose «La Poune» Ouellette, Gilles Latulippe, Pierre Jean, Dany Aubé, Pierre Lalonde, moi, Ghislaine, Gilles Morneau, Martine Bee, Denise Andrieu et Robert Desroches.

Le jour de mon anniversaire, en 1985, je suis entourée de Dominic Phillie, Janine Mignolet, Suzanne Bouchard, Francine Lareau, Thomas Graton, Roger Michaël. Derrière, on voit : l'assistante à la production France, Sylvain Bellerose, Fernand Chrétien, Gildor Roy et le réalisateur Armand Bastien.

Je suis ici en compagnie de Marthe Choquette et de deux membres des Stardust, Joey Tardif et Carlyle Miller lors du lancement de leur album.

Une photo des belles années d'*Épopée Rock* : 1re rangée : Pierre Mayer, Suzanne Bouchard, Dominique Messier, Joey Tardif, Linda Roy, Roger Michaël, Sébastien Tougas, Ruth Arsenault. 2e rangée : Jean-Marie Lapointe, Carlyle Miller, Sydney Freund, Jano Bergeron, Martin Faucher, Maryse Michaud, André Saint-Denis, Janine Mignolet, Mireille Thibault, Sylvain Bellerose et Marthe Choquette.

Parmi les artistes invités à *Épopée Rock,* on a reçu Rock Voisine.

Au lancement de mon album « Mes Chansons et les Vôtres », en 1991.
On reconnaît Gilles Latulippe, Roberto Médile et Michel Louvain.

Mon retour devant les caméras, c'est à Michel Louvain que je le dois à notre chronique de *De Bonne Humeur* en 1990.

J'ai le privilège de côtoyer une dame pour qui j'ai toujours eu
la plus grande admiration : madame Muriel Millard.

À l'émission *De Bonne Humeur,* j'ai souvent eu le plaisir
de faire revivre l'époque des grands bals viennois.

Ce 29 avril 1991 était tout un cadeau d'anniversaire pour moi. Toute la famille partageait mon bonheur d'avoir enfin réalisé un rêve : enregistrer un album solo. Caroline, Louis et Élyse étaient présents.

Maman a eu 90 ans, le 13 février 1993. Nous avons souligné l'événement par une réunion familiale.

Je retrouve sœur Marie-Ange Labrecque, qui m'a donné le goût d'écrire des chansons et qui m'a enseigné le piano quand je n'avais que neuf ans.

Six des sept enfants qu'elle avait mis au monde l'entouraient le jour de ses 90 ans : Paulette et Thérèse puis, derrière, Jacques, moi, Marcel et Denis.

J'ai eu droit à une énorme *surprise-party* le jour de mes 50 ans.
Je suis ici en compagnie de mon Louis, de mes filles et de Martin
Tremblay, le copain de Caroline à l'époque.

Ce fut la fête quand je retrouvai mon amie Louise Sauvé
devenue directrice de croisières sur des paquebots ukrainiens.

Élyse et Caroline ont prêté leurs voix d'« enfant » pour
mon album « Douceurs de Noël ».

Notre dernier réveillon de Noël ensemble, tous les quatre.

Élyse, un des jours les plus heureux de sa vie :
elle allait faire son premier saut en parachute.

25 ans de mariage, déjà !

Nos noces d'argent ont été remplies de bohneur et de douce folie. Nous avons dû, comme tous les invités, y aller de notre petite chanson d'amour.

Avec le Capitaine Nesterenko, du *MV Gruziya,* et notre fille Caroline, nous avons eu la chance de faire une dernière croisière sur le Saint-Laurent, en août 1994.

Quatrième partie

LES ANNÉES SOMBRES

Ceux qui n'ont pas souffert ensemble ne connaissent pas les liens du cœur les plus puissants.

ALEXANDRE DUMAS, FILS

28

LA MORT DE MAMAN

*Si jeune que l'on soit, le jour où l'on perd
sa mère, on devient vieux tout à coup.*
ALEXANDRE DUMAS, FILS

Tout au long de ma vie, je me suis demandé comment je vivrais la mort de ma mère. Notre relation avait été tellement difficile, même à l'âge adulte, que je me sentais coupable lorsque l'idée me venait que son départ pourrait me libérer. Je ne souhaitais pas sa mort, bien sûr, mais j'avais cessé d'espérer qu'on puisse un jour passer des heures agréables et chaleureuses ensemble. Au printemps 1992, alors qu'elle vivait dans un petit centre d'accueil de Saint-Jérôme, elle a fait une chute dans son appartement et s'est fracturé la hanche. Elle venait d'avoir quatre-vingt-neuf ans. À l'annonce de cette nouvelle, nous avons tout de suite fait le lien avec la mort de sa mère, Mémère Legault. Subir une opération aussi importante à cet âge avancé l'emporterait sûrement. Elle fut amenée à l'Hôtel-Dieu de Saint-Jérôme et, quand elle est revenue dans sa chambre, nous avons cru qu'elle n'avait pas été opérée. Elle était tout à fait éveillée, consciente et nous répétait qu'elle avait faim « de parler », elle voulait qu'on lui remette ses dentiers. Le chirurgien est aussitôt venu nous rendre compte de son intervention. Nous avons appris qu'elle n'avait pas eu d'anesthésie générale, son cœur ne l'aurait pas supporté, mais sa hanche était réparée. Tout s'était bien passé.

Elle récupéra quand même assez bien de cet accident sauf que, à cause de ses genoux rongés par l'arthrite, elle n'a plus réussi à vraiment se tenir debout. Elle utilisa une marchette pendant quelque temps, puis ce fut le fauteuil roulant. Elle ne pouvait donc plus retourner là où elle habitait ; il lui fallait plutôt un centre d'accueil avec des soins appropriés. Notre système étant ce qu'il est, elle a dû passer sept mois à l'hôpital avant qu'on lui trouve une place.

Lors d'une visite, je me suis rendu compte que maman n'était pas normale, elle racontait des choses bizarres, disant que la nuit on les amenait coucher ailleurs, qu'il se passait des choses étranges dans la chambre d'en face, etc. Puis elle redevenait normale. Depuis ma tendre enfance, j'avais peur des gens « dérangés » et j'ai toujours demandé à Dieu de m'épargner la douleur de voir un des miens dans cet état. J'ai cru que ma mère perdait la raison. J'ai d'abord reculé, puis pleuré, mais je me suis dit que je ne pouvais pas l'abandonner et que je m'habituerais lentement à son nouvel état. Elle racontait ses histoires avec tant que conviction que, lorsque certaines personnes tentaient de lui faire entendre raison, elle se fâchait. J'avais, pour ma part, décidé de ne pas la contrarier et de la prendre en douceur en lui disant que les choses allaient s'arranger.

Nous avions eu droit à ces « contes insensés » pendant deux semaines puis tout à coup : un changement. Elle m'a dit : « Tu sais, toutes les histoires que je racontais, vous avez dû rire de moi, on n'en parle plus, O.K. ? » On n'en a plus reparlé parce qu'on a compris ce qui s'était réellement passé. Comme plusieurs personnes de son âge, ma mère prenait beaucoup de médicaments et, à l'hôpital où elle était, on avait comme protocole de ne donner des pilules que lorsque c'était indispensable. C'est le sevrage de ces « drogues » qui avait causé tant de perturbations dans l'esprit de ma mère. Tout ce qu'elle nous avait raconté s'était vraiment passé dans sa tête et elle a dû vivre des moments très pénibles à travers ça. De cette période difficile, nous avons vu émerger une femme différente, celle qu'elle aurait pu être plusieurs années auparavant, j'imagine. Bien sûr, elle n'est pas devenue du jour au lendemain optimiste, joviale et chaleureuse. Elle avait son tempérament bien à elle et pas facile. Par contre, le niveau de conscience qu'elle avait retrouvé aidait à établir des liens beaucoup plus enrichissants.

Au mois d'octobre, elle fut admise au pavillon d'Argenteuil, à Lachute, ce qui la priva des visites quasi quotidiennes que mes sœurs lui rendaient. J'ai pris la relève : je ne pouvais pas y aller tous les jours, mais j'ai décidé de m'y rendre le plus souvent possible. C'est ainsi qu'à partir de ce moment-là j'ai pu parler avec ma mère d'un tas de choses que je n'aurais jamais osé aborder auparavant. La première fois qu'elle m'a fait part de sa difficulté à ne pas recourir aux pilules au moindre malaise, nous avons découvert que nous avions quelque chose en commun : des émotions trop fortes. Maman disait qu'elle faisait « des stress nerveux » et que, lorsque cela lui arrivait, elle ressentait comme un nœud se resserrer au creux de l'estomac. Je lui ai alors avoué que j'avais le même mal qu'elle, que moi aussi j'avais cette douleur intérieure qui m'assaillait quelquefois, quand les émotions devenaient incontrôlables. Elle m'a demandé aussitôt : « Mais qu'est-ce que tu fais quand ça t'arrive ? » Je lui ai répondu : « Toi, tu prenais une pilule, moi je prenais de l'alcool ; aujourd'hui, je dis une prière. » Elle a souri et a poursuivi : « Et ça marche ? »

Un jour elle a déclaré que si elle avait été un homme, elle aurait été alcoolique. Dans son temps, les femmes ne buvaient pas. J'ai compris que c'était sans doute le phénomène du miroir qui avait fait qu'on ne pouvait se regarder réellement, l'une et l'autre. Une sorte de complicité s'installait entre nous et j'en étais très heureuse. Lors d'une visite, elle m'a raconté d'un air apeuré qu'une de ses compagnes à l'esprit dérangé venait à tout moment lui rendre visite dans sa chambre et fouinait partout en disant qu'elle avait de bien belles choses. Elle la craignait et elle avait aussi peur qu'elle lui dérobe quelques petits riens qui lui étaient si chers. Un après-midi, alors qu'elle faisait sa sieste, maman s'est réveillée et a aperçu sa visiteuse en train de passer en revue tout ce que contenait le petit coffre à bijoux qu'il y avait sur son bureau. Elle lui a dit de sortir, mais elle tremblait de peur. Elle a informé les infirmières de ce qui se passait. J'ai suggéré à ma mère de faire peur à son tour. « Tu sais, maman, combien nous avions peur de toi quand nous étions jeunes. T'es capable de crier. La prochaine fois qu'elle entre dans ta chambre, prends ton respire et crie-lui : SORTEZ, JE VEUX PLUS VOUS REVOIR ICI, VOUS M'ENTENDEZ ! Essaie, t'as rien à perdre. » Quand je suis retournée la voir quelques jours plus tard, elle avait un sourire enfantin en m'apprenant que mon truc avait marché. « T'aurais dû lui voir l'air ! Je lui ai fait peur : elle est sortie plus vite qu'elle était entrée ! »

Le 13 février 1993, nous avons fêté les quatre-vingt-dix ans de maman. Les enfants et les petits-enfants (presque tous) sont venus l'entourer au pavillon même. Un de mes frères n'était pas d'accord qu'on organise cette fête. Maman avait le cœur fragile et, durant les mois précédents, elle avait dû être transférée à l'hôpital adjacent à la suite de crises d'angine. Quand je suis revenue de Floride à la fin de janvier, les préparatifs de la fête avaient été interrompus, on craignait pour sa santé. Je me souvenais du quarantième anniversaire de mariage de mes parents que nous n'avions pas fêté parce que mon père m'avait dit d'attendre au cinquantième. Nous ne l'avons jamais vu ce cinquantième, mon père est mort huit mois avant. Je ne voulais pas remettre la fête à plus tard : maman était au courant de notre intention et elle s'en réjouissait. Quand je lui ai téléphoné en rentrant de vacances, elle m'a annoncé qu'on voulait annuler sa fête. « Il me semble que quatre-vingt-dix ans, ça se fête, m'a-t-elle dit. On est pas pour attendre à cent ans, c'est bien trop loin. » Elle croyait peut-être à l'éternité, je ne l'ai jamais entendu dire qu'un jour elle allait mourir. Je lui ai dit qu'elle avait bien raison et que sa fête aurait lieu tel que prévu. Et ce fut une très belle fête. La seule ombre au tableau fut l'absence de son aînée, Aline. Je crois que la mort de ma sœur fut la plus grande douleur que ma mère ait connue. Elle pleurait chaque fois qu'elle voyait quelque chose ou quelqu'un qui la lui rappelait.

Quand on a levé nos verres à sa santé, elle s'est aperçue que c'était de l'eau qui remplissait le sien et elle a protesté. On lui a alors versé un peu de vin ; elle aussi voulait fêter. Puis nous avons chanté ensemble. Elle avait encore une jolie voix juste. « C'est-tu croyable, m'a-t-elle déclaré, avoir attendu à quatre-vingt-dix ans pour chanter ensemble ! » Toutes ces paroles sont des perles pour moi et je les garderai toujours au fond de mon cœur. Un mois plus tard, maman mourait à la suite d'une occlusion intestinale qui l'emporta en trois jours.

Durant les deux premiers jours de son hospitalisation, elle ne dormit pas : elle parlait presque sans arrêt et était tout à fait lucide. Puis, le dernier matin, elle est tombée dans un profond sommeil, de sorte que les membres de la famille qui se trouvaient à son chevet ont décidé de rentrer chez eux pour quelques heures. Je venais à peine d'arriver à Lachute, je suis restée. À mon grand désespoir, on prévoyait l'opérer le lendemain matin, même si c'était risqué pour son cœur. Une heure à peine après le départ de mes frères et sœurs, les signes vitaux de maman commencèrent à diminuer, on n'arrivait plus à prélever du sang pour les analyses, la vessie avait cessé de fonctionner. On a demandé au chirurgien de venir l'examiner. Quand il m'a annoncé qu'il n'aurait pas besoin de l'opérer le lendemain, qu'elle ne se rendrait pas là, j'étais soulagée. Pourquoi charcuter une personne de son âge au cas où elle survivrait, et pour combien de temps, et dans quel état ? D'autant plus que maman nous avait fait part de sa volonté concernant la réanimation. Elle ne voulait pas être gardée en vie à tout prix. C'est le seul moment où je l'avais entendue parler d'une fin éventuelle qui lui semblait si peu probable.

Le personnel de l'hôpital de Lachute fut d'une délicatesse et d'un soutien peu communs. Voyant qu'il n'y avait plus rien à faire, j'ai demandé qu'on transporte maman dans une autre chambre où nous serions seuls avec elle. Ils acceptèrent aussitôt et, jusqu'au dernier moment, nous avons eu le soutien et l'aide d'une infirmière qui n'en était pas à son premier « grand départ ». J'ai passé environ deux heures seule à son chevet avant qu'on rejoigne à nouveau mes frères et sœurs et qu'ils reviennent de Saint-Jérôme.

Contrairement à ce que j'avais vécu plusieurs années auparavant, je ne me sentais pas responsable de l'état dans lequel elle se trouvait. Quand maman avait été opérée pour des ulcères d'estomac et qu'en entrant dans sa chambre je l'avais trouvée « branchée » de toutes parts, j'étais ressortie en courant, pleurant et vomissant. La phrase qu'elle avait si souvent répétée : « Tu me rends malade, tu vas me faire mourir », je la voyais se concrétiser devant mes yeux. Je me sentais terriblement coupable et je me souviens d'avoir dû engourdir ce mal avec un grand verre d'alcool avant de pouvoir aller dire à mon père que l'opération s'était bien déroulée.

Mais cette fois, ce n'était pas pareil. Nous avions fait un bon bout de chemin depuis cette époque d'accusation et de culpabilité. Durant les minutes de silence passées auprès d'elle, j'ai vu défiler mon enfance avec cette mère hostile que j'aurais tellement voulu rendre heureuse. J'ai vu jaillir de mon esprit un cauchemar que j'ai fait bien souvent quand j'étais enfant :

> J'allais me promener avec ma mère, près de chez moi, parmi les baraques militaires abandonnées. Nous y entrions, tout était poussiéreux et terriblement vide. La lumière filtrait par les carreaux presque tous éclatés sous les cailloux des enfants. Puis, en avançant plus loin, une planche plus pourrie que les autres cédait sous le poids de ma mère (elle était très grasse à ce moment-là). Une de ses jambes disparaissait complètement et elle se retrouvait enfoncée jusqu'à la fourche dans un trou d'où elle ne pouvait sortir seule. J'essayais de la tirer de là, y mettant toutes les forces d'un enfant de sept ans, mais je n'y arrivais pas. J'avais peur que le plancher ne s'effondre entièrement et qu'elle disparaisse sous le bâtiment. JE VOULAIS LA SAUVER, MAIS JE N'Y ARRIVAIS PAS.

Maintenant qu'elle allait vraiment mourir, je lui tenais la main et, encore une fois, je ne pouvais pas la sauver. J'ai eu l'impression que la boucle était bouclée et je lui ai murmuré à l'oreille qu'il nous serait maintenant possible de vivre en harmonie, dans une autre vie. Nous avions réglé nos différends.

Peu après le retour du reste de la famille, maman a commencé à s'agiter. Elle semblait vouloir s'agripper à quelque chose, elle était affolée. Mes sœurs et moi l'avons entourée. L'une lui caressait le front, les cheveux, l'autre lui prenait la main, tentant de la calmer, de la rassurer. Je n'aurais jamais cru avoir un jour la capacité, la force de vivre les moments qui allaient suivre. J'ai dit à ma mère qu'elle ne devait pas avoir peur, qu'elle avait fini de souffrir, qu'elle allait enfin retrouver tous ceux qu'elle aimait tant. Ils l'attendaient tous : Mémère Legault, ses sœurs, ses frères, son mari, sa fille Aline. Je lui répétais sans cesse : « N'aie pas peur, maman, laisse-toi aller. » Puis, tout à coup, elle s'est calmée. Un léger sourire est apparu sur ses lèvres, et ses yeux ont perdu leur reflet de frayeur. Elle semblait voir quelque chose que, nous, nous ne pouvions pas voir. Puis elle se mit à murmurer ; on croyait qu'elle voulait parler, mais nous nous sommes vite rendu compte qu'elle chantonnait tout bas, avec le peu d'énergie qu'il lui restait.

Quelques instants plus tard, elle s'est tue en fermant les yeux, et ce n'est qu'en remarquant l'absence de son souffle sur ma main que j'ai su qu'elle était partie. Comme c'est fragile la vie, un souffle s'éteint et c'est fini. Je remerciais le Ciel d'avoir pu l'aider à partir, moi, la peureuse, l'émotive, je pouvais constater que j'avais changé. Ce rapprochement des derniers mois que nous avons vécu toutes les deux m'a laissé de très doux souvenirs et, lorsque je pense aux moments pénibles de notre relation, je sais maintenant qu'avant tout ma mère était une femme extrêmement malheureuse. Elle a traîné toute sa vie un mal de vivre des plus profonds. Je me demande quelquefois si ce mal épouvantable ne serait pas transmissible génétiquement.

29

LE MAUVAIS TEMPS S'INSTALLE

La musique, un si bel art, une si terrible
profession.

ARTURO TOSCANINI

La mort de ma mère avait donné au début de l'année
1993 un ton de grisaille. Ce n'était pourtant que le début d'une tornade. Ce que je vais raconter maintenant,
je n'avais pas l'intention de le faire quand j'ai écrit les
premières lignes de ce livre, parce que c'est un incident
clos pour moi. Par contre, comme l'histoire fut rendue
publique, aussi bien raconter les choses telles qu'elles se
sont passées. Je parle ici d'un accrochage avec Michel
Louvain au sujet d'une chanson. Tout a été réglé depuis,
entre Michel et moi, et j'ai beaucoup d'admiration pour
l'humilité dont il a fait preuve à la suite de cette malheureuse affaire. Nous sommes de bons amis maintenant.

Un jour que je partageais la vedette d'un dîner gala avec Richard Abel, celui-ci me fit cadeau d'une cassette sur laquelle il venait d'enregistrer de jolies mélodies de sa composition. Il me dit que si une de ses mélodies m'inspirait un texte, ça lui plairait d'en faire une chanson. Dès que j'en eus fait l'écoute dans la voiture en rentrant à la maison, une mélodie (que Richard avait composée avec Stella Clerck) me tomba dans l'oreille et aussitôt les paroles ont suivi. Quand ça se passe comme ça, ça ne ment pas : les paroles et la musique font un heureux mariage et, cette fois, le bébé s'intitulait *Bien malgré moi, je pense à toi.* Plus je l'écoutais, plus je croyais que cette chanson était pour Michel Louvain. Après en avoir parlé à Richard Abel, je l'ai fait entendre à Michel quelques jours plus tard, lors de notre répétition de *De Bonne Humeur.* Il avait déjà entendu la mélodie de Richard, il a donc pu aussitôt la fredonner et il m'a dit dès lors que ça lui plaisait beaucoup.

Dans les mois qui ont suivi, Michel a chanté notre chanson à quelques reprises à son émission. Nous espérions toujours qu'il la fasse sur disque, mais lui non plus n'échappait pas à la menace de boycotte des stations radiophoniques. Pour le moment, il n'était donc pas question d'enregistrer. (Le temps, depuis, s'est chargé de lui donner raison : il a vécu la même situation que moi, quelques années plus tard.)

Richard a offert notre chanson à Pierret Beauchamp, qui s'apprêtait à entrer en studio pour un album. Elle en était très heureuse mais, avant qu'elle ne l'enregistre, je lui ai demandé d'attendre qu'on vérifie avec Michel Louvain si vraiment il n'allait pas le faire lui-même. Après tout, il était le premier à qui la chanson était destinée. Puis, le temps passa, et Michel n'enregistrait toujours pas. Durant l'automne de 1992, Richard Abel m'a dit, lors d'une conversation téléphonique, qu'il avait encore une fois demandé à Michel Louvain s'il comptait faire notre chanson et que celui-ci lui avait répondu qu'il n'était plus sûr des paroles, qu'il faudrait peut-être en changer. Cela m'a quelque peu étonnée puisque Michel avait déjà chanté cette chanson plusieurs fois sans jamais faire de remarque au sujet des paroles. J'ai donc cru, et j'en ai fait part à Richard, que Michel en avait probablement assez de se faire « harceler » avec notre chanson et que c'était sa façon de nous dire de ne plus lui en parler.

Pierret Beauchamp a enregistré *Bien malgré moi, je pense à toi,* et je fus très heureuse d'entendre enfin cette chanson. Elle l'avait très bien interprétée. Au début du mois de mai suivant, j'ai reçu une invitation pour le lancement d'un nouvel album de Michel Louvain. J'avais lu dans les journaux qu'il était en studio depuis quelque temps et, n'ayant eu de nouvelles de qui que ce soit, j'en avais déduit que mon intuition était bonne : Michel ne voulait plus faire notre chanson. Je m'étonnais bien un peu d'être invitée à ce lancement « super branché » puisque je ne faisais plus partie de l'équipe de *De Bonne Humeur* mais, en entrant toute seule au Ritz Carlton, ce soir-là, j'étais loin de me douter de ce qui m'attendait.

Le monde artistique montréalais au complet semblait être de la fête, en plus des Alain Morisod, Claude Barzotti, etc. Je me suis promenée parmi tout ce beau monde, rencontrant avec plaisir des visages connus, des sourires chaleureux. Il y avait là beaucoup de gens que j'aimais et j'étais heureuse de les retrouver. On entendait à peine, derrière les conversations animées, le son du nouveau-né qu'on lançait ce soir-là mais, parce que celle-là je la connaissais bien, j'ai saisi la mélodie de notre chanson. Michel était là, tout près. Je suis accourue vers lui : « Michel, tu m'avais pas dit que tu avais fait notre chanson ! Quelle belle surprise ! Je suis tellement contente ! » Il me regarda, l'air figé, et ne put dire que : « Ah oui... Excuse-moi, il faut que j'aille pour la photo du gâteau. » Puis, il s'éloigna rapidement. Seigneur qu'il était nerveux, il n'avait même pas compris ce que je venais de lui dire, ai-je pensé. J'ai aperçu un peu plus loin Richard Abel. Le sourire fendu jusqu'aux oreilles, je lui ai lancé : « Aye, Richard, je savais pas que Michel avait fait notre chanson ! » Il m'annonça, presque en sourdine : « Bien... euh... oui, il a fait faire d'autres paroles... » Je ne pouvais pas le croire ; personne ne m'en avait rien dit : on avait décidé de faire appel à un autre auteur, Jean-Guy Prince, pour écrire de nouvelles paroles sur la musique de ce que je considérais depuis déjà un bon moment comme NOTRE chanson. Mais pourquoi m'avait-on invitée, par-dessus le marché ? Ces réflexions se bousculaient dans ma tête, et ce fut à mon tour de quitter mon interlocuteur sans terminer la conversation. Les larmes me remplissaient les yeux, et je cherchais désespérément à trouver un coin à l'abri des regards ; près d'une fenêtre peut-être, derrière les lourdes tentures...

Jean Faber m'a vue avancer, l'air perdu, et il est venu à ma rescousse. Il m'a entouré les épaules de son bras et m'a dit : « Ça va pas, Monique ? Viens avec moi », et il m'a amenée à l'écart. C'est ainsi que j'ai pu lui raconter brièvement ce qui venait de m'arriver. Le temps de sécher mes larmes et de tenter de réparer les dégâts qu'elles avaient faits à mon maquillage, je quittais le chic hôtel, un disque laser en main, que je déposai sur le siège du passager dans ma voiture. Je me souviens encore de la réflexion qui m'est venue en tête à cet instant précis : ce maudit *show business !* Je n'avais pas la carapace assez dure pour y vivre.

Si je parle de cette histoire, c'est parce qu'elle a été rendue publique d'abord, sur les ondes de CKVL. Mon ami Serge Bélair, comme la plupart des Balance, je crois, a une soif de justice. Ayant appris ce qui s'était passé, Serge a voulu, quelques jours plus tard, donner la chance à chacune des personnes concernées d'expliquer sa position. On a tous eu droit de parole ce matin-là. La chanson était devenue *Rien que des mots,* et j'ai appris en même temps que les auditeurs que le nouvel auteur, Jean-Guy Prince, n'avait jamais été informé qu'il existait déjà un texte sur cette musique. Il a déclaré qu'il aurait refusé d'écrire sans que je sois consultée car, a-t-il ajouté, il ne voudrait jamais qu'on lui fasse la même chose. D'ailleurs, un texte d'une autre chanson de cet album ayant été refusé par les producteurs, on demanda à Jean-Guy Prince de travailler à le remodeler *en collaboration* avec l'auteure originale. Deux poids, deux mesures ?

Richard Abel m'a expliqué qu'il avait été mis au courant qu'on ferait écrire de nouvelles paroles, mais qu'il ne m'en avait pas parlé croyant que Michel le ferait. Et Michel, lui non plus, ne m'en a pas parlé. Comme je l'ai dit à ce moment-là, je reconnais à Richard Abel le droit de vouloir qu'une de ses musiques soit enregistrée par une grande vedette, mais je reste persuadée que la moindre éthique professionnelle lui aurait dicté une tout autre conduite. On fait son métier chacun à sa manière.

Quant à Michel, nous avons réglé cette affaire entre nous, à un moment où j'avais besoin d'être entourée d'amour et d'amitié et, ensemble, nous avons tourné la page.

30

L'EXPÉRIENCE DES MONTAGNES RUSSES...

> Beaucoup de votre douleur est par vous-
> mêmes choisie. C'est la potion amère par
> laquelle le médecin en vous guérit votre
> moi malade.
>
> KHALIL GIBRAN

Quelquefois la vie nous envoie des messages et nous fer-
mons les yeux. Ce fut mon cas. Avec toutes ces déceptions vécues en peu de temps, j'aurais dû cesser de me
battre et comprendre que, comme le dit la chanson, *l'essentiel, c'est d'être aimé*, d'être quelqu'un pour quelqu'un.
Je l'avais pourtant ressenti, ce grand bonheur, quand, en
avril 1993, mon époux et mes filles m'ont organisé une
fête surprise extraordinaire pour mes cinquante ans. Tous
ceux qui m'étaient chers étaient présents ; on m'a gâtée,
j'ai été comblée, je me sentais bien dans ma peau. Mais
je ne lâchais pas prise, je persistais à trouver ma place

dans ce métier que j'aimais tant et, plus que jamais, je faisais face à un mur sans issue.

Vers le milieu du mois de mai, j'ai remarqué que j'avais une bosse très facilement palpable au sein gauche. J'avais toujours passé mes examens périodiques de dépistage et on n'avait rien remarqué l'année précédente. J'avais bien eu de fréquents élancements à ce sein, mais la gynécologue que je consultais à ce moment-là m'avait dit de ne pas m'inquiéter. « Si ça fait mal, c'est pas cancéreux », m'avait-elle affirmé en souriant. Je l'avais d'ailleurs remplacée, cette gynécologue, par un médecin qui était, paraît-il, très avant-gardiste par son approche de la ménopause. Depuis près d'un an, je prenais des hormones, et mon corps commençait à peine à s'y habituer. Je sentais presque continuellement une grande fatigue et j'en ignorais la cause.

Cette bosse m'inquiétait plus ou moins. Je me suis souvenue qu'environ un mois plus tôt je m'étais frappé le sein sur un coin de boîte et ça m'avait fait terriblement mal. Je pensais qu'il pouvait s'agir des suites de cet incident. J'avais déjà un rendez-vous à mon agenda, pour le 15 juin, chez mon gynéco ; il ne restait que trois semaines, à quoi bon essayer de devancer, ils sont toujours surchargés, ces spécialistes ! Mais durant ces trois semaines, je remarquais que la bosse grossissait. J'ai pensé que c'était le fruit de mon imagination souvent trop fertile ; après tout, je l'avais lu souvent : un cancer du sein, ça prend des années à se développer, ça se fait très lentement. Pourtant, les douleurs que je ressentais maintenant sous le bras ainsi que les élancements autour de l'omoplate gauche étaient bien réels. Je me rappelais que ma voisine avait eu les mêmes symptômes, douze ans plus tôt, et qu'on lui avait enlevé le sein. J'avais eu tellement de peine pour elle, à ce moment-là. J'avais même essayé de la persuader de changer de médecin et d'hôpital. Je ne comprenais pas qu'on veuille lui enlever le sein, puisque j'avais, comme tout le monde, entendu dire qu'on ne faisait plus cela maintenant, qu'il y avait moyen de ne plus « charcuter » comme avant. Pourquoi se laisser faire ainsi ?

Je suis ressortie du bureau de mon gynécologue avec un petit bout de papier que je devais présenter en radiologie dès le lendemain : mammographie, URGENT. Le radiologue, films en main, m'examina et il conclut que, oui, il y avait quelque chose d'anormal, mais qu'à cause de la densité tissulaire des seins (à cause des hormones) il était difficile de définir une masse concrète dans le sein. Il fallait faire une biopsie. La date fixée, le 8 juillet, c'était dans trois semaines, quelle attente ! Mais la vie se chargeait de me distraire, j'avais un contrat d'une semaine sur un bateau de croisière, le *Gruziya,* qui nous amènerait à Saint-Pierre-et-Miquelon, Caroline et moi. J'avais déjà fait ce même voyage l'année précédente, et mon époux cédait sa place d'accompagnateur cette fois-ci. Caroline vivait des moments de réflexion face à sa relation amoureuse et elle avait besoin de recul. Cette semaine en fut une de plaisir et, je le constate aujourd'hui, d'étourdissement.

Bien sûr que je pensais à la possibilité de cancer ; ma mère avait eu une tumeur cancéreuse à un sein, mais elle avait quatre-vingt-cinq ans. D'ailleurs, elle n'a jamais su les résultats réels de la biopsie qu'elle avait subie : le mot cancer l'aurait fait mourir ! Puis, ma tante Jeanne, la sœur de maman, en était morte à cinquante ans. Même si je n'avais que six ans quand c'est arrivé, je gardais de cette tante le souvenir d'un courage à toute épreuve. Je la voyais encore dans son lit, quelques semaines avant de mourir, me conseiller de me cacher derrière la porte afin de jouer un tour à ma mère. Et puis, il y avait Françoise, ma voisine, à qui nous venions de rendre visite et qui vivait ses dernières semaines. Le cancer avait envahi ses os, après plusieurs années de rémission. Apprenant que j'étais en attente d'une biopsie, elle a tenté de me rassurer en me disant que ce serait probablement bénin, de ne pas m'en faire. Une autre femme courageuse ! Comment faisaient-elles pour affronter de telles réalités avec autant de force ?

Pendant ces semaines d'attente, on essayait de ne pas trop paniquer. J'avais un mode de vie qui me conseillait de vivre un jour à la fois, donc, il valait mieux attendre les résultats avant de s'inquiéter outre mesure. Élyse rejetait toute possibilité de cancer : « Voyons donc, c'est probablement juste un petit kyste qu'ils vont t'ôter ! » Ma sœur Thérèse disait : « Tu sais bien que c'est pas cancéreux, c'est probablement des mastites. On a toutes ça au moment de la ménopause ! » Louis ne disait rien, il était songeur, et moi aussi.

Le 8 juillet, j'étais prête pour la biopsie, mais le rendez-vous était au bureau du chirurgien. Il m'a examinée et m'a dit : « Vous allez venir à l'hôpital, demain, je vais faire la biopsie. C'est le rapport du radiologiste qui est inquiétant mais, à l'examen clinique, je pense que vous ne devriez pas vous inquiéter outre mesure. Partez tranquille ; il n'est pas question de vous enlever le sein. »

Le lendemain, c'était la biopsie. J'avais demandé au médecin, la veille, si c'était souffrant, il m'avait affirmé que non, que c'était seulement « agaçant ». Agaçant, mon œil ! Probablement que ç'aurait été seulement agaçant s'il avait laissé le temps à la piqûre de faire son effet. Il m'avait donné cette injection pour geler, mais il n'avait pas attendu son effet. Le temps d'aller prendre ses instruments sur une table et de revenir près de moi, ce qui prit tout au plus une minute, il enfonçait dans mon sein cette tige qui allait chercher des pièces de tissus à analyser. Je gémissais et j'allais gémir encore puisqu'il a fait trois prélèvements. Je suis sortie de là complètement vidée. On avait couvert les petits trous de pansements et, « heureusement », le mal a vite disparu, car l'engourdissement qui devait m'éviter la douleur est apparu quelques minutes plus tard, dans la voiture, en rentrant à la maison, et il a duré plusieurs heures. Cette dernière phrase vous paraîtra peut-être bizarre mais, à force de vivre de telles absurdités, on finit par apprendre à en rire.

Cinq jours plus tard, le mercredi 14 juillet, je recevais un appel du chirurgien. Je me souviens du « mot à mot » de la conversation : « Madame Saintonge, j'ai eu les résultats de la pathologie et, tel que nous nous en doutions, il y a de petites cellules qui ne sont pas normales. Je voudrais vous opérer dès lundi prochain. On va en enlever plus que moins et on va aller voir vos ganglions sous le bras. » En entendant le mot ganglions, j'ai sursauté, il me semblait que ça aggravait la situation. Je lui

ai demandé : « Pourquoi les ganglions ? » Il a repris :
« Les ganglions, c'est pas grave, c'est votre sein qui est
important. » C'est ainsi que la conversation s'est terminée. Dès lors, j'aurais dû comprendre qu'il ne fallait pas
croire ce que disait ce médecin, lui qui m'avait affirmé
cinq jours plus tôt : « Partez tranquille... » Voilà que maintenant il disait tout bonnement « tel que nous nous en
doutions... » Dommage que je sois du genre à réagir trop
tard : je suis « à retardement » et ça me fâche énormément, même si, paraît-il, ça m'évite de faire des bêtises.

Je venais d'apprendre que j'avais un cancer. Ma sœur
Thérèse, en visite à la maison avec son mari, était assise
en face de moi et je voyais que cette nouvelle l'affectait
plus que moi. Elle n'avait jamais voulu envisager la possibilité d'un cancer, le choc en était que plus grand. Mon
conjoint et ma fille Caroline ont eu la même réaction :
ils étaient en colère. Ce n'était pas juste, ce qui m'arrivait, moi qui avais pris ma santé en main depuis plusieurs années, qui ne négligeais pas mes examens de
contrôle, etc. Je restais sans paroles devant leur révolte.
Est-ce que la maladie devrait être juste et ne frapper que
ceux qui le méritent ? J'en vois déjà sourire quelques-uns
qui ont des comptes à régler. Si c'était comme ça, nous
découvririons peut-être au fond de nos tiroirs quelque
poupée vaudou que nous pourrions, à loisir, transpercer
d'aiguilles... Non, la maladie n'est pas juste ni sélective !

J'ai lu quelque part qu'avoir le cancer, c'est vivre
dans des montagnes russes, et c'est vrai. Comme dans ce
manège, on n'a aucun contrôle ni sur la vitesse ni sur la
direction ; on ne voit pas venir les descentes ni les cour-
bes et, quand on croit que tout se calme, ça repart de

plus belle. Je venais de mettre les pieds dans MES monta-gnes russes et je ne savais pas QUAND ni SI j'allais pou-voir en descendre. J'allais apprendre dans les mois qui ont suivi qu'avoir un cancer (notez que je dis ici *un* can-cer plutôt que *le* cancer : j'expliquerai pourquoi), c'est peut-être très difficile, mais ce l'est encore plus d'avoir à côtoyer ces chers médecins. Moi qui avais toujours eu une admiration presque sans bornes pour ces disciples d'Hippocrate, je devais changer d'attitude si je voulais sauver ma peau. J'ai constaté que les chirurgiens en par-ticulier ne semblent pas savoir comment parler à leurs patients. C'est sans doute parce qu'ils ont l'habitude de les voir endormis ! ...

C'est en remplissant un formulaire préopératoire, à mon entrée à l'hôpital, que j'ai appris qu'on allait m'en-lever le sein complètement. En lisant au haut de la feuille « mastectomie totale », j'ai senti le sang quitter mes vei-nes. Ce n'était pas ce que le chirurgien m'avait dit, il y avait certainement une erreur. Peut-être voulait-on que je signe « au cas où » une autorisation d'enlever mon sein, si ça s'avérait nécessaire au moment de l'opération. Le médecin de garde était une gentille dame et, voyant mon désarroi, elle alla vérifier au dossier et revint me dire qu'il était effectivement prévu qu'on m'enlève com-plètement le sein. « Votre médecin ne vous l'avait pas dit ? » Non, il ne me l'avait pas dit, le lâche. Il préférait que je le découvre, comme ça, bêtement, en remplissant mes formulaires d'admission. Est-ce que j'aurais dû com-prendre dans sa phrase « on va en enlever plus que moins » que ça voulait dire tout le sein ? De toute façon, j'ai exigé de le voir, le lendemain matin, avant l'opération.

Je me sentais totalement démolie par cette nouvelle en même temps que tout à fait impuissante. Que pouvais-je faire ? Me sauver ? Aller trouver un autre médecin, fuir vers un autre hôpital, comme je l'avais suggéré à Françoise douze ans auparavant ? Je la comprenais, maintenant. Comme c'est facile de juger ! Ce n'est qu'en vivant les mêmes situations qu'on peut vraiment comprendre. Quand j'ai su qu'il y avait dans mon corps une masse cancéreuse, tout ce que j'avais en tête, c'était qu'on m'en débarrasse le plus vite possible. Je ne voulais pas perdre une seule minute, pas question de recommencer la ronde des examens, ça pressait. Une fois le choc passé et le flot de larmes écoulé, j'ai dit à Louis et à Caroline qu'ils pouvaient rentrer à la maison, j'avais besoin de solitude ce soir-là.

Élyse ne les accompagnait pas. Je ne me rappelle pas ce qui la retenait, un tournoi de volley-ball, peut-être. Depuis l'annonce du diagnostic, elle était devenue encore plus silencieuse qu'auparavant. Ses prévisions s'étaient révélées fausses et je sais maintenant, par ce qu'elle a écrit, qu'elle ne se sentait plus sûre de rien à mon sujet. De toute façon, dans ces moments-là, Élyse était toujours absente. Elle avait du mal à côtoyer la maladie et la douleur. Cette veille d'opération, seule dans ma chambre, j'ai lu, j'ai écrit, j'ai prié, j'étais prête.

Tel que je l'avais demandé, le lendemain matin, mon « cher » chirurgien est venu me rendre visite à ma chambre et il s'est dit étonné devant mon désarroi, car il « pensait » m'avoir dit qu'il m'enlèverait le sein. Il m'a expliqué que c'est la grosseur de la tumeur qui dictait cette nécessité. Je voulais bien lui faire confiance, c'était lui le spécialiste, mais je continuais à désapprouver la façon dont il avait agi. Quelques jours plus tard, quand notre ami orthopédiste a discuté avec ce chirurgien du choc que j'avais eu en apprenant la mauvaise nouvelle, il a simplement affirmé qu'il me l'avait dit, que c'est moi qui ne m'en souvenais pas. Si on lui apprenait qu'on allait le castrer, ce cher homme, pourrait-il l'oublier ?

Tellement de personnes m'avaient dit qu'elles allaient m'envoyer de bonnes pensées, de « bonnes ondes », le matin de l'opération, que j'avais répondu en blaguant : « N'en faites pas trop, sinon je vais flotter et on devra me ligoter à la table d'opération. » Et croyez-moi, c'est à peu près ce qui est arrivé. Non, on ne m'a pas attachée, mais je me sentais tellement calme, juste avant l'intervention, que je croyais flotter. Je me sentais en confiance, je me savais protégée.

Les jours qui ont suivi furent, bien sûr, remplis de souffrance mais, encore plus que la maladie elle-même, c'est le système médical qui était insupportable. Mais j'ai quand même eu de bonnes nouvelles : des dix-neuf ganglions retirés, aucun n'était cancéreux et la carto-osseuse était belle, donc pas de métastases. Avant même ma sortie de l'hôpital, le chirurgien est venu m'annoncer que je n'aurais probablement pas besoin de chimiothérapie. La radiothérapie devrait suffire dans mon cas. Je voulais croire que, CETTE fois, il disait vrai !

Une radio-oncologue s'est amenée afin de m'expliquer quels seraient les traitements qu'on me donnerait. Je devrais à ce moment-là me rendre à un autre hôpital car, à Sacré-Cœur, il n'y a pas de radiothérapie. J'étais estomaquée d'apprendre qu'il me faudrait attendre trois mois avant de pouvoir recevoir mes premiers traitements : les listes d'attente étaient imposantes. Quand on vient de vous expliquer que le but de la radiothérapie, c'est de brûler toutes les petites cellules qui pourraient subsister dans la région opérée, les petites cellules qui pourraient échapper à tout test de dépistage, ce n'est pas rassurant d'avoir à attendre trois mois.

Un oncologue est venu à son tour m'expliquer le protocole du suivi de l'hôpital. Je devais venir les voir un mois plus tard, ensuite tous les trois mois, puis tous les six mois, jusqu'à ce que cinq ans se soient écoulés. Cinq ans, c'est la période de rémission ; « durant ce temps, vous êtes traité comme des cancéreux ». Même si nulle part ailleurs on a trouvé des cellules anormales ? Eh oui, c'est la façon de penser. On me remettait toutes sortes de brochures comme : *Apprendre à vivre avec le cancer.* Je n'en voulais pas de ce genre de lecture. J'avais une tumeur cancéreuse, on me l'avait enlevée, le reste de mon corps semblait en parfait état, pourquoi devrais-je apprendre à vivre avec le cancer ? Non, merci, très peu pour moi !

Je l'ai dit plus tôt, je suis à retardement. J'ai donc commencé à réagir à tout ce qui m'arrivait quand je suis rentrée à la maison. Tout d'abord, j'ai levé les yeux au ciel et je Lui ai parlé directement. J'ai dit : « Aye là ! Qu'est-ce que c'est que ça, cette histoire de cancer ? J'ai toujours été persuadée que je vivrais jusqu'à quatre-vingt-dix ans comme ma grand-mère ! Et puis, à part ça, moi aussi je veux connaître le bonheur d'être grand-mère. Arrête-moi ça tout de suite, ces folies-là ! »

POURQUOI PRENDRE LA VIE AU SÉRIEUX ?

Mon mari a l'habitude de dire : « Pourquoi prendre la vie au sérieux, de toute façon, on n'en sortira pas vivant. » Aussi bizarre que cela puisse paraître, j'ai développé un sens de l'humour que je n'avais pas, à travers cette maladie. Tant d'absurdités valent mieux quelquefois d'être transposées en humour, même s'il est noir. Voici quelques exemples de phrases entendues ou de répliques qu'elles m'ont inspirées.

Certaines personnes, croyant sans doute nous encourager, lancent des phrases comme :

– Le cancer du sein ? C'est le plus beau cancer !

– Eh oui, j'suis donc chanceuse, c'est vrai que c'est mieux qu'un bras coupé, mais j'aurais pas pu avoir rien pantoutte !

***

Et une autre :

– Ah non, tu vas pas te faire opérer ! Oublie pas que si tu mets ta vie dans les mains des médecins, tu l'enlèves des mains de Dieu.

– Va donc dire ça à Lucien Bouchard, voir ! Pis, t'as jamais entendu dire que Dieu se servait des êtres humains des fois ?

***

La même personne m'a déclaré quelques semaines plus tard :

– Tu sais, Dieu m'aime trop pour m'envoyer un cancer. Il sait qu'il n'y a personne présentement dans ma vie. Je serais pas capable de vivre ça toute seule, dans mon appartement.

– Pis moi, il m'aime pas assez ? Ça se pourrait-tu qu'il ait été jaloux parce que j'étais heureuse. Il s'est dit : Tiens, elle, ça va trop bien dans sa vie, on va y voir !

***

À quelqu'un qui me laissa « subtilement » entendre que souvent la maladie n'était que les conséquences de notre vie passée, j'aurais sans doute dû dire :

– Non, je ne crois pas que Dieu punisse les pécheurs. Regarde les bandits, ils ont tous de belles grosses voitures.

**

Un jour, une dame que je ne connaissais pas et qui s'est identifiée comme étant une ex-employée de l'Union des artistes m'a téléphoné pour me donner un conseil « très encourageant ». Elle-même avait subi une mastectomie huit ans plus tôt et voici ce qu'elle m'a dit :

– Je ne comprends pas qu'on ne vous ait pas fait passer une rectoscopie. C'est pas normal. Moi, à votre place, je ne laisserais pas faire ça, c'est mauvais signe. Vous savez, c'est là que s'en va le cancer en second lieu !

– C'est normal qu'il s'en aille là, après tout, il nous fait c...

**

Quand je suis allée faire enlever les points du suture de ma plaie, j'ai raconté au médecin (un nouveau que je ne connaissais pas) que j'éprouvais des problèmes à respirer. Chose bizarre, on ne m'avait pas fait de radio des poumons ni avant ni après l'opération et ça m'inquiétait. Après tout, un sein, c'est près des poumons. Après m'avoir ausculté, le médecin m'a dit :

– Il n'y a pas de tache, je n'entends rien.

– S'il y en avait eu une, est-ce qu'elle vous aurait parlé ?

**

À quelqu'un qui me déclarait, un mois après l'opération, que je n'avais pas du tout l'air malade, que j'étais radieuse, j'ai répondu : « Radieuse ? Attends, j'ai pas encore commencé ma radiothérapie. »

**

Le jour même où j'ai appris que j'avais un cancer, des amies m'ont donné un conseil qui semblait judicieux :

« Il faut que tu restes calme d'ici l'opération. » Ce soir-là, nous avions à l'agenda une sortie en famille et je n'ai pas voulu l'annuler. Nous sommes allés au cinéma voir *Jurassik Park*. J'ai peut-être perdu mon calme, mais j'ai aussi oublié la peur de ce qui me rongeait.

***

Je consultais depuis quelques mois un périodontiste, qui tentait de réparer les négligences passées. Je le voyais deux fois par semaine et, quand je lui ai appris la raison pour laquelle je ne pourrais pas le voir pour quelque temps, il a trouvé une solution temporaire pour mes dents afin de ne pas perdre le terrain déjà gagné. Il essayait de rapprocher deux dents séparées par un espace inesthétique. Il a suggéré de souder une broche sur ces deux dents, mais il hésitait, car ce serait apparent lorsque je sourirais. J'ai tenté de le rassurer en lui disant : « Allez-y, ce sera très bien. De toute façon, je n'ai pas vraiment envie de sourire à pleines dents et, en plus, d'ici peu, les gens que je rencontrerai ne verront certainement pas votre petite broche ; ils seront trop occupés à regarder tomber mes cheveux. »

RETOUR À LA CASE ZÉRO

J'avais rendez-vous en oncologie un mois après l'opération. J'allais y rencontrer un spécialiste du cancer afin de savoir exactement comment procéder pour les traitements à suivre. Ma fille Élyse m'accompagnait, ce matin du 11 août, et elle m'a attendue dans le couloir alors que j'entrais dans le bureau du médecin. Gentil petit monsieur, l'air beaucoup plus d'un voyageur de commerce que d'un médecin, il se leva et me donna une franche poignée de main dès mon entrée. Je me sentais déjà en confiance : « en voilà un qui me voit comme un être humain ». Il a jeté un coup d'œil à mon dossier, lisant tout haut les résultats de laboratoire, que je connaissais déjà, et voici ce qu'il m'a dit : « Bon, eh bien, la carto-osseuse est belle, pas de ganglions cancéreux, les récepteurs de la tumeur négatifs aux hormones, vous pouvez penser à ça comme à un accident de parcours. Revenez nous voir dans trois mois. Ça devrait bien aller. » À peine croyable tout ça ! Je lui ai demandé : « Mais... pas de traitements ? On m'avait parlé de radiothérapie... » « Non, non, c'est beau », dit-il en refermant mon dossier. « Allez en paix. » J'étais folle de joie. Les larmes aux yeux, je suis sortie et ai appris la bonne nouvelle à Élyse. C'était merveilleux, non seulement j'avais la chance de ne pas avoir besoin de chimiothérapie, on oubliait même la radiothérapie. Je remerciais le Ciel en marchant vers le bout du couloir où se trouvait le bureau des rendez-vous. Voyant mon large sourire, les préposées ont compris que je venais d'avoir une bonne nouvelle et m'ont fixé une date pour le prochain contrôle, trois mois plus tard, en me souhaitant bonne chance. J'avais l'impression de flotter un pied au-dessus du sol quand nous sommes revenues sur nos pas, défilant entre ces deux rangées de chaises où attendaient des dizaines de personnes moins chanceuses que moi. Mais je ne les voyais pas ce matin-là. Nous n'avions fait que quelques pas dans le couloir quand le petit médecin si gentil est apparu tout à coup devant moi et m'a dit : « Ah ! c'est vous que je voulais voir. J'ai pensé à quelque chose, venez donc dans mon bureau une minute. »

Cette fois, Élyse m'a accompagnée. J'étais debout devant son bureau quand il a repris place dans son fauteuil. Mon dossier médical était de nouveau ouvert devant lui. « Et voilà, je voudrais mettre un bémol sur ce que je vous ai dit tout à l'heure. Vu la grosseur de votre tumeur et prenant en considération que vous êtes en périménopause, je pense qu'on va vous donner de la chimiothérapie. » Sans plus, je me suis écrasée sur la chaise derrière moi. « Mais, docteur, il ne fut jamais question de chimiothérapie. On m'a toujours parlé de radiothérapie, pas de chimio ! » Il a répliqué que c'était un nouveau protocole que l'hôpital avait adopté récemment et que c'était à titre préventif. Je n'écoutais plus vraiment ce qu'il disait. Je pensais à l'année de ma vie qu'il était en train de m'enlever : la chimio, ça rend si malade, les cheveux qui tombent, etc. J'étais déjà bien loin quand je l'ai entendu ajouter : « Attendez-moi une minute, je ne suis pas certain, j'aimerais aller consulter mon confrère à côté. » Il est sorti, refermant la porte derrière lui. Nous nous sommes regardées, Élyse et moi, n'osant pas dire un mot de peur que ce ne soit pas le bon. J'étais en état de choc, je n'arrivais même pas à pleurer.

Il est revenu au bout de quelques minutes et a déclaré que lui et son collègue n'arrivaient pas à s'entendre. Il devrait soumettre mon cas à l'ensemble des spécialistes du département. Ils se rencontraient bientôt : « Revenez dans deux semaines, on vous dira ce qui a été décidé. » En retournant au bureau des rendez-vous, encore une fois, je ne voyais pas les patients qui nous encadraient, mais cette fois, ce n'était pas la joie qui me soûlait. La gentille dame qui me vit revenir aussi vite à son comptoir était estomaquée d'apprendre qu'on change d'idée si vite. Quand elle m'eut donné un rendez-vous pour revenir deux semaines plus tard, je n'ai pu m'empêcher de lui dire : « Y a-t-il une sortie de secours ici ? J'aimerais mieux sortir par là parce que j'ai peur de rencontrer le médecin dans le couloir. Qui sait ce qu'il aurait à m'apprendre cette fois-ci ! » Elle a souri timidement, et heureusement qu'Élyse était là pour me conduire, parce que, dès que j'eus pris place dans l'auto, les larmes commencèrent à couler.

Non mais, UN BÉMOL, c'est plutôt de quelques octaves vers le grave qu'il venait de transposer mon existence. Si ces spécialistes ne s'entendaient pas entre eux sur les traitements à me donner, est-ce que je devais leur faire confiance ? Et si je ne devais pas leur faire confiance, vers qui me tourner ? Cette fois, ce n'était pas les montagnes russes mais plutôt le jeu d'échelles et de serpents. Je venais de prendre toute une « débarque », de la case 98, je me retrouvais assommée à la case zéro. J'ai vécu plus difficilement ces deux semaines d'attente que les cinq jours qui ont précédé mon entrée à l'hôpital.

J'ai à peine dormi durant la nuit qui a suivi. De toute façon, je ne dormais pas très bien depuis l'opération. J'avais toujours dormi sur le côté gauche ou à plat ventre ; maintenant je devais dormir seulement sur le côté droit ou sur le dos. Le lendemain, la radio-oncologue de l'hôpital Maisonneuve m'a téléphoné pour m'annoncer que mes traitements commenceraient au début d'octobre. Quand je lui ai dit qu'on m'avait affirmé la veille que je n'avais pas besoin de radiothérapie mais plutôt de chimio, elle s'est écriée : « Mais qui vous a dit ça ? C'est insensé, il faut absolument que vous ayez de la radiothé-rapie. S'il vous faut de la chimio, on va vous donner les deux traitements en alternance. » Il n'en fallait pas plus pour que je sois encore plus affolée. J'avais l'impression d'être une balle de ping-pong, on me lançait d'un bord et de l'autre, sans se soucier du coup que ça me donnait chaque fois.

Je ne savais plus à qui demander conseil, qui pour-rait me donner un autre son de cloche... Est-ce que je voulais vraiment entendre un autre son de cloche ? Je ne savais plus, je pleurais et je priais. Grâce à un ami, j'ai eu la chance de m'entretenir par téléphone avec un onco-logue qui travaille en région et qui m'a dit que si j'étais à son hôpital, j'aurais eu de la chimiothérapie. Ce méde-cin, même si je ne l'avais jamais rencontré, a su par ses paroles et son approche très humaine me faire compren-dre qu'il valait peut-être mieux sacrifier quelques mois de ma vie pour obtenir des résultats définitifs. De plus, il m'a expliqué qu'il s'agissait de mesures préventives et que je réagirais peut-être très bien aux traitements. C'est sur ces paroles que j'ai dû m'astreindre à méditer durant les deux semaines qui ont suivi.

Quand je suis retournée à Sacré-Cœur pour con-naître le « verdict », j'ai refusé de revoir « le petit méde-cin indécis ». C'est le docteur Moquin (celui qui m'avait rendu visite lors de mon hospitalisation) qui m'annonça qu'après consultation les spécialistes du département avaient décidé qu'on ne me donnerait pas de chimiothé-rapie. Je n'ai pu m'empêcher de lui demander : « Êtes-vous certain que je n'en ai pas besoin ? » Je ne savais plus quoi penser, la confiance n'y était plus. Heureusement que j'avais retrouvé la faculté de prier depuis quelques années, et c'est ainsi que j'ai essayé de m'en remettre à Dieu. Je savais qu'à Lui je pouvais faire confiance.

J'ai entrepris mes traitements de radiothérapie un mois plus tard. Au même moment, un ami médecin m'avait prêté un livre extraordinaire qui m'a accompagnée et servi de bouclier à maintes reprises lors de mes visites quotidiennes à Maisonneuve. La radiothérapie, ce n'était rien de souffrant dans mon cas. J'avais vingt traitements à recevoir. Je me rendais à l'hôpital tous les matins, du lundi au vendredi à 8 h 15 et, à 8 h 20, j'en ressortais. La région irradiée est devenue un peu sensible au bout de trois semaines mais, pendant que j'étais couchée sur la table, j'essayais d'imaginer des millions de petits soleils ardents qui pénétraient dans ma chair et dévoraient en tournoyant les taches brunâtres et visqueuses qu'étaient pour moi les cellules cancéreuses. S'il en restait, elles ne pourraient résister à ces *pac-man* affamés. Ces petits trucs, je les avais appris dans *L'amour, la médecine et les miracles* (Dr Bernie S. Siegel, éditions J'ai lu). Ce livre, je l'ai dévoré et, si j'ai parlé de bouclier, c'est qu'il faut parfois savoir se protéger. Quand on vit des inquiétudes et qu'on a besoin de toute son énergie pour faire face à la vie, il y a des conversations de salle d'attente qui sont parfois dévastatrices. Par exemple, j'étais persuadée qu'après mes traitements de radiothérapie, c'en serait fini de cette maladie, je passerais à autre chose. Mais, un matin, une dame assise près de moi m'a raconté qu'elle en était à son deuxième traitement à l'intérieur d'un an.

Cette fois c'était dans la colonne vertébrale qu'on avait trouvé des cellules cancéreuses. J'ai cru aussitôt qu'elle n'avait pas eu ma chance, que ses ganglions ou sa carto-osseuse avaient laissé présager des complications. Mais non, à elle aussi on n'avait donné que de bonnes nouvelles après l'opération et voilà qu'elle était à nouveau en lutte avec la maladie. Ce matin-là, je suis revenue à la maison complètement découragée. Je venais de comprendre que tout n'était pas si simple, si automatique que ça. D'ailleurs, n'avait-on pas enterré ma voisine Françoise le mois précédent ? Chez elle aussi, ça avait gagné ses os, mais elle avait eu un répit d'une dizaine d'années.

J'avais décidé d'éviter les conversations en attendant qu'on appelle mon nom et, chaque matin, dans la salle d'attente, je lisais mon petit livre bleu qui m'aidait tellement plus. Ce que j'y découvrais me faisait comprendre tellement de choses. Entre autres, cette phrase qui me rappelait *que la plupart des gens qui sont vulnérables au cancer sont enclins à pardonner aux autres et à se crucifier eux-mêmes.* C'était mon portrait. Un autre passage m'a fait réfléchir profondément :

> À vrai dire, le cancer touche énormément de « saints », ces gens à l'honnêteté et à la générosité compulsives qui font systématiquement passer les problèmes des autres avant les leurs. Mais leur gentillesse n'existe qu'aux yeux des autres. Ils aiment au conditionnel. Ils ne donnent leur amour que pour être aimés en retour. Si leur geste n'est pas récompensé, ils deviennent encore plus vulnérables à la maladie. Celle-ci apparaît généralement dans les deux ans qui suivent la disparition de leur indispensable soutien psychologique.

Quelqu'un avait-il parlé de moi au docteur Siegel ? C'était bien moi, la fille si fine ! Mais je n'étais pas si fine que ça, je voulais seulement qu'on m'aime. Je pensais avoir appris avec le nouveau mode de vie qui m'avait été suggéré depuis neuf ans, mais je devais me rendre compte que le grand changement n'était pas encore terminé. J'avais du chemin à parcourir pour arriver à être *ma meilleure amie.* C'est vrai que je recherchais l'approbation et que mes gestes n'étant plus récompensés (je parle du côté carrière), ma vulnérabilité m'avait joué un vilain tour. Et puis, ma mère était morte quelques mois auparavant, et ça aussi, semble-t-il, ça peut être un élément déclencheur.

Le docteur Siegel pose quatre questions qui peuvent nous éclairer sur l'origine d'un cancer. C'est la quatrième de ces questions qui m'a frappée en plein cœur : POURQUOI AVIEZ-VOUS BESOIN DE TOMBER MALADE ?

La maladie donne aux gens la « permission » de faire des choses qu'ils ne feraient pas autrement.

Je ne voulais pas le croire, mais je devais me rendre à l'évidence. Cette maladie m'apprendrait à dire « non », à faire les choses dont j'avais vraiment envie, à faire un choix judicieux dans mes activités, étant enfin consciente que le temps est précieux.

31

LES SUITES DU CANCER

> Il me semble qu'on résout le problème
> de la vie quand on a découvert ce qui
> doit prendre le premier rang.
>
> CHARLES MORGAN

J'ai très vite compris que, cette maladie, je ne la vivais pas pour rien. De toute façon, je suis persuadée que rien n'arrive pour rien. Je me battais avec acharnement depuis plus de deux ans pour garder ma place dans un métier qui ne voulait plus de moi, alors que j'avais des êtres merveilleux qui faisaient partie de ma vie et c'était cela que j'avais toujours voulu avoir. Caroline était revenue à la maison, sa relation amoureuse s'étant terminée en douceur. Tout le monde était donc au bercail. Je comprenais enfin que j'étais en train de me faire mourir pour une carrière, et ça n'en valait vraiment pas la peine. Je n'avais pas été placée sur terre pour cela ! J'avais toujours espéré gagner l'amour du public et j'y étais arrivée, c'était le milieu artistique et les « penseurs » qui me fermaient les portes. J'allais, à partir de ce moment-là, tenter de trouver MA place ailleurs qu'au sein du monde artistique. J'étais certaine qu'il y en avait une quelque part pour moi.

J'aimais déjà beaucoup la vie et, à partir de l'été de 1993, j'ai décidé d'en profiter vraiment. Quand un projet, un voyage nous attire et que nous pouvons nous le permettre, ne le remettons plus à plus tard. Depuis que j'avais cessé de boire, en 1984, le goût de m'amuser et de rire était revenu et, avec le cancer, je me rendais compte que je n'avais pas assez laissé libre cours à cette douce folie. Je voulais m'amuser pour le reste de ma vie. Bien sûr, je savais que la vie n'est pas faite que de bons moments, mais j'essaierais quand même d'en tirer le meilleur. Rire et m'amuser, c'est ma vraie nature, mais mon éducation m'a dicté une tout autre attitude face à la vie. Il fallait faire attention à ce que le monde penserait de nous, on était venu sur terre pour gagner son ciel, on finissait toujours par payer pour le plaisir qu'on avait eu, on était né pour un petit pain et j'avais l'impression que le petit pain était moisi ! J'avais vécu « contre nature » ; comme si, toute ma vie, j'avais voulu être un pommier alors que j'étais un prunier. Encore une fois, un passage du livre du docteur Siegel m'a montré le chemin :

> « Ce qui importe, c'est l'opinion que vous avez de vous-même. Trouvez le personnage que vous êtes et cessez de jouer la comédie : votre profession, c'est d'être. »
> QUENTIN CRISP

Heureusement, mon aptitude au bonheur a repris le dessus, et c'est sans doute ce qui m'a aidée à passer à travers la maladie. Je n'ai jamais voulu dire *mon* cancer.

Ce n'est pas *mon* cancer, c'est *un* cancer que j'ai eu : IL NE M'APPARTIENT PAS, je n'en veux pas. Dans la même ligne de pensée, une amie avait cru bon, durant ma convalescence, de me présenter une femme qui avait vécu à peu près la même chose que moi. Lors de notre première rencontre, elle m'a confié : « Tu sais, Monique, pour moi, tu es un cadeau du ciel. J'en étais à un moment de ma vie où je sentais le besoin d'aider quelqu'un et voilà qu'on me parle de toi. Je suis certaine qu'on va bien s'entendre. On a quelque chose en commun, j'ai un cancer, tu as un cancer... » Je lui ai coupé aussitôt la parole : « Je t'arrête tout de suite. Je n'ai pas de cancer. J'en avais un et on me l'a enlevé. Jusqu'à preuve du contraire, je n'ai plus de cancer. » Et c'est encore ce que je pense aujourd'hui.

Bien sûr, certains jours la peur revient, les pensées sont plus noires. Chacun a ses moments de déprime, des matins où on regrette de s'être levé... Quand une douleur persistante nous chicote ou qu'une fatigue inexplicable persiste, la folle du logis se met à l'œuvre. Est-ce que ça revient ? Peut-être qu'une petite cellule a résisté... Est-ce qu'ils peuvent vraiment par une prise de sang découvrir si... Et c'est reparti ! Quand ces moments reviennent, j'essaie de penser à ce que j'ai noté six mois après l'opération.

> Si je ne chasse pas cette peur quand elle tente de s'installer, je vais gâcher le reste de ma vie. Elle m'empêchera de vivre de très beaux moments, car la peur, quand on lui laisse la place, est le pire empoisonneur d'existence. Je n'avais jamais pensé avoir un cancer un jour et ça m'est arrivé. Je n'aurais jamais cru avoir assez de courage pour faire face à cette maladie et j'en ai eu. J'ai

compris que chaque matin on se lève avec la force nécessaire pour vivre sa journée, PAS PLUS. Si un jour,
on découvre que la maladie revient, ce jour-là j'aurai
les forces nécessaires, j'en suis persuadée. En attendant,
JE VIS.

Ce que j'ai appris surtout à travers cette maladie, c'est
que je dois prendre ma vie en main. Bien sûr, il y a des
choses qu'on ne peut pas changer. Quand on apprend
qu'on a une tumeur cancéreuse, on ne peut pas la faire
disparaître par notre seule volonté, mais Dieu nous laisse
toujours un choix. En effet, on a le choix de s'écraser, de
jouer la victime, de rester à jamais « celle qui a le cancer » ou alors, tenter de retrouver une qualité de vie ac-
ceptable, profiter de la vie un jour à la fois, et essayer de
comprendre ce que cette maladie peut nous apporter de
positif. C'est en pensant aux médecins que je dis : prendre sa vie en main. Je pose des questions maintenant,
même si certains médecins n'acceptent pas facilement
qu'on veuille comprendre. C'est mon corps et j'ai le droit
de savoir ce qu'on veut lui faire. J'ai aussi le droit de
refuser certains traitements. Je ne veux plus être une sta-
tistique assise sur la chaise en face du médecin. J'ai
d'ailleurs écarté mon gynécologue à cause de cela.

J'ai également cessé de voir le chirurgien « si brave »
qui n'avait pas osé me dire qu'il m'enlèverait le sein. À
ma dernière visite à son bureau, j'allais lui montrer l'état
de mon bras gauche. En oncologie, on m'avait laissé entendre qu'il faudrait peut-être avoir recours à une autre
chirurgie car, malgré les exercices, je n'arrivais pas à lever

mon bras très haut. Un « tendon » apparaissait alors à l'aisselle et la douleur était très vive. Quand, assise en face de lui, il m'a demandé de lever mon bras je l'ai entendu me dire : « Ah ! c'est bien moins pire que je pensais. » Bien sûr que c'était moins pire. Moi aussi j'aurais trouvé que c'était moins pire s'il avait été question de SON bras, mais c'était le mien, et personne m'avait dit que je risquais d'être handicapée après l'opération. Mon époux a demandé s'il fallait s'attendre à une amélioration. À partir de ce moment-là, ce cher docteur ne s'adressa qu'à Louis dans des termes du genre : « Vous comprenez, à son âge... » Je n'existais plus, il parlait de moi à la troisième personne. Croyait-il que ces explications étaient trop compliquées pour une femme ? Il « nous » a donné une feuille de consultation en physiothérapie et ce fut la dernière fois que je lui ai rendu visite. Rien ne m'obligeait à aller me faire traiter comme si j'avais « deux ans et quart ». Quand j'y pense, aujourd'hui, j'aimerais lui suggérer de se recycler en médecine vétérinaire : il aurait la bonne attitude et le bon langage.

Pour ce qui est du petit médecin qui avait voulu « mettre un bémol » sur son diagnostic, je l'ai revu un an plus tard. Lors d'une visite de contrôle en oncologie, j'avais complètement oublié de vérifier si mes médecins « préférés » étaient présents et ils ne l'étaient pas. Je me suis retrouvée face à celui qui, un an plus tôt, m'avait poussée au bas du jeu d'échelles. En ouvrant mon dossier, il a dit : « Monique Saintonge ? On s'est vus seulement une fois ; j'espère que je vous ai pas trop « maganée » à ce moment-là ? » La perche était trop belle, je l'ai saisie. « Oui, justement, c'est pour ça qu'on s'est jamais revus. » Il m'a regardée, l'air surpris, s'est adossé et m'a demandé de lui raconter ce qui s'était passé. Je lui ai rafraîchi la mémoire et, après quelques explications, il s'est montré d'une délicatesse et d'une gentillesse peu communes. Je venais de réaliser que jamais plus je ne serais une carpette.

Quelques années auparavant, j'avais entendu quelqu'un dire qu'il se sentait comme une carpette sur laquelle tous et chacun s'essuyaient les pieds. On lui avait alors suggéré de s'affirmer, de se tenir debout. C'est difficile de s'essuyer les pieds sur une carpette qui est accrochée au mur. J'aimais cette image et je l'ai mise en pratique.

TOUJOURS FEMME

Vivre avec un sein en moins, ce n'est pas la fin du monde, c'est la fin d'un monde. J'ai la chance de partager ma vie avec un homme compréhensif et très aimant. Il m'a soutenue dans cette épreuve et, par son bon sens, il a toujours tenté de me rassurer. Avant même d'apprendre qu'on allait m'enlever le sein, je lui ai demandé : « Si jamais ça arrive, est-ce que ça va changer quelque chose entre nous ? » Il a répondu : « Si je me faisais couper un bras, est-ce que tu m'aimerais quand même ? »

Peu de temps après mon retour à la maison, j'ai vu une jeune femme sortir difficilement d'un véhicule ; elle devait s'appuyer sur des béquilles, sa jambe gauche était coupée au milieu de la cuisse. J'ai tout de suite pensé : Seigneur, ça c'est bien pire ! Bien sûr que la qualité de vie d'une personne à qui on ampute une jambe est de beaucoup diminuée, alors que moi, un sein, au fond, ça changeait rien à mes activités. Toutes ces réflexions venaient de ma tête mais, quand je me regardais dans le miroir, c'est le cœur qui parlait et j'étais une AMPUTÉE. La colère a quelquefois remplacé la tristesse. Quand on doit mettre de côté des vêtements qu'on aimait, quand on se rend compte qu'on ne pourra plus porter le genre de maillot qu'on avait toujours préféré, quand le soutien-gorge spécial vous « coupe » sous le bras ou que la prothèse cause des irritations quand il fait chaud. Je l'ai déjà lancée, cette prothèse. J'ai aussi appris à pleurer sous la douche, ça n'affole pas les autres et ça fait du bien. Mais avec le temps, les choses se replacent, les douleurs ne disparaissent pas, mais elles s'atténuent, et la vie reprend son cours.

LE TRAVAIL : PLANCHE DE SALUT ?

J'avais un engagement pour une semaine de croisière, au mois d'août, sur le *Gruziya*, où j'étais allée juste avant l'opération, en juin. Je ne savais vraiment pas si je pourrais respecter ce contrat, mais la directrice de croisière, une amie de longue date, m'a rassurée en me disant que ça me ferait du bien, que ça me changerait les idées. Elle avait ajouté que si jamais je ne me sentais pas capable de donner mon spectacle en entier, elle s'arrangerait pour combler l'heure avec autre chose. Je me suis donc embarquée avec Louis, ma sœur Thérèse et son mari, exactement un mois après l'opération, à destination de Saint-Pierre-et-Miquelon.

Quand je pense à cette heure de spectacle que j'ai donnée, ça me semble un rêve. Je ne sais pas où j'ai puisé la force de le faire, mais c'est vrai que ça m'a fait du bien. Je mettais pourtant en doute, à ce moment-là, la continuité de ma carrière. Je l'ai déjà dit, je cherchais MA place.

Je me demandais s'il n'y avait pas lieu de tenter ma chance derrière les caméras, encore une fois. L'écriture m'avait rendue si heureuse durant six ans, mais à qui m'adresser ? Comme s'il avait entendu mon questionnement, Gilles Latulippe m'a téléphoné en septembre, me demandant si je voulais me joindre à une équipe de scripteurs pour ébaucher des projets d'émission de télévision. J'étais ravie qu'il ait pensé à moi. Je me suis attablée avec un partenaire qu'on m'avait désigné et, durant quelques semaines, nous avons tenté de conjuguer notre sens de l'humour et nos perceptions de ce que devraient être les personnages d'un futur téléroman « pensé » par Gilles. L'énergie n'y était pas, j'avais de la difficulté à croire à ce projet particulier ; par contre, je n'osais pas dire à Gilles que je laissais tout tomber. Je ne voulais pas le décevoir et, surtout, sa proposition représentait ce que j'attendais depuis si longtemps. J'ai persisté, mais rapidement j'ai commencé à angoisser. Je me réveillais à trois heures du matin, me demandant où je trouverais l'énergie pour écrire le lendemain. Je ne pouvais pas continuer comme ça, je n'en avais pas la force. J'ai demandé une rencontre avec Gilles, décidée de lui dire la vérité. Quand il m'a entendue lui expliquer comment je me sentais, il a aussitôt dit : « Mais, lâche ça tout de suite, c'est pour t'aider que je t'ai fait cette proposition, pas pour te nuire. » C'était donc l'ami qui avait parlé. J'aurais dû m'en douter : Gilles a toujours été là quand j'en avais besoin et, cette fois-ci, au risque d'y laisser ma santé, je ne voulais pas le décevoir. Il m'a rassurée, il comprenait et ça, c'était précieux pour moi.

Quelques mois plus tard, au début de novembre, je venais tout juste de terminer la radiothérapie quand une idée folle m'est venue. J'avais le goût de faire un album de Noël. Quinze jours plus tard, c'était fait. Je me souviens de ces deux semaines comme d'un moment de grande joie et d'excitation. J'ai eu la possibilité de me faire ce plaisir grâce à la complicité de mon ami pianiste Claude Émond et de Maurice Bougie (l'un des Tune-Up boys), qui a chez lui un studio d'enregistrement. Nous avons travaillé fort, tous les trois. Nous ne visions pas les ventes phénoménales ; notre but, c'était de présenter un enregistrement qui plairait à ceux que j'appelle le vrai monde. Louis avait peur de me voir travailler aussi fort, mais j'essayais de le rassurer en lui disant que je n'étais pas fatiguée, et c'était vrai. Un regain d'énergie m'habitait et j'en étais très heureuse.

La fatigue a repris place quelques semaines plus tard, mais nous avions, mes amis et moi, accompli quelque chose dont nous étions fiers. C'était ça qui était important. J'avais maintenant le temps de me reposer. Aucun contrat en vue, mais j'avais du pain sur la planche dans d'autres domaines de ma vie.

32

LE CALME AVANT LA TEMPÊTE

Élever un enfant, c'est lui apprendre à se passer de nous.

ERNEST LEGOUVÉ

Nous avions pris l'habitude d'aller passer quelques semaines en Floride en janvier ou février. Mais, en ce début de 1994, il n'en était pas question. Nous préparions un voyage beaucoup plus important. Depuis longtemps, nous faisions des économies pour faire un grand voyage en Europe à l'occasion de notre 25ᵉ anniversaire de mariage, et nous y arrivions. Les mois qui ont précédé cet anniversaire et ce grand voyage seront toujours gravés dans ma mémoire comme étant une période de doux bonheur. J'avais l'impression que, après la tempête du cancer et des difficultés professionnelles, le calme était revenu et j'en savourais chaque instant. Sachant que nous allions séjourner deux semaines en Italie, j'avais entrepris des cours d'italien et, chaque semaine, Louis et moi allions faire des recherches en généalogie, car notre voyage commençait en France, là où nous irions visiter les villes d'origine de nos ancêtres. C'était la fête, chaque vendredi, quand nous rassemblions nos papiers pour aller passer une journée entière à fouiller les archives de la Société généalogique canadienne-française.

Louis avait sorti les cartes routières ainsi que les guides Michelin et, tout heureux, nous faisions le décompte des jours qui nous séparaient de ce grand départ. Nous nous préparions également pour la célébration de notre anniversaire de mariage, car nos filles nous organisaient toute une fête. Il y avait longtemps que je leur disais : « Préparez-vous à fêter nos vingt-cinq ans de mariage. À l'âge où nous nous sommes mariés, il y a bien des chances que nous ne nous rendrons pas aux noces d'or. » La fête était prévue pour le 21 mai et, durant les deux mois qui ont précédé cette date, Caroline et Élyse ont passé des heures incalculables au sous-sol. Nous nous doutions bien qu'elles préparaient quelque chose pour nous, mais la surprise était réservée pour le soir de l'anniversaire.

Je me souviens comme je les trouvais belles quand je les ai vues partir, ce samedi après-midi, vers la salle de réception. Je savais que ça les agaçait un peu, mais j'aimais les appeler mes trophées. J'aimais dire en les serrant à mes côtés : « Vous êtes ce que j'ai fait de mieux ! » Et nous finissions par en rire. Caroline avait le souci de l'élégance ; pour Élyse, c'était plus difficile. Elle avait l'allure sportive et portait rarement des robes ou des vêtements chics. Quelques semaines auparavant, elle était allée s'acheter sa « tenue de soirée » pour le vingt-cinquième et quand elle m'a montré ses achats, bien que j'aie tenté de ne pas trop montrer ma surprise quant à son choix, elle s'en est rendu compte et n'a rien dit. Elle s'était acheté une salopette de crêpe noir, toute surpiquée de fil blanc, qu'elle porterait sur un maillot blanc et, comme chaussures, elle avait opté pour de grosses sandales à larges courroies de cuir. Quand elle descendit l'escalier, cet après-midi du 21 mai, elle était superbe. Ces vêtements lui allaient à ravir et, en plus, Caroline l'avait coiffée et un peu maquillée. Quand elle vit l'éclat dans mes yeux, elle me dit aussitôt qu'elle avait bien senti ma déception à la vue de ses achats, mais qu'elle était certaine que ce serait beau.

Nous étions cent quarante à ces noces d'argent : la famille, les amis, tous ceux qui sont si chers à nos cœurs y étaient. C'était comme un couronnement de bons et de mauvais moments qui avaient porté fruit. J'avais d'ailleurs, la semaine précédente, écrit un texte qui devait devenir chanson et qui traduisait bien mon état d'esprit.

Quand on pense au temps passé, tout ce qu'on a traversé
Jours heureux ou malheureux et parfois même orageux
Sans savoir où on allait, pour une vie plus douce, on se préparait

Ça valait la peine de n'pas tout lâcher
Ça valait la peine d'encore essayer
Un amour, c'est comme un enfant
Faut lui donner la chance de devenir grand

Ça valait la peine les temps nuageux
Ça valait la peine de pleurer à deux
Rien n'arrive jamais pour rien
Oui ça valait la peine, vois comme on est bien

Après le repas, nous avons vu le résultat des heures que nos filles avaient passées au sous-sol. Elles nous avaient préparé un diaporama extraordinaire. Louis et moi avons longtemps été des amateurs de photographie, et nos quelque 7300 diapositives en font foi. Caroline et Élyse les avaient toutes visionnées, en avaient choisi une centaine et les avaient accompagnées d'un texte hilarant. Je me souviens encore du commentaire de Serge Bélair, qui assistait à cette fête : « Ça valait mieux que bien des émissions télé dites drôles. » Nous nous sommes amusés, nous avons eu le temps de parler à tout notre monde, les jeunes et les moins jeunes ont dansé. Même Élyse, qu'on ne voyait jamais sur un plancher de danse, s'en est donnée à cœur joie ce soir-là. Le bonheur était là, tellement présent qu'on pouvait le toucher. Quel journée merveilleuse !

Quand nous sommes rentrés à la maison, les bras remplis de fleurs, de cadeaux, de gâteaux, nous ne voulions pas aller dormir, comme si nous refusions que s'arrête ce beau moment dans notre vie. Élyse est montée dans sa chambre et Caroline est restée avec nous. Nous avons échangé les souvenirs vécus des dernières heures jusqu'à ce que le sommeil alourdisse nos paupières.

Six jours plus tard, c'était le grand départ. Nos filles nous ont accompagnés à Mirabel, d'où nous nous envolions vers Paris. L'atmosphère était à la fête, mais j'avais une inquiétude au fond du cœur. Laisser mes filles du-

rant six semaines, ça ne m'était jamais arrivé, et j'appréhendais cette « éternité » sans les voir. Elles avaient beau
me répéter que je ne devais pas m'inquiéter, elles avaient
vingt et un et vingt-trois ans, je me connaissais : je savais que j'allais m'ennuyer. Avant qu'elles nous quittent,
je les ai prises chacune dans mes bras, les ai embrassées
en leur recommandant de prendre soin d'elles. Je ne devais plus revoir Élyse vivante.

NOTRE DEUXIÈME VOYAGE DE NOCES
Durant trois semaines, nous avons parcouru les routes
du Poitou-Charentes, de la Bretagne et de la Norman-
die, régions d'origine de nos ancêtres. Nous changions
de ville chaque jour, il était donc impossible de nous
joindre et, ça, ça me dérangeait au plus haut point. Sans
vraiment savoir pourquoi, une crainte m'habitait et je
téléphonais à la maison trois fois par semaine. Les nouvelles étaient toujours très bonnes : Caroline avait obtenu son travail sur un bateau de croisière et elle
s'envolait vers Tampa le 18 juin. Elle arriverait à Montréal le 2 juillet et naviguerait tout l'été vers Saint-Pierre-
et-Miquelon.

Élyse, pour sa part, avait repris son travail d'étudiante de l'été précédent, aux bibliothèques municipales
de Laval. Tout allait vraiment bien, mais je continuais à
angoisser. Je me souviens d'avoir dit à Louis : « Rien qu'à
penser que Caroline va partir et qu'Élyse sera seule à la
maison, ça me fait paniquer. Si je m'écoutais, je rentre-
rais chez nous ! » Puis, je me raisonnais, je me parlais et
je parlais aussi à Dieu. Quand on voyage en Europe, on
visite plusieurs églises, et c'était devenu une habitude

pour moi, lors de ce voyage, de faire brûler un cierge à chaque église, en adressant une prière demandant à Dieu de protéger mes filles. Je les Lui confiais et Lui demandais de m'enlever cette inquiétude qui m'empêchait de profiter pleinement de ce voyage si longuement préparé.

Après nos trois semaines sur la route, nous avons habité durant une semaine chez des amis à Paris. J'étais alors un peu plus tranquille, sachant qu'à partir de ce moment-là on pouvait nous joindre très facilement. Malgré les problèmes causés par un vol dans notre voiture de location, tout se passait très bien. Caroline gardait dans son cœur un souvenir vibrant de Notre-Dame de Paris et elle m'avait donné pour mission de faire brûler un cierge pour elle lors de notre visite. C'est ce que j'ai fait le 19 juin mais, après avoir pris place sur une chaise pour suivre un peu l'office religieux, je me suis mise à pleurer comme une Madeleine. Qu'est-ce qui pouvait bien se passer en moi pour que mes émotions soient à fleur de peau de la sorte ? Je l'ignorais. Tout ce que je savais, c'était que je m'ennuyais de mes filles et que je commençais à trouver notre voyage un peu trop long. Le 24 juin, nous partions vers l'Italie où, là aussi, des amis nous accueillaient chez eux. C'est un cadre paradisiaque qui nous attendait, et j'étais heureuse de pouvoir enfin me reposer. Je me rendais compte que ce voyage, qui n'était pas des vacances, était beaucoup trop fatigant pour moi qui venais à peine de sortir de la maladie. Nous habitions en montagne, à une heure de route de Naples et à deux heures de Rome. Nous allions donc prendre un temps d'arrêt la première semaine de notre séjour et, durant la dernière semaine, nous irions visiter Rome, Naples et la côte.

Le jeudi 30 juin, sachant que notre amie partait le lendemain de Montréal pour venir nous rejoindre chez elle, j'ai décidé de téléphoner à Élyse afin qu'elle aille lui porter des cassettes d'accompagnement musical. Je préparais une surprise à mes hôtes et, le dimanche qui venait, j'allais chanter sur la piazza de Cocuruzzo. Il était 13 h 20 en Italie, donc 7 h 20 à Montréal, et j'ai hésité un peu avant de téléphoner ; je ne voulais pas réveiller Élyse, je savais que c'était sa journée de congé. Sous l'insistance de mon mari, j'ai téléphoné et j'ai trouvé au bout du fil une petite fille de très bonne humeur, même si je la tirais du sommeil. Elle était tout sourire, toute douceur, comme elle savait souvent l'être avec moi. Elle m'a remerciée de la carte postale « casse-tête » que nous lui avions adressée, m'a raconté qu'elle avait beaucoup de travail et faisait de l'argent (la bibliothèque, du gardiennage chez la voisine et un inventaire à une librairie le lendemain matin). Elle m'a parlé de son emploi du temps pour sa journée de congé ; elle voulait tondre le gazon, nettoyer la piscine puis aller livrer les cassettes chez mon amie, comme je le lui demandais. Elle m'a fait part aussi d'un certain problème qu'elle avait. Caroline arrivait au port de Montréal le samedi suivant et elle s'était engagée à aller lui porter des vêtements, mais voilà qu'un match de volley-ball de plage, qu'elle devait disputer le samedi précédent, avait été remis pour cause de pluie à CE samedi. Je lui ai dit de ne pas s'en faire pour cela et lui ai conseillé de faire appel à son oncle Henri et sa tante Louise, qui pourraient peut-être rencontrer Caroline. Je savais qu'elle y tenait à ce match : quand elle faisait équipe avec Annie, elles gagnaient toujours.

Durant nos conversations téléphoniques antérieures, je disais souvent que je paniquais à l'idée qu'il me restait quatre ou trois semaines avant de les revoir et, chaque fois, Élyse me disait : « Voyons donc, maman, gâche pas tes vacances avec ça. Vous vous êtes tellement préparés, profitez-en pleinement. T'inquiète pas, tout va bien. » Et ce matin du 30 juin, après nous avoir souhaité beaucoup de plaisir pour le soir même, car nous étions invités à des noces, elle a terminé en me disant : « Tu vois, maman, t'étais capable, il te reste juste une semaine. » C'était vrai, il ne restait qu'une semaine et, même si nous vivions dans un décor de rêve, je comptais les jours qui me séparaient de mes filles. Toutefois, j'étais rassurée d'avoir entendu une Élyse aussi joyeuse et sereine au bout du fil. Je savais qu'elle avait de la difficulté à trouver sa place dans la vie, qu'elle n'était pas heureuse, et j'espérais toujours qu'elle puisse trouver un jour le bonheur à l'intérieur d'elle-même. Durant les heures qui ont suivi notre conversation téléphonique, j'ai à plusieurs reprises répété à Louis combien j'étais heureuse d'avoir entendu ma « petite fille » d'aussi bonne humeur.

Le lendemain nous avons dormi très tard, car nous étions rentrés de l'interminable repas de la noce italienne au milieu de la nuit. Vers cinq heures moins quart de l'après-midi, le son fêlé de la cloche de la petite église du village s'est fait entendre. Je ne sais toujours pas ce qui me poussait, mais je voulais absolument me rendre à l'église. Louis ne s'opposa pas à ce qui aurait pu lui paraître un caprice et nous sommes descendus au village d'un pas rapide. Après quelques questions ici et là au hasard des rencontres, nos nouveaux amis italiens nous ont appris que ce n'était pas la messe qui était célébrée mais plutôt le rosaire qu'on récitait dans une petite salle creusée à même le roc, juste à côté de l'église, qu'on était en train de rénover. Quelques instants plus tard, nous prenions place dans cette chapelle improvisée où un moine et une dizaine de vieilles dames récitaient le chapelet, en italien évidemment. La chaleur y était intolérable, mais l'odeur des cierges et de l'encens qui avait imprégné les parois de pierre blanchie me donnait l'impression d'avoir pénétré dans un lieu qui n'appartenait pas à la terre. Je me suis agenouillée et, après avoir bien écouté, j'ai pu répondre à la prochaine dizaine en italien. Encore une fois, les larmes me sont venues aux yeux et j'ai voulu les retenir, surtout quand le prêtre est passé parmi nous tenant en main une statue de la Vierge, que chacun touchait ou embrassait selon son désir. Quand je suis sortie de cette réunion de prière, j'étais dans un état second, à la fois calme et profondément attristée, sans savoir pourquoi.

La soirée de ce premier juillet fut, par contre, remplie de rires et de joies vécus avec les gens du village. Le lendemain matin, avant l'arrivée de notre amie, nous en avons profité pour aller acheter quelques souvenirs au marché public de la ville de Cassino. Un des marchands, reconnaissant notre accent québécois, a entrepris de nous faire la conversation et, très rapidement, cet échange a pris une direction inattendue. Il nous conseilla d'aller visiter un village de la région où, paraît-il, l'Enfant Jésus est apparu à une femme. Pourquoi nous recommander une telle démarche ? Il nous a remis à chacun une petite bague en forme de chapelet scout et a ajouté que ce n'était pas pour rien que nos chemins s'étaient croisés, que chacun avait à un moment donné besoin de prières et qu'il prierait pour nous. En rentrant chez nos amis, Louis et moi avons discuté de cette rencontre et nous trouvions bizarres les mots de cet homme qui, pourtant, n'avait rien d'un hurluberlu. Qu'est-ce qu'il avait bien pu voir en nous ? Avec ce qui allait suivre, les mots qu'il nous avait adressés ont pris une importance bien spéciale dans notre mémoire. Encore aujourd'hui, Louis porte toujours la bague-chapelet reçue ce matin du 2 juillet 1994.

33

LA TERRIBLE NOUVELLE

> Un drame peut devenir notre bien le plus précieux si nous le considérons d'une façon susceptible de nous faire grandir.
>
> Louise L. Hay

Quelques heures plus tard, nous étions confortablement installés à la terrasse, en train de lire des journaux de chez nous que nous avait apportés notre amie. Il était 5 h 30 de l'après-midi quand le téléphone a sonné et qu'on m'a dit que c'était pour moi. Caroline et Élyse avaient la même voix au téléphone, et j'ai cru que c'était Élyse qui était au bout du fil, car Caroline devait être sur le bateau où elle travaillait. Après avoir entendu mon « Allô » tout joyeux, Caroline me ramena aussitôt à la réalité en me disant qu'il ne s'agissait pas d'Élyse et elle enchaîna sur un ton monocorde : « Maman, êtes-vous capables de revenir le plus tôt possible ? » Ma tête s'est alors mise à tourner à une vitesse vertigineuse, et les paroles qui ont suivi, je crus les avoir déjà entendues. C'est comme si on avait mis en marche un magnétophone qui contenait un enregistrement que ma tête folle avait imaginé à un moment donné. Élyse était morte ! J'ai crié, puis j'ai demandé s'il s'agissait d'un accident, mais je connaissais la réponse, elle s'était suicidée. Je savais depuis longtemps que le suicide était une « sortie possible » pour ma petite fille. Au bout de la ligne, Caroline ne voulait pas me dire par quel moyen, mais j'insistais. Quand je l'ai entendue dire qu'elle s'était pendue, chez nous, dans le sous-sol, le douleur m'a pliée en deux, j'étouffais, je hurlais. Affolé par mes cris, Louis était à mes côtés, ne sachant trop ce qui se passait. Il n'avait entendu que mes paroles : Elle est morte ! Dans la maison ! ... Il me remplaça au téléphone et, pendant qu'il parlait à Caroline, j'apprenais la terrible nouvelle à nos amis. Ils pouvaient très bien comprendre la douleur qui nous habitait, eux qui, dix mois plus tôt, avaient perdu une fille dans un accident de la route.

Grâce à ces gens d'une générosité et d'un respect remarquables, nous avons pu vivre à notre rythme les heures qui ont suivi. Grâce également aux démarches faites par eux auprès de leur agent de voyage, nous avons pu téléphoner à notre fille, une heure plus tard, pour lui apprendre que nous arriverions le lendemain même à Mirabel, à midi. C'était un tour de force que d'obtenir de telles places en pleine saison touristique ; seuls, nous n'y serions jamais arrivés. Cette deuxième conversation téléphonique s'est terminée par une phrase qui allait ouvrir un petit tiroir de ma mémoire. Caroline nous a dit : « Faites attention en revenant, je ne veux pas rester seule ! » J'ai aussitôt entendu les paroles de ma mère, qui vingt ans auparavant avait désapprouvé ma décision de ne plus avoir d'enfant. Elle m'avait dit : « Monique, deux enfants, c'est pas assez. S'il fallait qu'il arrive quelque chose à une d'elles, l'autre serait seule. »

Les vingt-quatre heures qui ont suivi ont été les plus longues de notre vie. Impossible d'avaler quoi que ce soit. Impossible de fermer l'œil. Pleurer, pleurer, pleurer ! Une seule phrase revenait sans cesse : « C'est son choix et il faut le respecter ». Et puis, j'ai eu une réaction presque spontanée, quelques minutes après le coup de fil de Caroline. Dès que je me suis retrouvée seule avec Louis, ces paroles sont sorties de ma bouche sans que j'aie à réfléchir : « Ah non, par exemple ! Ça ne me fera pas un autre cancer, ça ! C'est pas ce qu'elle voulait, c'est elle qui voulait mourir ! »

À cause du mode de vie que j'avais adopté depuis dix ans, je savais que le partage était la seule façon de ne pas s'empoisonner avec une peine. Louis et moi avons donc fait un pacte presque tout de suite après avoir appris la mort d'Élyse. J'ai demandé à mon mari la permission de lui dire tout ce que je pensais, à mesure que ça viendrait, même si certains souvenirs, certaines réflexions risquaient de le faire pleurer. Louis m'a donné cette permission et m'a promis de faire de même. Je suis persuadée que c'est cette attitude qui, d'abord et avant tout, nous a permis de passer à travers cette épreuve épouvantable.

Comment avait-elle pu choisir ce moyen pour mourir. La pendaison, c'est pour les criminels ! J'avais presque plus de mal à accepter le moyen que le résultat lui-même. Puis, tout à coup, je me suis souvenue : quelques semaines avant notre départ pour l'Europe, elle m'avait raconté avoir vu un film ou un documentaire sur la pendaison. J'avais réagi fortement à cette annonce en disant que c'était épouvantable de montrer de telles choses. Élyse m'avait alors répondu : « Bien non, maman, c'est pas épouvantable. Ça ne fait qu'enlever les mythes entourant tout ça. Tu sais, c'est pas si terrible que ça, les pendus ne souffrent pas, ils meurent instantanément. » Elle m'avait donc préparée et savait sans doute très bien comment s'y prendre. Et puis, si j'y pense bien, ça lui ressemblait, ce moyen : radical, définitif, pas de niaisage ! J'ai retrouvé dans un de ses textes une phrase qui dit tout à ce sujet : « Peut-on se suicider par lâcheté ? Oui, mais *pas avec* lâcheté. »

Il était quatre heures du matin quand nous avons bouclé nos valises. J'ai tenté de m'assoupir un peu mais, après une heure de sommeil, je me suis réveillée en sursaut devant l'image affreuse que m'envoyait une imagination trop fertile : je voyais Élyse, se balançant au bout d'une corde. Je n'ai plus réussi à dormir pendant plusieurs jours après cette vision horrible. Nous sommes redescendus à la cuisine pour préparer le café et avons attendu que le temps passe. Vers cinq heures, la cloche de Cocuruzzo s'est mise à sonner à grande volée ; il me semblait qu'elle n'allait jamais s'arrêter. Ce son persistant qui se perdait entre les montagnes semblait porter une mauvaise nouvelle. Le jour pointait à peine et nous avons d'abord cru qu'il y avait un incendie quelque part. De la terrasse, nous pouvions voir le village tout entier et rien ne semblait justifier une sonnerie d'alarme. Au lever de nos amis, nous avons appris que ces cloches étaient pour Élyse. Les gens du village avaient décidé de nous faire savoir leur tristesse et leur sympathie de cette façon. Quand nous avons traversé le village, trois heures plus tard, quelques personnes, l'air figé, étaient là pour regarder passer la fourgonnette qui nous amenait à l'aéroport de Rome.

On roulait trop vite sur cette autoroute sans loi, j'avais peur et je pensais à la recommandation de Caroline. J'ai prié celle qui conduisait de ralentir, je ne voulais surtout pas qu'un accident bête nous empêche de rentrer chez nous. Au comptoir d'enregistrement d'Alitalia, nous avons appris qu'il restait deux places en classe affaires et nous les avons prises. Les huit heures de vol nous ont paru interminables, mais nous avons eu droit à un grand respect et beaucoup d'attention de la part du personnel de bord.

À midi, le 3 juillet, nous arrivions à Mirabel. Caroline était là, en compagnie de quelques membres de nos familles immédiates. Nous sommes tombés dans les bras les uns des autres et, presque aussitôt, Caroline nous a demandé : « On va s'en sortir, tous les trois, hein ? » Cette force qui nous habitait malgré la douleur profonde m'oblige à croire qu'elle vient d'ailleurs, cette prodigieuse force qui nous est donnée face aux épreuves. Oui, c'était bien vrai ce que j'avais découvert l'année précédente : chaque matin, on se lève avec la force nécessaire pour traverser la journée. Il nous fallait faire face à la réalité et découvrir le fil des événements. Élyse avait fait son choix, elle avait décidé de partir. Nous, nous devions prendre les moyens pour survivre à cette déchirure. Sur le coup, c'est d'une façon presque terre à terre et froide que je voyais les choses, mais ça n'allait pas durer.

LE FIL DES ÉVÉNEMENTS

Voici ce que nous devions apprendre dans les heures qui ont suivi notre retour. Après notre conversation téléphonique de jeudi matin, Élyse a fait les travaux qu'elle avait au programme puis, comme je le lui avais demandé, elle est allée porter les cassettes chez notre amie. Elle a fait ensuite quelques achats à l'épicerie, car elle recevait une de ses amies à souper. Cette amie, une coéquipière de volley-ball, n'arriva que vers 8 h et elle repartit à 10 h 30.

Le lendemain matin, Élyse devait aller travailler avec une amie à l'inventaire d'une librairie, et c'est elle qui assurait le transport avec ma voiture. Voyant qu'Élyse n'arrivait pas, cette jeune fille a téléphoné à la maison, mais il n'y avait pas de réponse. En compagnie de sa mère, elle est venue sonner puis frapper à la porte : rien du tout. La voiture était là, les fenêtres à l'étage étaient ouvertes, on avait beau appeler son nom : aucune réponse. Un voisin, voyant ce qui se passait, est venu les aider dans leurs recherches. À l'aide d'une échelle, il est monté sur le toit afin d'aller voir par la fenêtre de la chambre d'Élyse si elle s'y trouvait. Il a regardé ensuite par les fenêtres du sous-sol, mais il en a oublié une. Ils ont alors décidé d'aviser la police. Après avoir pris en note quelques informations par téléphone, les policiers ont expliqué qu'il était trop tôt pour entreprendre des recherches, qu'Élyse était peut-être partie avec une amie en oubliant d'en aviser qui que ce soit. Il fallait attendre au moins un autre vingt-quatre heures.

Durant cette journée du premier juillet, Caroline, qui était en escale à Québec, a tenté désespérément de joindre sa sœur par téléphone afin de lui dire de quels vêtements elle avait besoin. Toujours pas de réponse à la maison et, surtout, pas de répondeur. Ça, c'était étrange, car même lorsqu'elle était présente Élyse avait l'habitude de laisser le répondeur filtrer les appels. Elle ne répondait qu'à ceux à qui elle voulait bien parler. Caroline fulminait, croyant que sa sœur avait oublié ses engagements. Mon beau-frère Henri et ma belle-sœur Louise avaient accepté de remplacer Élyse et ils avaient besoin de savoir quand venir chercher les vêtements à la maison pour les apporter au port. Donc, eux aussi téléphonaient mais en vain. Ils vinrent faire le tour de la maison, toujours rien.

Le samedi matin, ils sont revenus tôt, espérant avoir une réponse et, après avoir constaté que les portes extérieures de grillage étaient fermées de l'intérieur par un crochet et que le système d'alarme n'était pas armé, mon beau-frère a téléphoné à la police, lui demandant de venir défoncer la porte. Les policiers ont refusé en expliquant qu'on ne pouvait forcer une porte dans de telles circonstances, qu'il faudrait qu'une des personnes résidant à cet endroit soit présente. Louise et Henri décidèrent donc d'aller chercher Caroline au port de Montréal afin qu'elle revienne avec eux pour entrer dans la maison, et c'est ce qu'ils ont fait. Quand elle les a vus arriver dans la gare maritime les mains vides, Caroline savait qu'il s'était passé quelque chose. Ils lui ont dit : « On est sans nouvelles d'Élyse depuis jeudi soir, veux-tu venir avec nous, on va aller voir dans la maison ? »

Rendus sur les lieux, Henri a réussi à arracher le crochet en tirant sur la porte de grillage et Caroline a utilisé sa clé pour ouvrir la porte. Tout de suite, en entrant, elle a vu que la lumière du sous-sol était allumée et elle a demandé à son oncle d'aller voir. Il est descendu pendant que Caroline et Louise l'attendaient. C'est là, dans l'atelier de Louis, qu'il l'a découverte pendue à une barre d'exercices qu'elle avait demandé à son père de lui installer afin de faire des *chin-up* pour sa mise en forme. Henri n'arrivait plus à reprendre ses esprits pour remonter et annoncer la nouvelle ; il aurait pu y rester, il est cardiaque. Ce n'est qu'après avoir eu recours à la nitro qu'il réussit à dire à Caroline d'appeler la police.

Quand était-elle morte au juste ? Ce fut l'enquête, les questions, on voulait s'assurer qu'il s'agissait bien d'un suicide et non d'un meurtre. Toute la vaisselle, les chaudrons ayant servi au souper du jeudi soir étaient encore à la traîne sur le comptoir, elle qui avait un souci de la propreté et de l'ordre... La chaise sur laquelle elle était montée était toujours sur ses quatre pattes, à trois pouces à peine de ses jambes, donc elle ne s'est pas débatue et aurait pu remonter sur la chaise si elle l'avait voulu... Mais tout était barré de l'intérieur, ce n'était donc pas un meurtre mais bel et bien un suicide.

L'ÉTAT DE CHOC

Avec le recul, quand on vit des drames, on se demande toujours comment on a pu faire pour traverser des moments aussi pénibles. C'est toujours cette fameuse force qui nous vient d'ailleurs... Bien sûr, durant les heures qui ont suivi la nouvelle de la mort de notre fille, j'ai pensé que je ne pourrais plus vivre dans la maison où elle avait décidé de mourir. Cette maison, dont nous avions tant rêvé et que nous avions construite de nos mains, qui était si belle, devenait un lieu de mort, de potence... Louis tentait de me rassurer en me disant qu'il fallait laisser le temps agir ; c'était vrai, il était trop tôt pour prendre des décisions.

Quand nous avons franchi le seuil, à notre arrivée de Mirabel, nous n'étions pas seuls, nos proches nous accompagnaient, mais tous les trois, Caroline, Louis et moi, avons décidé de tout de suite descendre au sous-sol afin, en quelque sorte, d'exorciser cette horreur et de pouvoir vivre à l'intérieur de « notre » maison. Nous l'avons fait, et c'est avec la volonté de survivre que nous sommes remontés à la cuisine.

Nous avons reçu un appui extraordinaire des membres de notre famille et d'amis sincères. Durant les jours qui ont suivi notre retour, nous avions toujours avec nous quelqu'un pour nous aider, nous écouter, nous aimer. Les appels téléphoniques étaient nombreux, et j'arrivais à répondre, à expliquer, à remercier. J'ai dû aussi apprendre à demander, ce qui n'a jamais été facile pour moi. Le lendemain, alors que les visites se succédaient à la maison, je me sentais de plus en plus comme un robot. J'avais besoin qu'on me dise quoi faire et quand le faire. J'étais

comme dans un état second. Ma bonne amie Louise
Bureau, chez qui nous avions habité à Paris, était de retour au Québec et elle devait venir nous visiter cet après-
midi-là. Elle m'a téléphoné avant de prendre la route,
me demandant ce qu'elle pouvait faire pour nous. Je lui
ai fait part de mon état « comateux » et elle m'a dit de ne
pas m'en faire, qu'elle s'en venait m'aider. Elle est arrivée
les bras chargés de nourriture : des petits plats préparés,
du poulet déjà cuit, du café, des desserts. Bref, tout ce
dont nous avions besoin et que je n'avais même pas la
capacité d'imaginer. À tour de rôle, mes sœurs, mes belles-sœurs, des amies s'affairaient à la cuisine : elles étaient
toutes là pour nous. Quel réconfort ! J'en ai encore le
cœur rempli de gratitude.

Pour les tâches désagréables, nos proches étaient
là aussi. Ce lundi matin du 4 juillet, après avoir bien
vérifié auprès de la Sûreté du Québec, nous apprenions
que même si Élyse avait été découverte chez nous, par
son oncle, il fallait que nous allions identifier son corps
à la morgue. On nous a indiqué les heures « de visite »
par téléphone et, une heure plus tard, nous partions
ensemble : Caroline, Louis, et moi en compagnie de
notre beau-frère Henri. Une fois arrivés rue Parthenais,
on nous informa qu'il faudrait y retourner en après-
midi, car déjà deux familles étaient arrivées avant nous
et nous ne pourrions passer qu'après l'heure du lunch,
soit vers 13 h 30. Pourquoi ne pas nous l'avoir dit au
téléphone ? Cette démarche était déjà assez pénible,
pourquoi fallait-il ajouter au supplice et nous retourner à la maison pour tout recommencer quelques heures plus tard ?

De retour chez nous, je ne me sentais plus capable de les accompagner en après-midi. C'est en compagnie d'un autre beau-frère, Jacques, que Louis et Caroline sont retournés à Montréal. Je suis restée à la maison bien entourée d'autres membres de la famille. Je regardais tourner les aiguilles de l'horloge, me demandant quels moments atroces devaient être en train de vivre mon mari et ma grande fille. Ils avaient promis de téléphoner dès que tout serait fini et ils n'appelaient toujours pas. Ce n'est que vers 16 h 15 qu'ils nous avisèrent qu'ils prenaient la route pour rentrer.

C'est une Caroline révoltée et en colère qui revenait un peu plus tard. Ils avaient dû attendre une heure trente avant que la secrétaire du coroner ne les reçoive dans son bureau pour poser exactement les mêmes questions auxquelles Caroline avait dû répondre deux jours plus tôt lors de l'enquête policière. Ce questionnaire fut souvent interrompue par des appels téléphoniques ou encore des visites de compagnons de travail de la secrétaire et, chaque fois, cette dernière refermait le dossier qu'elle était à remplir. Quand elle le reprenait, elle prenait un temps incroyable à retrouver la page qu'elle avait quittée. La délicatesse et le discernement ne semblaient pas faire partie des qualités de cette femme qui, à un moment donné, leur a dit : « Voulez-vous voir une photo ? » Puis, se ravisant : « Ah non, c'est vrai, elle a la corde au cou. » Puis, ensuite, on les avait amenés voir le corps d'Élyse. Elle était belle, semblait dormir, la bouche et les yeux légèrement entrouverts, m'ont-ils dit. Je regrettais de ne pas les avoir accompagnés. Je savais que c'est dans son cercueil que je la reverrais et elle risquait d'être méconnaissable.

LES TRADITIONS FUNÉRAIRES

Plusieurs années auparavant, Louis et moi avions pris des dispositions pour que nos corps ne soient pas exposés à notre mort. Nous avions choisi l'incinération le plus tôt possible et c'était tout. Je me souviens que ma mère m'avait alors dit qu'elle désapprouvait notre choix : « Si tu savais le réconfort qu'on peut ressentir à la visite des gens, au salon mortuaire ». J'avais pourtant vécu quelques deuils et je continuais à penser de la même façon, sauf qu'avec cette mort tragique tout chavirait. Il ne faisait aucun doute : nous devions rendre un dernier hommage à Élyse et nous allions tenter de le faire en respectant le plus possible les choses auxquelles elle croyait. Caroline et moi avons choisi ensemble les vêtements qu'elle porterait : une robe que je lui avais confectionnée, des bijoux qu'elle affectionnait particulièrement et, pour couvrir son cou, un foulard qui appartenait à ma mère. Quand je pense au calme avec lequel nous avons pu accomplir cette tâche, c'est un peu comme si quelqu'un d'autre l'avait fait à notre place. Je n'avais pas ce genre de courage : quelqu'un me portait...

Caroline et moi aurions préféré ne pas ouvrir le cercueil, mais Louis y tenait. Nous en avons discuté. Nous avons cédé. Était-ce mieux, était-ce pire, je n'en sais encore rien, sauf que cette statue de cire que j'ai vue « exposée » ne m'a semblé qu'une mauvaise copie de notre fille, et c'est le souvenir que j'en garde. La seule chose qui ne mentait pas, c'étaient ses cheveux, ses magnifiques cheveux bouclés d'un brun roux qui faisaient l'envie de tant de filles. À mon avis, elle était tellement « quelqu'un d'autre » que j'ai cru bon de placer sur sa tombe sa photo préférée. Élyse ne s'aimait pas, et pas plus en photo, mais l'été précédent Louis l'avait photographiée lors de son premier saut en parachute. Celle-là, elle l'aimait, et moi aussi. Nous avons placé près de cette photo quelque chose qu'elle avait écrit deux ans plus tôt.

> Au revoir, mes amis.
> Bientôt vous m'oublierez
> et fêterez la vie qui arrive.
> Cette vie, regardez-la.
> Faites attention !
> Je reviens déjà.

C'est par centaines qu'ont défilé amis, membres de nos familles, compagnons de travail, ce 6 juillet 1994. Chacun de son côté, nous recevions les marques de sympathie des visiteurs. Mon Louis n'a pas cessé de pleurer cette journée-là, mes larmes à moi s'étaient un peu asséchées. Depuis notre retour, mon époux revoyait sans cesse dans sa tête chaque geste qu'avait dû faire notre Élyse avant de mourir : à quel point pouvait-elle être malheureuse pour faire un geste aussi épouvantable. Il s'était branché sur SA souffrance et c'était insupportable pour lui.

Lorsqu'elle fréquentait l'école secondaire, Élyse faisait partie d'un groupe d'amis formidables, et plusieurs d'entre eux étaient là, impuissants, sidérés, devant cette fille de leur âge qui avait décidé d'en finir avec la vie. Tous ces jeunes que nous aimions tant, certains accompagnés de leurs parents, tentaient de nous consoler. Il y avait aussi ces coéquipières de volley-ball de l'Université de Montréal, ses confrères entraîneurs qui ne comprenaient pas ce qui s'était passé. Mais celles qui nous semblaient le plus affectées étaient cette dizaine de jeunes filles de seize, dix-sept ans, membres de l'équipe de volley-ball du Collège Mont-Saint-Louis dont Élyse était responsable. C'était leur *coach,* celle qu'elles prenaient pour modèle qui était morte.

Les amis venaient nous dire que nous n'étions pas seuls, les membres de nos familles faisaient de même, mais nous, nous pensions : ils ne peuvent pas comprendre... ça ne leur est pas arrivé ! Tout à coup, un couple d'amis que nous avions rencontré quelques années auparavant est venu nous serrer la main, tout en glissant un petit bout de papier portant leur numéro de téléphone dans la poche du veston de Louis. « Appelez-nous si vous voulez en parler. On peut vous comprendre, on a vécu la même chose. » C'était pourtant vrai, leur fils s'était suicidé, eux savaient ce que nous traversions, ils savaient même ce qui nous attendait. Nous les avons rencontrés quelques semaines plus tard, et leur contact nous a fait le plus grand bien.

Plusieurs artistes sont venus nous témoigner leur sympathie et j'en fus très touchée. Toutefois, j'avais demandé au personnel du salon funéraire de voir à ce qu'aucune photographie ne soit prise à l'intérieur. Ces moments de grande tristesse nous appartenaient, et les images qu'on aurait pu en tirer n'auraient qu'alimenter une sorte de « voyeurisme ». Mon ami journaliste Roger Sylvain était présent, mais je n'avais aucune inquiétude, je savais qu'il respecterait nos exigences. Au lieu de funé-railles, nous avions opté pour une réunion de prières, le soir même, à la chapelle du mausolée adjacent au salon.

Pendant que nous marchions vers le mausolée, Caroline a aperçu un photographe, près de la porte, qui, en nous voyant avancer, levait lentement son appareil photo sur sa poitrine. Caro hâta le pas et, se dirigeant vers lui, lui dit : « Non, pas de photos, on a dit pas de photos ! » Il répliqua qu'il n'était pas à l'intérieur, et Caroline répéta fermement : « Pas de photos, compris ? » Il continuait à préparer son appareil quand elle s'est arrêtée près de lui, et c'est à deux pouces de son visage qu'elle lui a répété d'une voix très forte qu'on ne voulait pas de photos. Il marmonna quelque chose et, au moment où nous passions le seuil, nous avons vu partir le *flash*. Des amis nous ont alors entourés et pressés d'entrer pendant que des employés du salon s'occupaient de raccompagner l'indésirable.

Durant l'office qui allait suivre, Caroline devait lire un texte tiré du *Prophète* de Khalil Gibran, mais elle était tellement en colère à cause de ce qui venait de se passer qu'elle n'arrivait pas à rattraper son souffle. J'ignorais que ma grande fille avait autant de caractère. Tous les trois, nous avions pris place sur un banc de la première rangée et je lui ai dit à l'oreille de tenter de se calmer, de respirer profondément et d'oublier l'incident. C'est alors que Victor, mon ami jésuite, nous invita tous à prendre quelques instants de réflexions pour dire à Élyse tout ce que nous n'avions pas eu le temps de lui dire. Caroline leva les yeux vers le ciel et dit tout bas : « Enfarge-le ! » C'était bien l'humour qui régnait entre nos deux filles. Elle voulait que sa sœur nous venge de ce photographe insistant qui, au fond, ne faisait que son métier. (C'était plutôt son patron qu'il aurait fallu secouer un peu.) Le fou rire

s'installa et, quand ils virent sauter nos épaules, les gens
derrière nous ont cru que c'étaient des sanglots qui nous
secouaient de la sorte. La mort n'avait pas eu raison de la
complicité qui existait entre Élyse et Caroline, et cet état
de choses allait durer. Encore aujourd'hui, Caroline pense
surtout à sa sœur dans des situations bizarres ou devant
des faits cocasses où elles auraient bien ri ensemble.

34

LA DURE RÉALITÉ

Je ne pense pas que l'on puisse appré-
cier vraiment le courage avant d'avoir ex-
périmenté le danger qui l'a fait naître.

JIM CORBETT

Dès les premiers jours qui ont suivi notre retour, Caroline
nous a fait part qu'elle désirait reprendre son travail sur le
bateau de croisière, et je savais qu'elle avait raison de le
faire. D'abord, elle aimait ce travail et, de plus, les mois
qui allaient suivre seraient sans doute insupportables pour
elle. Notre peine aurait pu lui sembler démesurée et notre
amour pour elle risquait de devenir étouffant.

On lui avait dit qu'on lui gardait sa place à bord, et
elle m'a demandé combien de temps je voulais qu'elle reste
avec nous. J'étais consciente qu'elle ne devait pas s'absenter trop longtemps, je lui ai demandé seulement de rester
une semaine de plus, soit deux semaines en tout, le temps
de « vider » la chambre d'Élyse. Non, je n'attendrais pas.
Je ne voulais pas faire de cette chambre un sanctuaire où

chaque chose nous parlait trop fort de notre petit Fly-Pit*. Je ne voulais pas non plus risquer de jeter certaines choses que Caroline aurait voulu conserver, j'avais donc besoin d'elle pour ce difficile travail.

Le lundi suivant, nous avons entrepris de défaire la chambre d'Élyse. Au fond de moi, j'espérais découvrir un mot, une lettre... Non, rien. Plein de poèmes, de réflexions, de correspondance de toutes sortes, mais rien pour nous. Elle qui écrivait tant : pas de lettre d'adieu, pourquoi ? Nous avions bien ce gros coffre ouvert quelques heures après notre retour, mais il ne contenait rien qui nous soit adressé.

C'est le cœur en charpie que j'ai rempli des boîtes et des sacs de vêtements à donner. Ceux qui lui étaient plus personnels, il fallait les jeter, de peur de les voir un jour portés par quelqu'un d'autre. Des centaines de feuilles d'examens, de notes de cours, de menus articles qui voulaient sans doute dire beaucoup plus pour elle que pour nous. À quelques reprises, durant ces heures difficiles, il me venait une pensée : « Et si elle revenait ! ... On ne devrait pas jeter tout ça, elle sera en colère contre nous. » Nous avons conservé les photos, ses médailles sportives, ses écrits et quelques vêtements que Caroline pourrait porter. Quand, le lendemain matin, je regardais cet amas de boîtes et de sacs attendant l'arrivée des vidangeurs, j'ai constaté que c'était une vie qui était là : une vie qu'on jetait à la poubelle. Quel gâchis !

---

* Fly-Pit, c'était le surnom qu'on avait donné à Élyse depuis l'âge de onze ans. Pendant qu'on lui faisait réciter ses leçons d'anglais, elle avait oublié comment on disait un oiseau en anglais et, avec sa bouffonnerie habituelle, elle donna fly-pit comme réponse.

ADOUCIR SA PEINE

Durant ces premières semaines de deuil, nous avons tenté d'adoucir notre peine. Bien sûr, les souvenirs étaient là, bien présents, à chaque instant. Le simple bruit des freins de l'autobus qui s'arrête près de chez nous et je regardais par la fenêtre si je ne la verrais pas marcher vers la maison. Si je tentais de me détendre un peu dans le salon, devant le téléviseur, je revoyais mon *Fly-Pit* dans sa longue robe de chambre rose descendre l'escalier pour venir se chercher un bol de *pop corn* qu'elle mangerait en étudiant dans sa chambre. En passant près de moi, elle me disait en souriant : « Vous êtes fous ! » J'avais pris l'habitude de répondre : « Nous aussi, on t'aime », car je savais bien que c'est ce qu'elle voulait dire en nous taquinant. Puis, vers dix heures, ces mêmes soirs, elle nous disait, du haut de l'escalier : « Bonsoir, je vais me coucher ». Vers 5 h 45, chaque matin, il me semblait l'entendre se lever pour aller à l'Université. Notre quotidien était rempli d'elle puisque nous avions vécu ensemble durant vingt et un ans. Il m'était impossible de changer ce qui avait été, mais il y avait des choses que je pouvais changer et, pour moi, c'était important de le faire.

Nous avons changé la disposition des fauteuils du salon. Ce coin où elle s'installait toujours ne serait plus aussi en vue, aussi accessible. Nous avons également changé de place à table afin que sa chaise ne reste pas vide. Élyse avait les cheveux longs et, c'était inévitable, je retrouvais de ses cheveux un peu partout, du moins, je présumais que c'étaient les siens, et chaque fois j'avais mal. Je me suis donc empressée de passer l'aspirateur partout, dans les moindres recoins des divans, fauteuils, coussins, etc. Je ne sentais pas encore l'épuisement m'envahir, je voulais seulement effacer tout ce qui m'était insupportable.

Une activité, pourtant bien banale, se transforma en un dur moment à passer : ma première visite à l'épicerie après sa mort. Louis m'avait demandé si je voulais qu'il m'accompagne et je n'en avais pas vu la nécessité, j'y suis donc allée seule. Quand, par habitude, j'ai emprunté une allée où j'achetais des choses que seule Élyse mangeait, la réalité m'a frappée en pleine poitrine. Je n'allais plus JAMAIS lui rapporter de petites surprises, ses gâteries préférées, ni lui acheter les ingrédients nécessaires à ses lunchs, etc. Les larmes commencèrent à couler et je regrettais de m'être aventurée seule dans cette première sortie. J'avais besoin d'aide : comment fait-on pour survivre à la mort d'un enfant ?

Les deux semaines étaient écoulées et nous devions reconduire Caroline au port de Montréal pour qu'elle reprenne son travail à bord du *Gruziya*. C'était prévu pour le samedi matin et j'appréhendais ce moment avec beaucoup d'angoisse. Nous allions nous retrouver seuls, Louis et moi. Depuis quelques années, les couples d'amis de notre âge étaient pour la plupart seuls à la maison : les enfants étaient partis. Mais nous nous étions mariés moins jeunes, donc « nous accusions du retard ». Nous avons souvent déclaré à qui voulait bien l'entendre que nous avions hâte de nous retrouver en « amoureux » mais pas de cette façon.

Ce que j'appréhendais surtout dans le départ de Caroline, c'étaient mes larmes ! Je savais qu'elle serait heureuse de reprendre sa vie à elle et je ne voulais surtout pas gâcher son plaisir par une attitude négative. Je priais chaque jour, demandant à Dieu de me donner la force de l'accompagner avec sérénité, jusqu'à son départ. Il m'a exaucée et voici comment. Le vendredi, alors que nous rentrions de faire des courses, Louis m'a dit qu'il ne se sentait pas bien. En touchant son front, je l'ai senti fiévreux puis, dans l'espace d'une dizaine de minutes, la fièvre s'est faite plus forte et il était de plus en plus mal. Depuis quelques années, il va régulièrement à l'Institut de cardiologie pour des examens de contrôle, à cause d'un problème d'arythmie. Pour cette raison, nous avons jugé bon d'aller tout de suite à l'urgence de cet hôpital. Nous nous y sommes rendus seuls, tous les deux : Caroline était occupée à la préparation de ses bagages pour le lendemain matin. Après avoir passé les examens préliminaires, Louis fut gardé « en observation » et sous médication préventive. La fièvre persistait, on ne savait pas ce qu'il avait. La panique m'envahissait, je ne savais plus où aller : rester près de lui à l'hôpital ou m'en retourner à la maison pour passer encore quelques heures avec Caroline, qui allait partir. J'étais déchirée. C'est Louis qui m'a dit de retourner à la maison, qu'il était en sécurité.

Quand je suis arrivée près de la voiture dans le parc de stationnement de l'hôpital, c'est là que j'ai fait ma première véritable crise. Je frappais contre la voiture en protestant que c'en était assez, je n'en pouvais plus. J'ai crié, j'ai pleuré, j'ai gueulé contre Dieu, lui disant de frapper ailleurs, que je n'étais plus capable d'encaisser d'autres coups. Une fois l'orage passé, je suis rentrée à la maison où j'ai dû trouver quelqu'un pour nous accompagner, Caroline et moi, le lendemain matin, afin de nous aider à porter tous les bagages. (Depuis mon opération, il m'est interdit de transporter des choses lourdes.)

La nuit qui suivit en fut une de peur et d'angoisse. Qu'est-ce qui allait arriver à mon amour ? C'était bien terrible ce que nous vivions, perdre un enfant, c'est bien ce qu'il y a de plus souffrant, mais il y avait « nous deux ». Nous avions la chance d'être si bien ensemble : je ne voulais pas perdre ça aussi, je ne pouvais pas perdre ça !

L'infirmier de garde à qui j'avais parlé au téléphone, juste avant d'essayer de dormir, m'avait dit que la fièvre avait commencé à baisser. Dès six heures du matin, c'est d'une voix joyeuse qu'il m'a répondu pour m'annoncer que Louis pourrait probablement sortir vers neuf heures, après la visite du médecin. La fièvre était disparue, ni vue ni connue ; on n'a jamais su ce qui s'était passé. En route vers le port, nous sommes arrêtés prendre Louis, et il a pu nous accompagner pour le départ de Caroline. J'étais tellement heureuse de le retrouver « en forme », souriant, que j'ai compris ce matin-là que c'était pour nous que nous devions apprendre à vivre. Et je n'ai pas pleuré quand nous avons quitté Caroline pour rentrer seuls à la maison.

LES NERFS À PLAT

Tous ces coups durs m'usaient les nerfs. Et puis, tout s'en mêlait. Sur mon bureau, j'avais une pile de dossiers à régler.

Le vol dont nous avions été victimes durant notre séjour en France était loin de se régler facilement. L'assurance voyage ne voulait pas payer, il fallait réclamer auprès de notre courtier d'assurance générale.

Notre retour précipité avait engendré des coûts supplémentaires et, à la suite de l'erreur d'une employée, à Rome, nous nous retrouvions avec une facture de plus de 6 000 $ pour le vol Rome / Mirabel. Évidemment, nous n'allions pas payer ce montant mais, en attendant les correctifs, notre marge de crédit était gelée.

La police d'assurance-vie que nous avions prise au nom d'Élyse ne serait payable que sur présentation du rapport du coroner ou d'une déclaration du médecin « traitant la maladie qui a causé le décès ». On nous avait dit qu'un délai de six à huit mois était prévisible pour le rapport du coroner, et aucun médecin ne pouvait déclarer qu'il traitait Élyse pour une maladie qui avait causé son décès !

Et comme si ça n'était pas suffisant, un soir nous sommes rentrés d'une visite chez la psychologue*, nous avons retrouvé la maison entourée de policiers qui, l'arme au poing, cherchaient à découvrir ce qui venait de déclencher notre système d'alarme. Je me suis alors mise à trembler de tous mes membres et je sentais que mes jambes allaient céder. Ça ne se pouvait pas : quelqu'un aurait-il profité de nos absences répétées pour cambrioler ? Mais non, c'était une fausse alarme, comme pour la fièvre de Louis, nous n'avons jamais su ce qui l'avait provoquée. Nous avions ce même système d'alarme depuis plus de dix ans et jamais nous n'avons eu de fausse alarme...

---

* Certains salons funéraires offrent un service de psychologues. Nous nous en sommes prévalus et ce fut d'un très grand secours pour nous.

Tous ces « petits » problèmes, une fois accumulés, avaient eu raison de ma résistance. J'étais tellement fébrile que le seul fait de ne pas trouver une facture, ou un document quelconque, la panique m'envahissait, et une douleur au milieu du dos et de la poitrine m'empêchait de respirer. Malgré la grande crainte d'une accoutumance, quelques semaines plus tard, j'ai dû avoir recours à des médicaments pour réussir à dormir et à manger. Mon médecin de famille fut d'un grand secours et il me guida dans la façon de mettre fin à cette médication deux mois plus tard. Comme il me l'a dit quand Louis m'a amenée le consulter, un peu contre mon gré, il y a des choses qu'on arrive à contrôler par sa propre volonté, mais il faut parfois demander de l'aide dans des circonstances extraordinaires.

35

... ET LES FLEURS SE SONT FANÉES

Une seule chose est nécessaire : la solitude.
La grande solitude intérieure. Aller en soi-
même et ne rencontrer pendant des heures personne, c'est à cela qu'il faut parvenir.
Être seul, comme l'enfant est seul...

RAINER MARIA RILKE

Les amis nous avaient entourés, la famille nous avait sou-
tenus, on nous avait offert des fleurs et chaque jour le
téléphone sonnait à maintes reprises pour nous faire entendre des paroles d'encouragement et de sympathie. Mais
le temps a passé, Caroline est partie, le téléphone s'est
tu... et les fleurs se sont fanées. J'ai alors eu tout le temps
de penser, de penser et encore de penser.

C'était mon « bébé » que j'avais perdu. Dans mon
cœur, et elle le savait, Élyse demeurait ma petite fille (bien
qu'elle ait été plus grande que moi), celle qui durant des

années ne regardait la télé que bien serrée contre moi, dans le même fauteuil. Celle que j'avais longtemps appelée « ma consolation » tout simplement parce que, durant les premières années de sa vie, elle était sage, affectueuse et facile à vivre. Je savais bien que depuis l'âge de quatorze ou quinze ans un certain mal de vivre s'était emparé d'elle. C'est à ce moment-là qu'elle avait commencé à laisser sur mon piano des petits poèmes qu'elle venait d'écrire, me demandant de les lire et de lui faire mes commentaires. Plusieurs de ces écrits avaient comme thème la mort, le suicide, le mal de vivre, et j'ai souvent eu des frissons dans le dos en les lisant. Quand je lui demandais si c'était vraiment ce qu'elle pensait de la vie, elle me répondait : « Oui, je pense que la vie ne vaut pas la peine d'être vécue. » Puis, en riant, elle ajoutait comme pour me rassurer : « Mais ça veut pas dire que je vais faire tout ce que j'écris ! » Et elle retournait s'enfermer dans sa chambre où elle écrivait encore.

Je me suis souvenue des périodes de deuil que ma mère avait vécues quand j'étais petite. Les robes noires, l'absence de musique dans la maison, tout ce rituel m'avait longtemps semblé exagéré et j'avais souvent dit qu'on n'avait pas besoin de se vêtir de noir pour montrer qu'on a de la peine. Mais voilà que je comprenais ce que les anciens pouvaient ressentir. Quand venait le temps de choisir des vêtements dans ma garde-robe, ils me semblaient tous trop voyants, trop joyeux. J'avais le goût de me vêtir de la couleur de mes émotions. Je n'arrivais pas non plus à écouter la radio : il me semblait que toutes les paroles des chansons faisaient référence à Élyse, à sa vie, à son départ, à notre peine. Quand j'entendais une pièce instrumentale à la guitare, c'est elle que j'entendais. Elle jouait si bien de la guitare ; elle avait une touche spéciale, on aurait dit que ses doigts glissaient sur les cordes. Quand j'entendais quelques accords derrière sa porte, je m'approchais et écoutais. Elle préférait ne pas avoir de public, mais quelquefois j'osais entrer et elle souriait, car elle savait combien j'aimais l'entendre. Il en était ainsi pour le piano, c'était derrière une porte fermée qu'elle pratiquait les pièces qu'elle avait apprises toute seule. Quand j'ai entendu pour la première fois *Watermarks* d'Énya, je me souvins de mes larmes refoulées, devant mes filles qui me jouaient cet air au piano. La peur de perdre Caroline, à l'époque, avait marqué cette mélodie et, pourtant, c'est la partie que jouait Élyse qui serait désormais silencieuse.

J'essayais de me changer les idées mais, dès que je me retrouvais seule avec mes pensées, je retournais vers la souffrance. Quand j'étais sortie de thérapie, dix ans plus tôt, en m'entendant leur raconter que j'avais pensé au suicide afin qu'elles gardent un bon souvenir de moi, mes filles ne m'avaient-elles pas dit : « On t'aurait jamais pardonnée » ? Comment avait-elle pu oublier ? Et le soir de sa mort, comment se faisait-il que je n'aie rien ressenti ? Comment avons-nous pu, le lendemain, rire et nous amuser alors qu'elle était morte, seule, à la maison ?

Mes filles ne m'avaient jamais laissée longtemps sans nouvelles d'elles. Élyse avait l'habitude de me téléphoner pour me dire qu'elle était en route vers la maison ou qu'elle restait un peu plus tard à la bibliothèque. Elle me tenait toujours au courant de ses allées et venues. Caroline faisait de même : durant l'année qu'elle vécut avec Martin, elle me téléphonait tous les jours. Mais, maintenant, quand le téléphone sonnait les dimanches et les lundis, je ne pouvais m'empêcher, avant de prendre l'appel, de penser à cette terrible certitude : ça ne pouvait être ni Élyse ni Caroline. Ces deux jours, Caroline était en pleine mer, et Élyse...

Afin de nous distraire un peu, Louis et moi avons décidé de mettre à exécution un petit voyage qui était déjà à notre calendrier bien avant que le drame n'arrive. Nous sommes donc partis vers la fin juillet pour une visite de cinq jours chez des amis au Saguenay. Nous avions à peine roulé durant une heure que nous regrettions d'être partis. C'était comme si nous réalisions qu'il était impossible de fuir notre peine : elle nous accompagnait partout. Bien que nos amis aient tout fait pour nous rendre la vie agréable, nous n'étions certes pas des invités très plaisants. Nous parlions sans cesse de la mort d'Élyse et de rien d'autre. Notre retour à la maison s'est fait dans les larmes : quand nous sommes descendus de l'auto, nous avons eu tous les deux la même pensée. Quand nous rentrions d'un voyage ou d'une sortie et qu'Élyse était présente, elle nous attendait toujours dans la porte, le nez collé contre la vitre, nous faisant ces airs de clown.

Durant cette période, nous avons également eu une réaction qui, paraît-il, est tout à fait normale mais qui peut avoir des conséquences désastreuses dans certains cas. Nous nous sommes fait des cadeaux. Nous avons changé de voiture, acheté un robot pour nettoyer la piscine. Louis a enfin accepté de s'acheter un tracteur pour tondre son gazon, en plus d'une bonne demi-douzaine de « gadgets » pour adoucir la vie. Chaque fois que nous allions rencontrer Caroline au port, les samedis matin, nous avions acquis quelque chose de nouveau.

Je me souviens d'une étape pénible à traverser et j'aimerais vous la raconter car, si vous perdez un être cher, ça risque de vous arriver. A-t-on le droit de rire après avoir perdu quelqu'un ? Nous nous trouvions, Louis et moi, dans le magasin où nous allions acheter le robot de piscine. Notre jeune vendeur était très amusant et taquinait son patron avec un sens de l'humour savoureux. Je ne sais trop quelles paroles il a prononcées pour provoquer chez moi un éclat de rire. Au même moment, mon regard croisa celui d'une cliente. Il était évident qu'elle m'avait reconnue et se demandait sans doute quelle mère sans cœur je pouvais être pour être capable de rire quelques semaines après la mort de ma fille. L'accusation que portait son regard me frappa en plein cœur et je me suis sentie coupable d'avoir osé rire. Est-ce que je devrais ne plus jamais être joyeuse ? Et si je ne voulais plus être blessée par les jugements, devrais-je éviter de regarder les gens dans les yeux ? C'est le temps qui se chargerait de tout ça.

36

« LA » RAISON

Le pire des adieux est de sentir qu'on
n'a pas tout dit.

Saint-Evremont

Les premières semaines qui ont suivi la mort d'Élyse,
quand on me demandait si je connaissais la raison de son
suicide, j'expliquais qu'elle avait le mal de vivre, qu'elle
ne s'aimait pas. Devant un choix aussi cruel, on pense
souvent à la drogue, à un chagrin d'amour, à un climat
familial perturbé, au manque d'ouvertures professionnelles chez les jeunes, à l'oisiveté, ils ne lisent pas, ils
n'écrivent pas, etc. Eh non, rien de tout ça. Elle ne prenait pas de drogue, n'avait pas d'amoureux, tout allait
bien à la maison, elle réussissait ses études, elle venait
justement de recevoir ses notes attestant qu'elle était ad-
missible pour sa maîtrise en études françaises et littéra-
ture. Pour ce qui est de l'oisiveté, ça ne la concernait
certes pas : en plus de ses études, pour lesquelles elle devait lire plus de cent livres par année et en faire des

résumés, le volley-ball lui prenait tout son temps. Et l'écriture... elle s'y était réfugiée depuis sept ans !

Non, il n'y a pas de recette toute faite qui produise une jeune fille ou un jeune garçon qui en arrive au suicide, ils ont chacun leur raison. Nous nous doutions bien que la raison principale qui avait amener Élyse à tout lâcher, c'était l'homosexualité. Mais, au début, avant de lire tout ce que contenait son coffre secret, je n'osais pas en parler publiquement, j'avais l'impression de la trahir. Si, avec le temps, j'ai décidé de tout raconter, c'est pour tenter de briser les tabous. Pourquoi garder encore un secret pour lequel ma fille était morte ? J'ai reçu, depuis que j'en parle, les confidences de dizaines de personnes qui m'ont avoué avoir déjà pensé au suicide à cause de leur homosexualité non acceptée, soit par eux, soit par leur entourage. J'ai entendu des parents me raconter qu'ils ne veulent plus voir leur enfant depuis qu'ils savent qu'il n'est pas « normal ». On dit quelquefois que les choses ont changé, qu'on accepte beaucoup plus les différences qu'auparavant et, pourtant, dans la réalité, on a tellement de chemin à parcourir. C'est le cœur serré que je dois avouer aujourd'hui qu'il a fallu que ma fille meure pour que je comprenne que l'homosexualité n'est pas un choix. On peut côtoyer des homosexuels toute sa vie, sans jamais comprendre. Accepter c'est une chose, chercher à comprendre, c'est autre chose. Le simple fait d'utiliser le terme « orientation sexuelle » contribue peut-être à laisser sous-entendre qu'il y a un choix à faire. Quand on parle d'orientation en éducation, c'est une décision qu'il faut prendre et non une avenue naturelle.

C'est par les réflexions qu'elle a mises sur papier qu'Élyse nous a laissé le plus bel héritage. Par son talent pour l'écriture, elle a su raconter sa souffrance, son impuissance devant cette nature qu'elle n'avait pas désirée et sa difficulté de vivre. Bien sûr, la lecture de tout ce que contenait son coffre ne s'est pas faite sans peine et douleur mais, avec le temps, c'est ce qui nous a permis de comprendre que nous étions tout à fait étrangers à la décision qu'elle avait prise d'en finir avec la vie.

Louis et moi en avions parlé à plusieurs reprises ; au fil des années, nous nous doutions bien qu'Élyse était homosexuelle. Caroline aussi se doutait que sa sœur ne lui donnerait jamais de neveux et nièces. Mais nous n'en avions jamais parlé avec la principale intéressée ; nous avions décidé d'attendre qu'elle soit elle-même prête à en parler. Combien de fois, quand je la sentais plus triste et plus perturbée qu'à l'accoutumée, j'ai préparé dans ma tête un scénario dans lequel je m'assoirais avec elle et lui demanderais : « Est-ce que la source de tes problèmes, ce serait l'homosexualité ? » Mais aussitôt, je craignais sa réaction. Elle détestait tellement les filles à l'allure masculine, elle ne supportait pas qu'on utilise le mot lesbienne, elle disait que le mot homosexuel avait un féminin. J'avais tellement peur qu'en m'entendant lui poser LA question elle se mette en colère et qu'elle me dise : « C'est ça que tu penses de moi ? Est-ce que j'ai l'air d'une *butch ?* » J'avais peur qu'elle en soit blessée à un point tel qu'elle aille se suicider ! Donc, je n'ai pas parlé, j'ai tout simplement tenté de lui faire comprendre que mon amour était inconditionnel en lui lançant ces phrases à plusieurs reprises : « Tu sais, Élyse, tu pourrais me dire n'importe quoi, je t'aimerai toujours » et « Qu'il t'arrive n'importe quoi, nous serons toujours là pour toi ». Puis, j'ai attendu qu'elle soit prête, et elle l'était presque puisque, dans une lettre adressée à une des rares amies qui était au courant, elle disait qu'elle attendait notre retour pour nous l'apprendre. Elle n'avait pas voulu gâcher notre voyage en nous le disant avant, écrivait-elle. Elle avait aussi l'intention d'aller elle-même parler à Caroline, sur le bateau : elle ne voulait pas que sa sœur l'apprenne par quelqu'un d'autre. Pauvre petite chouette ! Et dire que nous l'avons probablement su bien avant elle...

DEPUIS QUAND LE SAVAIT-ELLE ?

Élyse avait environ douze ans quand elle a amorcé le niveau secondaire. Je l'entendais parler presque chaque jour d'une de ses professeurs avec tant de flamme et d'ardeur que ça avait attiré mon attention. J'ai ensuite commencé à découvrir des petites phrases qu'elle notait bien innocemment sur son bureau, sur ses feuilles de cours, simples petits commentaires que moi, à l'âge de douze ans, j'écrivais au sujet d'un garçon qui faisait accélérer mon rythme cardiaque. Je me rendais à l'évidence : ma fille était amoureuse d'une femme, mais elle n'en était pas consciente. Toutefois, les résultats scolaires témoignaient de son intérêt démesuré : elle a réussi à faire le programme de deux ans en un dans la matière qu'enseignait ce professeur. C'est à cette époque que, le cœur serré, j'ai parlé de mon appréhension avec Louis. Je n'aimais pas ce que je découvrais. Il est toujours plus facile d'accepter les choses quand elles se passent ailleurs que sous notre toit. Dès notre première conversation à ce sujet, mon conjoint m'a ramenée à la réalité en disant : « Si jamais ça arrive, est-ce que tu ne préférerais pas voir notre fille heureuse avec une femme plutôt que malheureuse avec un homme ? » Facile à dire peut-être, mais quand viendrait le temps, est-ce que je serais capable de le vivre dans les faits ?

Lors de leur enquête, le jour de la découverte du corps d'Élyse, les policiers avaient emporté des choses qui se trouvaient sur son bureau : deux lettres, des écrits des dernières semaines, son agenda pour la fin de l'été. Trois semaines plus tard, lorsque les enquêteurs nous ont rapporté ces objets, nous nous demandions de quoi il s'agissait. Personne nous avait avisés que des choses avaient été perquisitionnées. Les deux lettres, j'en parlerai plus loin, mais ce qui nous fit découvrir le désespoir qu'elle vivait, c'est surtout une analyse qu'elle avait faite, trois semaines avant sa mort, analyse qui relate les faits marquants de sa courte vie.

Le premier « incident » rapporté est le suivant : vers l'âge de quatorze ans, alors qu'elle était en visite chez une de ses amies, avec notre permission, elle y passa la nuit. Attendant que le sommeil vienne, elles étaient étendues, l'une à côté de l'autre. Pendant que son amie parlait de tout et de rien, Élyse regardait le plafond, puis son regard se tourna vers son amie et s'arrêta sur sa bouche. Voici ce qu'elle écrit :

Elle parle toujours, je regarde ses lèvres et, pour trois secondes, je ne pense qu'à les embrasser. Embrasser ces lèvres, embrasser... Je sursaute. Je n'écoute plus mon amie. Je n'écoute plus les sons qui parviennent à mes oreilles. Je ferme les yeux et je ne vois que ces lèvres. Je m'interdis de voir cette image, mais elle m'obsède de plus en plus. Je dis « Bonne nuit », lui coupant la parole, lui tourne le dos et je ne peux fermer les yeux. Pour trois secondes, j'ai voulu profiter de mon amie, de sa confiance, de sa douceur, de sa sensualité. Je dois sortir d'ici. Je ne peux être dans ce lit, à côté d'elle. Je me dégoûte. Je l'ai trahie, je lui ai manqué de respect. Comment ai-je pu cesser de l'écouter et seulement voir ses lèvres ? Comment ai-je pu ? C'est la première fois et ce sera la dernière. Demain, je m'éloigne à jamais de cette fille, demain je disparaîtrai. Demain, j'irai boire à m'en crever le foie. Demain, j'irai me tuer.

Non, elle n'alla pas boire ; ceux qui s'évadaient dans l'alcool étaient des faibles, pensait-elle à ce moment-là. Puis elle attendit sept ans pour se tuer...

À quatorze ans, elle se rendait compte, pour la première fois, qu'une femme l'attirait et elle ne fut plus jamais la même. Et moi qui croyais que l'homosexualité, c'était un choix ! Nous avons découvert à travers ses écrits qu'elle a vécu une première peine d'amour peu de temps après cet incident.

Mon amie s'est fait un copain. Et je pleure. Je ne comprends pas pourquoi. Je n'arrête pas de pleurer et je ne peux réfléchir. Est-ce que j'ai peur de la perdre ? Est-ce que je suis jalouse ? Est-ce pour moi ou pour elle que je pleure comme une enfant ? Je ne comprends pas.

C'est probablement à cette époque qu'il m'est arrivé de la surprendre, devant ses livres d'étude, dans sa chambre, les yeux rougis et que je lui ai doucement demandé qu'est-ce qui n'allait pas. Je me souviens d'un jour où elle m'a répondu : « Il y a rien de spécial, rien de grave, j'ai juste de la peine », et ses larmes ont commencé à couler. Je ne pouvais pas l'obliger à dire ce qu'elle ne voulait pas dire, mais je souffrais de ne pouvoir l'aider. Je me suis assise près d'elle, lui ai pris la main et nous avons pleuré ensemble.

À partir de cette importante découverte qu'elle venait de faire, notre fille a semblé vouloir vivre le reste de sa vie en faisant abstraction de sa sexualité. Jusqu'à sa mort, elle n'eut « ni copain ni copine ». Ce qui ne l'empêcha toutefois pas de développer des passions pour des dizaines de femmes : de grandes stars, des célébrités, de superbes femmes qui étaient toutes hétérosexuelles, et surtout inaccessibles. De cette façon, tout restait dans sa tête et elle ne risquait pas d'avoir à faire face à la réalité.

Il y avait à peine trois semaines qu'elle était morte et je commençais à comprendre enfin la difficulté que vivaient les homosexuels. Si je l'avais compris avant, est-ce que les choses se seraient passées différemment ? Je n'étais pourtant pas intolérante envers le monde gay ; j'avais de très bons amis qui vivaient plus ou moins ouvertement leur homosexualité et que Louis et moi côtoyions sans aucun préjugé, croyions-nous. Après avoir appris la cause réelle du suicide d'Élyse, plusieurs d'entre eux se sont empressés de venir nous raconter qu'eux aussi avaient pensé un jour qu'il serait sans doute plus facile de mourir que de vivre une marginalité imposée. Un ami m'avoua qu'il ne pouvait pas dire qu'il s'acceptait, il se tolérait et comprenait très bien le geste de notre fille.

Cette analyse qu'elle avait faite et qu'elle avait laissée sur son bureau se terminait par ce qui suit :

> Je me suis entourée de femmes pour m'enlever cette peur d'elles.
> Je me suis entourée de femmes pour me faire encore plus mal.
> Je me suis entourée de belles femmes, de femmes féminines, de femmes qui aimaient passionnément les hommes.
> Toutes mes amies ont été des amours.
> Et lorsque je le nie, lorsque je dis le contraire, c'est que j'ai peur de moi-même et que j'ai honte.
> Je suis devenue amie avec mes copines parce que, d'abord et avant tout, je les aimais.
> Et c'est tout à fait dégueulasse.
> Passions sans plus, sans pensées mal tournées mais passions quand même.
> Un cœur qui se sert lorsque notre amie arrive au rendez-vous,
> Un sourire illuminé lorsqu'elle est plus belle que jamais,
> Une rage dévastatrice lorsqu'on lui fait mal ou qu'elle nous oublie,
> Une jalousie lorsqu'elle semble donner du temps à ses amours.

CHOISIT-ON DE NAÎTRE DIFFÉRENT ?

Passer sa vie à ne pas accepter ce que l'on est, à repousser des pulsions qui viennent tout naturellement, à entendre des blagues de mauvais goût, à voir parader à la moindre manifestation des énergumènes qui n'ont pas grand-chose à voir avec ce que vivent la majorité des homosexuels, c'est ce qu'Élyse a refusé. Et pourtant, elle y arrivait presque puisqu'elle avait décidé d'en parler.

Certaines de ses amies les plus proches (toutes hétérosexuelles, évidemment !) connaissaient son secret : sa
correspondance en témoigne. Elle y arrivait donc, mais
pourquoi avait-elle décidé de mourir ce soir du 30 juin,
alors que le matin même elle semblait si heureuse ? À
essayer de comprendre, j'ai failli y laisser ma peau.

Je voulais absolument savoir ce qui avait déclen-
ché cette décision d'en finir. Cette amie avec qui Élyse
avait soupé à la maison persistait à nous dire que rien
de spécial ne s'était passé et que, lorsqu'elle avait quitté
les lieux vers 10 h 30, rien ne laissait présager qu'un
drame allait se produire. Cette même amie, coéquipière
de volley-ball de notre fille, ne voulait pas nous rencontrer, prétextant un horaire trop chargé ; elle avait
un travail d'été et se préparait à partir pour les États-
Unis où elle allait se joindre à une équipe de volley uni-
versitaire. Je voulais tellement lui parler, lui demander
de me répéter les dernières paroles qu'Élyse avait prononcées, mais elle refusait. J'avais beau lui dire que nous
ne la tenions absolument pas responsable de ce qui s'était
passé, elle refusait toujours.

Nous avions aussi appris qu'aussitôt que cette amie
avait quitté la maison ce soir-là, Élyse téléphona à son
autre amie, celle avec qui elle partageait des confidences
par correspondance. Cette amie était à Winnipeg et,
quand j'ai reçu la facture d'interurbains et que je vis la
date et l'heure de l'appel, j'ai aussitôt rejoint cette amie,
qui savait ce qui s'était passé et en était bien peinée. Élyse
lui avait en effet téléphoné, mais elle n'avait pas pu lui
accorder beaucoup de temps, elle s'apprêtait à sortir avec
son copain à ce moment-là. Élyse lui a seulement dit qu'il

n'y avait rien de spécial, qu'elle avait simplement le goût de lui parler, puis elle a raccroché après trois minutes de conversation banale. Après cela, plus rien !

Plus je cherchais à comprendre, plus une douleur étouffante me traversait la poitrine, et plus la peine était grande. Et puis, ça a été la période des « pourquoi » ! Pourquoi cette amie n'est-elle pas restée plus tard avec Élyse qui s'était donné tant de peine pour la recevoir ? Pourquoi l'autre amie, au bout du fil, n'a-t-elle pas pris plus de temps pour lui parler ? Pourquoi l'avions-nous laissée seule à la maison ? Pourquoi, pourquoi, pourquoi ? Je me suis torturée de la sorte durant plusieurs jours, jusqu'à ce qu'une amie me dise : « Monique, tu vas devoir accepter que ta fille est morte parce que c'était la volonté de Dieu. » À l'intérieur de moi, un cri a retenti : « Non, je ne veux pas ! » Je ne voulais pas croire que c'était la volonté de Dieu, c'était son choix à elle, pas à Lui ! Je ne voulais pas être en colère contre Dieu, je ne voulais pas perdre cette paix intérieure que je connaissais depuis dix ans. On m'avait présenté un Dieu d'amour et voilà que c'est Lui qui m'aurait enlevé ma fille ! Non, non et non ! Puis j'ai pensé, j'ai médité, j'ai prié et finalement j'ai compris.

J'ai compris que si Dieu avait voulu qu'Élyse continue de vivre, quelque chose ou quelqu'un serait arrivé, au bon moment, pour la sauver. Est-ce que ça n'est pas arrivé à des centaines de personnes qui ne comprennent toujours pas pourquoi elles ont survécu à des tentatives

« réelles » de suicide ? Ma révolte a été de courte durée, car je crois sincèrement que Dieu a permis qu'elle soit libérée de sa souffrance. Quand je réalise aujourd'hui dans quel gouffre elle allait sombrer de plus en plus, elle ne voudrait sans doute pas revenir parmi nous dans les mêmes conditions.

Les deux lettres qu'elle avait pris le temps d'écrire avant de mourir étaient pour l'amie de Winnipeg et pour celle qui venait de manger avec elle. Dans cette dernière lettre, elle avouait à cette amie qu'elle était amoureuse d'elle, qu'elle se trouvait « totalement et absolument dégoûtante » pour cette trahison. Elle concluait en disant :

> Pour ne pas avoir à affronter tes regards,
> Car une fois cet amour découvert, je crains tes regards, je crains ta gêne, je crains tout,
> Pour ne pas avoir à t'oublier et voir ta silhouette s'éloigner
> C'est moi qui pars.

Cette jeune fille n'a jamais voulu nous parler mais, par l'intermédiaire de quelqu'un d'autre, elle nous a fait savoir que lors de leur souper, Élyse avait beaucoup parlé de suicide et que, malgré ses efforts pour la dissuader, notre fille revenait sans cesse à la charge. Son invitée a, de son propre aveu, tourné la conversation au ridicule, et c'est ainsi que le souper s'est terminé. L'amie est partie et Élyse est morte.

J'en ai longtemps voulu à cette jeune fille de ne pas comprendre que nous avions besoin d'entendre le mot à mot de ces conversations. Je lui ai expliqué au téléphone qu'elle n'avait pas à craindre de trahir Élyse. C'est nous qui avions besoin d'elle, maintenant. Mais, rien à faire, elle vit encore avec son secret. Je comprends un peu mieux aujourd'hui que c'est un lourd bagage de culpabilité qu'elle porte sans doute et, pourtant, je suis presque persuadée qu'elle n'a été qu'un instrument dans ce drame. Élyse était rendue au bout de son chemin.

LE MAL DE VIVRE

L'homosexualité était-elle la seule raison qu'avait Élyse pour s'enlever la vie ? Aujourd'hui, je ne le crois pas. C'était UNE des raisons, un élément déclencheur. Elle avait, plus que tout, un mal de vivre que nous n'arrivions pas à comprendre. D'ailleurs, cela demeurera probablement un mystère. S'il nous était possible de connaître ce qui se passe avant et après notre vie sur terre, peut-être pourrions-nous comprendre. Élyse cherchait à comprendre depuis longtemps. Un des travaux qu'elle avait choisi de faire durant sa dernière année d'études était une analyse sur « l'instinct de mort » de Freud. Elle refusait de croire à une religion, mais pourtant elle les étudiait toutes : pour comprendre. Elle refusait toute chose établie qui n'avait pas de raison ; pour elle, il fallait d'abord et avant tout que ce soit logique. Tout se passait dans sa tête, probablement parce qu'elle se sentait trop mal dans son corps. Nous avons appris, après sa mort, qu'elle avait avoué son malaise à des amies, en disant : « Moi, je suis une erreur d'incarnation ; je suis la mauvaise âme dans le mauvais corps. Je donnerais n'importe quoi pour tout recommencer, ailleurs. » Je dois avouer que, durant les dernières années, j'avais quelquefois l'impression que je la connaissais de moins en moins. Elle avait coupé les ponts. D'ailleurs, elle a écrit :

À la maison, depuis sept ans, on vit en étrangers. On se rencontre à l'heure des repas, sans plus. Mais c'est moi qui ai voulu cet éloignement, cette distance. J'en avais besoin.

À part les moments de complicité humoristique qu'elle entretenait avec sa sœur, Élyse ne donnait pas l'image d'une personne très heureuse. Un soir d'affrontement (le seul), où nous avons cru qu'enfin son cœur s'ouvrirait, elle nous a avoué en pleurant qu'elle ne comprenait pas l'état de tristesse dans lequel elle était : « J'ai tout ce que je désirais depuis des années, je suis à l'université, je fais partie de l'équipe de volley... et je suis malheureuse ! » Je lui avais alors dit que je comprenais que son mal était intérieur et qu'elle avait peut-être besoin d'aide. Elle a accepté ma suggestion d'aller consulter le service d'aide aux étudiants afin de rencontrer un psychologue. Elle s'est rendue au premier rendez-vous où, après avoir sommairement raconté ce qui se passait, on lui donna un autre rendez-vous, cette fois avec le psychologue qui lui était affecté. Il n'y eut jamais de deuxième rendez-vous. Quand j'ai voulu savoir si elle allait poursuivre sa démarche, elle m'a expliqué avec un sourire que c'était inutile : « Ça va beaucoup mieux, juste le fait d'avoir parlé un peu à la première rencontre, ça a fait du bien. » Tout ça se passait un an et demi avant sa mort.

Les gens heureux lui tapaient sur les nerfs : elle ne croyait pas à la véracité de leur état. Par exemple, un jour elle est revenue à la maison, les dents serrées, me disant qu'une telle personne l'énervait au plus haut point. Connaissant bien la personne dont elle parlait, je lui ai dit que je trouvais qu'elle était gentille, sympathique et joviale. Elle m'a rétorqué : « Justement, moi, les gens qui sont trop fiers de vivre, ça me fait chier ! » Je comprends maintenant l'exaspération qu'elle démontrait parfois devant notre emballement pour une rencontre familiale, un voyage, etc. Elle n'arrivait pas à vivre au même diapason que nous, et nous, nous n'arrivions pas à comprendre son mal de vivre.

ET TOUJOURS « LA » LETTRE

Non, je ne trouvais toujours pas de lettre qui nous fût adressée et je ne comprenais pas. Une amie qui était venue nous réconforter la journée même de notre arrivée d'Italie avait semé un espoir dans mon cœur. Elle comprenait ce que nous vivions, son frère s'était suicidé quelques années auparavant, et voici ce qu'elle m'a dit : « C'est au moment où tu t'y attendras le moins que tu trouveras un mot, une lettre, c'est ce qui nous est arrivé. » Cette phrase est restée gravée dans mon cœur et je l'ai crue : j'avais tellement de mal à accepter qu'Élyse nous ait abandonnés sans un mot. Chaque fois que j'ouvrais un tiroir, une boîte, une armoire ; chaque fois que je touchais quelque chose, que je pénétrais dans un lieu pour la première fois depuis sa mort, l'espoir renaissait : JE CHERCHAIS.

Des psychologues nous ont dit que c'est parce que sa décision de mourir ne nous concernait pas que notre fille ne nous avait pas écrit de lettre d'adieu. Je trouvais que c'était une bien mince consolation. Ce que je ressentais face à cette réalité, c'était du rejet ! Ce sentiment qui m'avait empoisonné l'existence depuis toujours, voilà qu'il revenait en force. Elle qui écrivait à tout le monde, elle que nous avions chérie, elle que nous avions acceptée avec ses différences, elle que nous avions laissée vivre comme elle l'avait choisi, séparée de nous et pourtant sous le même toit, elle avait décidé de partir sans même penser à nous ! C'était trop injuste, trop épouvantable, ça faisait trop mal. Quand j'ai laissé monter ma colère et ma révolte, notre psychologue nous a expliqué sa vision des faits. Quand Élyse a décidé de mourir, si elle s'était mise à nous écrire quelque chose, elle n'aurait pas pu se suicider par la suite. Elle ne pouvait pas « se brancher » sur nous pour ensuite tout balancer ! J'ai bien voulu, pour quelque temps, prendre cette hypothèse comme baume sur ma blessure, mais la plaie restait ouverte et les doutes subsistaient.

Les images qui surgissaient dans ma tête se succédaient à une vitesse folle : de quoi, justement, devenir folle. Nous étions si heureux, tous les quatre. Nous arrivions à une étape de la vie où nous allions récolter les fruits des années moins ensoleillées et voilà que, tout d'un coup, mademoiselle décide qu'elle abandonne la course ! Et c'était parti, la colère remplaçait la peine. À la suggestion de mon ami jésuite, j'ai écrit une lettre à ma fille, lettre dans laquelle je lui disais tout ce que j'avais sur le cœur face à son départ. J'ai mis des heures à écrire trois pages, je pleurais trop ! Quand j'ai relu ce que j'avais écrit, j'ai découvert une lettre remplie de « pourquoi ». Je cherchais encore à comprendre, je n'acceptais pas. Mon mal de vivre, à moi, a alors refait surface.

37

PEUT-ON SURVIVRE ?

> Les gens éprouvés sont dangereux : ils
> savent qu'ils peuvent survivre.
>
> JOSEPHINE HART

Deux mois plus tard, j'étais complètement à plat, vidée de toute énergie. Ma douleur au dos ne disparaissait plus, j'avais peur de me lever le matin, je craignais un autre malheur. Caroline était toujours absente et elle allait l'être encore plus, car elle partait, le 10 septembre, pour un mois et demi. Notre grande fille avait décidé de rester à bord du *Gruziya* qui allait jusqu'en Ukraine pour des réparations. J'étais morte de peur de la voir ainsi partir sans trop savoir comment elle pourrait rentrer au pays par la suite. Non, c'était trop, je n'avais plus la force de survivre. J'ai découvert le sens du mot désespoir. Le Larousse dit : *abattement total de quelqu'un qui n'espère plus* et c'est exactement ça. Louis était là, impuissant devant ma douleur, et j'ai dû lui avouer que, malgré mon amour pour lui et malgré son amour pour moi, je n'avais plus le goût de vivre. Il avait beau me dire avec douceur qu'il fallait survivre, que la décision de mourir, c'était Élyse qui l'avait prise, pas nous, j'étais remplie de peur. Cette vie que j'avais pourtant tellement aimée, elle me faisait peur maintenant. Quand on nous disait que ça irait mieux, que nous avions vécu le pire, aussitôt, dans ma tête j'entendais une petite voix qui me disait : « Attention ! on a une autre fille, il pourrait lui arriver quelque chose... » Ma petite flamme s'éteignait lentement.

C'est alors qu'une amie m'a conseillé d'aller consulter un chiro-acupuncteur. Il pouvait, croyait-elle, m'aider à retrouver l'énergie nécessaire pour survivre. Je n'oublierai jamais ma première visite chez lui. Alors que j'étais assise dans la salle d'attente, j'ai eu du mal à ne pas éclater en sanglots quand j'ai entendu la musique qu'on y faisait jouer : *L'Adieu* de Chopin, cet air qui m'a toujours fait pleurer, *Pour Élise,* qu'Élyse jouait si bien au piano, etc. Le cou étiré, le menton soulevé, j'ouvrais grand mes yeux vers le plafond afin d'empêcher les larmes de couler. Quelques instants plus tard, ce docteur m'a demandé de résumer en une phrase ce que je ressentais à l'instant même où il me posait la question. Ma réponse fut spontanée : « J'ai peur, j'ai peur de ne pas avoir la force de survivre. » Il m'a dit qu'il pourrait m'aider et il l'a fait. Avec son écoute, ses bons conseils et ses traitements, j'ai repris vie peu à peu. C'est en allant chercher de l'aide partout où je le pouvais que j'ai pu continuer mon chemin. On a dit de moi que j'étais une femme forte, courageuse, ce n'est pas tout à fait vrai. Je crois simplement qu'encore une fois Dieu m'offrait le choix de me laisser mourir ou de prendre la décision de survivre. Je pourrais ainsi comprendre, avec le temps, que toute chose a une raison d'être, un sens, et que tout ça n'arrivait pas pour rien.

Si je voulais raconter ce que j'ai fait durant les quelques mois qui ont suivi, je ne le pourrais pas. Je ne m'en souviens pas. Je sais seulement que j'apprenais à prendre soin de moi, à dormir quand j'étais fatiguée, à pleurer quand les larmes montaient et à dire ma colère quand elle m'envahissait. Caroline n'était toujours pas de retour, et Louis avait repris son travail ; j'étais souvent seule à la maison ; j'avais le temps de penser, trop de temps ! Il fallait que mon esprit soit occupé, sinon les larmes revenaient en force. Une fois de plus, la musique a été une bouée de sauvetage. J'ai entrepris d'apprendre à faire de la musique à l'aide de l'informatique. J'y ai découvert une évasion saine et extraordinaire. J'ignorais que les pièces musicales que je réussissais à monter allaient me servir quelques mois plus tard.

Caroline et Maryse, une amie d'Élyse, m'avaient toutes deux raconté les rêves qu'elles avaient fait durant les semaines qui ont suivi le drame. « C'étaient des rêves qui n'en étaient pas », disaient-elles. Élyse y était présente, souriante et sereine. Je n'avais vraiment pas hâte que ça m'arrive ; je croyais que si je la voyais vivante dans un rêve, ça me troublerait énormément. Mais avec les mois, c'est l'ennui qui me faisait le plus souffrir, l'ennui d'elle, de son sourire, de sa présence, de son odeur, j'aurais voulu la prendre dans mes bras, lui dire que je l'aimais... Je recommençais à pleurer de plus belle en ne pensant qu'au moment de sa mort ; il y avait déjà cinq semaines que je ne l'avais pas vue. Moi qui n'avais jamais été séparée de mes filles durant plus de trois semaines. Puis, un soir, avant de m'endormir, j'ai demandé à Dieu de m'enlever cet ennui qui me rongeait. Quand je me suis éveillée le lendemain matin, je ne m'ennuyais plus, j'avais vu Élyse. Dans un rêve étrange, elle est apparue devant moi, toute belle, calme et souriante, et elle s'est avancée, tout près. Je l'ai prise dans mes bras, l'ai pressée contre moi, j'ai embrassé son visage, ses cheveux, et elle se laissait faire (ce qui ne se passait pas souvent de son vivant). En défaisant mon étreinte, nous avons échangé un sourire, puis elle est disparue. Ce rêve n'avait rien d'un rêve ordinaire : il ne m'a pas troublée, il m'a rassasiée. C'était comme si ma fille était venue me rendre visite et qu'ainsi je pouvais encore faire un bout de chemin sans elle. Depuis, je l'ai vue en rêve à quelques reprises, mais il s'agissait de « vrais » rêves, souvent sans queue ni tête et qui n'avaient rien à voir avec « sa belle visite ».

Je continuais à prier et ça m'était d'un grand secours. Je me suis même écrit une prière sur mesure que j'ai récitée des centaines et des centaines de fois, quand la douleur devenait insupportable. Cette prière, c'est une transposition des trois premières étapes du mode de vie des Alcooliques Anonymes, suivie de la prière de la Sérénité. Je vous l'offre ici en espérant qu'elle vous aide autant qu'elle m'a aidée. Évidemment, c'était devant la mort de ma fille que je vivais de l'impuissance, mais vous n'aurez qu'à y substituer votre difficulté du moment.

Seigneur, je suis impuissante devant la mort de ma fille,
J'en ai perdu la maîtrise de ma vie
Toi seul peux me rendre la raison
Je te confie ma volonté et ma vie
Donne-moi la sérénité d'accepter les choses que je ne puis
changer
Le courage de changer les choses que je peux
et la sagesse d'en connaître la différence

38

RÉAPPRENDRE À VIVRE

> Nous ne pouvons rien changer à l'orien-
> tation du vent, mais nous pouvons ajus-
> ter les voiles.
>
> AUTEUR INCONNU

La première année d'un deuil est certainement la plus souffrante. On doit réapprendre à vivre à travers les événements saisonniers ; des choses banales que l'on faisait habituellement sans s'en rendre compte, par routine, prennent une tout autre allure. Chaque fête, chaque congé nous ramène aux années précédentes.

Par contre, ce fut une grande joie quand Caroline est revenue d'Ukraine à la fin du mois d'octobre. Elle, qui durant les derniers mois avait eu un travail qui l'avait aidée à engourdir sa peine, revenait parmi nous, blessée par une rupture amoureuse. Elle reprenait contact avec la dure réalité : la maison familiale où sa sœur ne serait plus jamais. Elle a donc pleuré ses deux pertes à la fois, et nous l'avons vu sombrer dans une profonde dépression.

Heureusement, Louis et moi avions un petit bout de chemin de parcouru, nous avons pu lui venir en aide et la soutenir de notre mieux. Toutefois, il fallait faire bien attention de ne pas l'étouffer avec notre amour. J'étais bien consciente qu'il aurait été facile de tomber dans ce piège : elle était tout ce qui nous restait ! Vivre et laisser vivre !

Le temps des fêtes approchait et nous voulions briser les habitudes afin d'adoucir nos peines, du moins, pour la première année. De toute façon, Caroline reprenait son travail le 23 décembre à bord du bateau de croisière qui, cette fois, voyageait vers l'Amérique centrale. Il n'était pas question de rester seuls tous les deux, à la maison. Nous avons eu la chance d'aller passer la semaine de Noël, en mer, avec notre fille puis, grâce à la gentillesse de Michel Louvain, nous avons trouvé un endroit de rêve en Floride, où nous nous sommes changé les idées et avons fait le plein d'énergies, durant les premiers mois de l'année 1995. Nous avions besoin de cet éloignement, mais il ne fut pas de tout repos. Bien que nos hôtes aient été d'une compréhension et d'une générosité incroyables, nous avons eu du mal à nous acclimater. C'était la première fois que nous nous retrouvions tous les deux inactifs : rien pour nous étourdir, trop de temps pour penser ! Rien que nous asseoir et regarder la mer nous faisait pleurer, Louis et moi. Il fallait bien qu'elles sortent, ces larmes. Ces trois mois devenaient aussi un temps de réflexion. Nous avions pris la décision de survivre, il fallait maintenant essayer de réorienter notre vie et changer les choses que nous pouvions changer.

Louis avait à décider s'il prendrait une retraite défi-
nitive durant l'année qui commençait. Juste avant notre
départ, on m'avait demandé d'écrire un livre sur le suicide de notre fille et j'avais demandé un temps de réflexion avant de donner ma réponse. Puis, côté carrière,
je n'avais toujours pas trouvé MA place. Depuis 1991,
quand les portes se sont refermées les unes après les autres
pour moi, je cherchais ma place. Je savais qu'il y en avait
une pour moi, mais où était-elle ? J'avais la certitude que
nous reviendrions de notre séjour au soleil avec la réponse à toutes nos questions, et c'est ce qui arriva.

Deux ans plus tôt, un projet m'était venu, mais la
maladie puis la mort d'Élyse avaient écarté de ma tête
toute possibilité de revenir à la chanson. J'en étais venue
à croire que, moi aussi, j'arrivais à la retraite. De toute
façon, j'avais dépassé la limite que je m'étais fixée étant
plus jeune. En effet, j'avais toujours dit que j'arrêterais
de chanter à quarante ans, car je ne voulais pas devenir
une « vieille chanteuse ». J'ignorais alors que, lorsque l'on
chante, on ne sent pas son âge. Serge Lama l'a bien expliqué dans sa chanson *La chanteuse a vingt ans*.

Chaque année, au début de février, il y a en Floride
ce qu'on appelle le Canada Fest. Il serait sans doute plus
juste de nommer cet événement le Quebec Fest, puisque
ces deux jours de festivités sur la plage d'Hollywood re-
groupent presque exclusivement des artistes francopho-
nes qui donnent des spectacles pour un public québécois.
Les organisateurs de cette fête m'ont demandé de participer à ces spectacles et j'ai un peu hésité. Je n'avais pas
tous les jours le cœur à chanter. Durant les derniers mois,
j'avais chanté à quelques reprises, mais je prenais bien

soin d'interpréter des chansons rythmées et joyeuses. Je ne faisais pas confiance à mes émotions.

À cause du froid, il y avait peu de gens lors de mon premier spectacle et j'en étais très peinée. Est-ce que j'étais en train de comprendre qu'il fallait que j'abandonne tout ? Denyse Chartrand, le maître d'œuvre de ces fêtes, m'a demandé de reprendre mon spectacle le lendemain après-midi. Je ne savais pas si je devais accepter, j'avais peur du résultat. Mais quelle joie ! Environ cinq mille personnes étaient là, ce merveilleux dimanche après-midi. À la toute dernière minute, mon bon ami qui croyait tellement en moi (Réal Bellefeuille) m'a suggéré d'ajouter *L'Amour en héritage* à mon tour de chant. Cette chanson, que j'avais pourtant interprétée des centaines de fois, je l'avais mise de côté depuis les événements tragiques : elle me touchait trop. Pourtant, j'ai suivi le conseil de Réal et, dès la dernière note de cette chanson, j'ai vu devant moi cette multitude de gens se lever, spontanément, pour m'applaudir. De sentir autant d'accueil et d'amour m'a fait fondre en larmes. J'étais seule sur la scène et je n'avais personne vers qui me tourner. Je l'avais, ma réponse. Je devais continuer. Les gens qui m'entouraient à ma sortie de scène avaient tous la même question sur les lèvres : « Pourquoi vous ne voulez plus chanter à la télévision ? » Si je répondais : « On me dit que je suis trop vieille », ils répliquaient aussitôt : « Mais c'est complètement ridicule ! » Bien sûr, la plupart de ces gens étaient de mon âge ou plus âgés que moi, alors, comment leur expliquer que la décision ne m'appartenait pas ? Ces personnes qui me témoignaient leur admiration et leur fidélité venaient de tous les coins de la province et j'ai aussitôt compris que mon projet, vieux de deux ans, était peut-être la solution à adopter.

À partir de ce moment-là, j'ai décidé de chanter pour ceux et celles qui voulaient de moi. Je n'allais plus me battre pour essayer de reprendre ma place au sein du milieu du spectacle, de la télévision et de la radio. Dès notre retour au Québec, j'ai travaillé à établir un circuit de maisons de gens retraités et de centres d'accueil où je pourrais aller présenter des spectacles. Je suis allée en studio pour faire enregistrer des pistes d'accompagnement musical auxquelles j'ai ajouté les pièces que j'avais moi-même « montées » par informatique l'automne précédent. Louis a pris sa retraite et il allait devenir mon « gars de son », comme on le dit dans le métier.

Sans savoir si mes démarches allaient être bien accueillies, ce beau projet occupait mon esprit et c'était bien ce qu'il me fallait. Le temps s'écoulait lentement, je n'avais jamais trouvé les mois aussi longs que depuis la mort d'Élyse. Nous avions repris nos visites chez notre psychologue, j'en avais grand besoin : l'anniversaire approchait.

39

LE PREMIER ANNIVERSAIRE

> Le temps fait diminuer la peine, l'api-
> toiement la fait durer.
>
> GEORGES CANTIN

J'ai toujours eu la mémoire des dates et j'avais l'habitude
de me rapporter, jour après jour, à ce que je faisais l'année précédente, où encore deux ans, dix ans auparavant.
Ça m'a permis au fil du temps de faire plaisir à plusieurs
personnes en leur donnant un coup de fil pour souligner
un anniversaire, etc. Mais il y a les bons et les mauvais
souvenirs. La venue du printemps et de l'été allait me
faire revivre des jours atroces. Une bonne amie m'a raconté qu'elle aussi avait eu à souffrir de ces retours en
arrière et qu'elle avait dû en arriver à demander à Dieu
de la libérer de cette manie. Elle affirmait avoir été libérée. J'ai suivi son conseil et, alors que la période d'anniversaire d'un an de la mort d'Élyse approchait, j'ai tenté

de chasser de mon esprit toute pensée qui se rapportait à un événement ou une date particulière. Consciemment, j'ai refusé d'alimenter la tristesse qui, malgré tout, m'habitait toujours. Puis, sans savoir pourquoi, j'ai commencé à avoir des attaques de panique chaque fois que je descendais au sous-sol. Même si je n'avais jamais vu Élyse morte, à cet endroit, mon imagination partait à l'épouvante et il me semblait la voir, pendue aux solives. J'éclatais en sanglots et remontais aussitôt à l'étage. Caroline me disait qu'elle irait au sous-sol à ma place, je n'avais qu'à le lui demander, mais j'oubliais et quand j'avais besoin de quelque chose en bas, machinalement, sans aucune arrière-pensée, j'y allais et, comme un éclair, la panique m'assaillait de nouveau.

Louis se demandait pourquoi j'agissais de la sorte alors que, quelques mois plus tôt, « j'allais tellement bien ». C'est une visite chez notre psychologue qui m'a fait comprendre que ce que je vivais était courant. Je n'étais pas responsable de ce retour en arrière ; il fallait laisser sortir les émotions. Ça fait du bien de se faire dire que d'autres ont vécu la même chose et qu'on n'est pas « anormal ».

Quand le jour anniversaire est arrivé, le retour en arrière s'est fait automatiquement. Les quelque trente-six heures qui s'étaient écoulées à partir de la mort de notre fille jusqu'à ce qu'on la retrouve, je les avais vécues dans la joie en vacances en Italie, ne sachant rien de ce qui se passait chez nous. Mais, un an plus tard, je savais. En fin de soirée, le premier juillet 1995, je travaillais dans mon bureau quand j'ai entendu, sur un fond de musique entraînante, les pétarades des feux d'artifices soulignant la Fête du Canada. J'ai alors réalisé que, un an plus tôt, ces mêmes festivités, cette même joie flottaient dans l'air alors qu'Élyse était morte, toute seule, dans notre maison et que personne n'en savait rien. Cette pensée a été comme un coup de couteau en plein cœur. Je n'étais plus en état de choc comme l'année précédente, c'était à froid que je voyais la dure réalité. C'est sans doute pour cette raison qu'on parle tellement de la douleur qui accompagne le premier anniversaire d'une mort.

Et puis, un an plus tard, peu de gens osent en parler. Plusieurs y ont pensé, mais presque tous ont craint de nous chagriner davantage en nous le disant, et pourtant... Comme nous avons trouvé délicat le geste de nos voisins qui sont venus nous offrir un bouquet de fleurs le matin de l'anniversaire ! Bien sûr, nous avons pleuré ensemble, mais nous savions qu'ils étaient toujours là pour nous.

La réaction des gens face à la mort est parfois inattendue, et face au suicide elle l'est encore plus. À notre grande déception, quelques personnes avec qui nous entretenions des relations amicales se sont éloignées de nous. Quand Louis a repris son travail en septembre 1994, certains confrères ont tout simplement fait semblant que rien ne s'était passé. Quelques camarades du milieu artistique m'évitaient lors de mes premières sorties. On a peur d'en parler, on ne sait pas quoi dire ! Mais nous, nous en parlions. Je suis très consciente que le fait d'en parler aussi ouvertement et abondamment a pu déranger bien des gens autour de nous, mais je n'en ai aucun regret. Nous avions besoin d'en parler, et je suis persuadée que c'est ce qui nous permet, encore aujourd'hui, de garder un certain équilibre dans notre guérison.

Si j'avais un conseil à donner à quelqu'un qui doit rencontrer des amis qui ont vécu la même chose que nous, je lui dirais : Je comprends que tu ne saches pas quoi dire, mais dis-le. Oui, dis-le : « Je sais qu'il n'y a rien à dire, je veux simplement que vous sachiez que j'ai de la peine pour vous », ou que « Je suis là si vous avez besoin de quoi que ce soit », ou alors « Je vous garde dans mes prières ». Dans ces moments-là, c'est tout ce qu'on a besoin d'entendre et de ressentir : de la compassion, de la chaleur humaine. Et c'est bien vrai que seuls ceux qui ont vécu un tel drame peuvent réellement comprendre.

Et puis, on se sent jugés : il ne faut pas se faire d'illusions, quand un jeune se suicide, la première réaction des gens, c'est de croire qu'il y avait des problèmes au sein de la famille, mauvaise communication, etc. La raison pour laquelle je sais que c'est ce qu'on pense, c'est que je l'ai souvent pensé moi-même. Aujourd'hui, pourtant, je sais que ce n'est pas toujours le cas. Il serait faux de prétendre que je n'ai pas ressenti de culpabilité. J'ai ressassé des centaines de fois dans ma tête des situations qui s'étaient passées ou qui auraient pu se passer, et toujours la même réponse se faisait entendre : c'est la vie qu'elle a rejetée, pas nous. C'est elle vis-à-vis d'elle qui n'était pas bien. C'est ma tête qui m'a donné ces réponses mais, dans le cœur d'un parent qui perd un enfant par suicide, je crois qu'il restera toujours une question : « Qu'est-ce que j'aurais pu faire pour l'empêcher de se tuer ? »

40

ET MAINTENANT !

Le bonheur, c'est comme le parfum : on
ne peut le répandre sans s'en mettre un
peu sur soi.

Auteur inconnu

Après le premier anniversaire d'une mort, on ne compte
plus les mois, mais la réalité n'en devient que plus permanente. Une année s'était écoulée et nous étions toujours vivants. Une phrase me revenait sans cesse à l'esprit.
Les dernières paroles qu'Élyse m'avait dites au téléphone,
le jour même de sa mort : « Tu vois maman, t'étais capable ! » Encore aujourd'hui, quand le moral est au mieux
et que je sens que j'ai encore des choses à accomplir, j'ai
l'impression qu'elle me regarde et qu'elle me redit : « Tu
vois, maman, t'étais capable ! »

J'avais lu quelque part qu'il fallait trouver un sens à
notre deuil si on voulait qu'il devienne moins lourd à
porter. C'est seulement avec le recul qu'on arrive à découvrir cela. Je sais, par exemple, que ce que je comprends

aujourd'hui de l'homosexualité, c'est par la mort et les écrits d'Élyse que j'y suis arrivée. Comme bien des gens, j'en avais une fausse conception. Donc, aujourd'hui, je ne pouvais pas le taire, trop d'êtres exceptionnels se rejettent eux-mêmes à cause de cela.

Et puis, tellement de choses ont changé de place dans ma tête. Quand je pense au cancer, ce mot n'a plus la même connotation qu'avant. J'ai appris à vivre le moment présent et, si jamais on m'apprend que mes jours sont comptés, est-ce que je réagirais de la même façon ? Je ne le crois pas. Je vis encore de grands bonheurs avec mon Louis et notre grande Caroline mais, si je devais partir, j'aurais aussi quelqu'un de bien spécial à aller retrouver. C'est ce que je crois aujourd'hui. Demain est un autre jour !

Avec le temps, la douleur diminue, elle est moins vive, moins omniprésente. C'est une deuxième amputation que j'ai subie. Comme pour la mastectomie, la plaie se referme peu à peu, mais la cicatrice restera toujours présente et sensible. Mais il y a des jours où le bonheur reprend racine chez nous. J'essaie de ne pas oublier de remercier Dieu d'avoir ce que j'ai encore : un mari merveilleux et une grande fille qui nous témoigne autant d'amour. Comme elle nous l'avait demandé à notre retour d'Italie, nous savons maintenant que oui, tous les trois, nous allons nous en sortir.

EN SEMANT DU BONHEUR

La musique a toujours été ma planche de salut : c'est ce que j'ai affirmé maintes et maintes fois. Il semble que ce soit encore vrai aujourd'hui. Ces spectacles destinés aux personnes du troisième âge, les « grandes personnes » comme on les nomme en Martinique, sont en train de donner un nouveau sens à ma vie. Je crois l'avoir enfin trouvée, MA place. Durant les derniers mois, Louis et moi avons eu la joie de rencontrer des centaines de personnes à travers le Québec et le Nouveau-Brunswick. Partout, on nous accueille d'une façon extraordinaire. Quand ces belles personnes me disent que je leur fais un cadeau en allant chanter pour elles, elles ne savent pas à quel point elles me font du bien. Tout cet amour me remplit de bonheur et je suis la grande gagnante dans cet échange. J'ai enfin trouvé un moyen de faire plaisir à ceux qui m'aiment, tout en me faisant du bien à moi-même. C'est un réel cadeau du Ciel.

Des images restent marquées dans ma tête, comme ce certain soir où j'ai chanté dans un hôpital pour malades chroniques. Le centre de la salle était rempli de fauteuils roulants et, tout autour, on avait aligné les lits. J'ai alors vu des gens, cloués depuis longtemps à leur lit d'hôpital, marquer le tempo de mes chansons en tapotant les draps de leurs mains blanches. Une dame chantait presque toutes les chansons avec moi. Elle en connaissait parfaitement les paroles. Elle était pourtant allongée dans un fauteuil gériatrique, fixant le plafond de ses yeux grands ouverts : elle ne voyait plus, mais elle chantait encore. Je remercie le Ciel de me faire vivre de tels moments. Ma vie a pris un tout autre sens. Je n'ai plus le goût de m'attarder à des choses futiles, le temps est trop précieux. Je ne veux pas dire par là que je sois devenue austère et sans joie, bien au contraire, c'est la joie et le bonheur que je veux semer.

Après la mort d'Élyse, je lui ai demandé de me laisser en héritage son goût de la lecture et sa motivation face à la forme physique. Je crois qu'elle a mal compris : c'est son sens de l'humour et sa douce folie qui m'habitent de plus en plus. On a recommencé à rire chez nous. Pour ce qui est de mes demandes, c'est sans doute moi qui aurai à changer des choses, et je manque de temps.

Quand je regarde en arrière, quand je vois le chemin parcouru, je ne sais toujours pas où Dieu veut en venir mais, pour une petite fille qui s'est toujours sentie vulnérable, peureuse, parfois même lâche, la vie m'a appris à avoir du courage. Mémère Legault a marqué ma vie et, aujourd'hui, je pense souvent à elle et je me demande bien humblement si elle ne m'aurait pas légué une certaine force que j'admirais tant chez elle.

C'est avec les mots du cœur que je vous ai raconté ma vie. J'espère que c'est avec les yeux du cœur que vous l'avez lue.

ÉPILOGUE

Le plus grand rêve d'Élyse était de publier un livre, un jour. La vie nous fait parfois prendre des sentiers dont nous ignorons l'issue : c'est à cause d'elle que j'ai écrit ce livre.

J'ai pensé vous faire cadeau d'un tout petit conte qu'elle a écrit et dans lequel on peut découvrir un peu de son âme assoiffée d'infini.

Depuis bientôt quatre ans que je suis dans cette cale. Seule. En pleine mer. Le bateau a été déserté. Fausse alerte. Je suis prisonnière de cette cale. En fait, non. J'ai un hublot. La nuit, je regarde le ciel, les étoiles. Et souvent, je désire tellement m'approcher de ces étoiles que je m'envole et m'accroche ainsi à elles.

Mais je m'aperçois toujours trop tard de leur faces cachées. Étoile filant, étoile explosant, étoile s'éteignant. Et toujours, la chute est longue, car ces étoiles sont toujours les plus belles et les plus hautes. Elles scintillent dans la nuit et m'appellent. Je m'accroche, le temps change et je retombe à la mer. Je tombe très longtemps à travers les eaux. Je n'ai jamais touché le fond. Sitôt je lève la tête que j'aperçois les étoiles. Et je m'envole...

Élyse, telle qu'elle était au printemps 1994.

Un jour, par contre, et c'était au tout début de mes voyages, j'ai senti les algues qui chatouillaient mes pieds. Lentement, elles essayaient d'agripper mes pieds. Mais j'ai été plus forte qu'elles et j'ai vite regagné ma cale. J'y suis restée longtemps. J'avais maintenant peur de ces étoiles. Mais je n'ai pu résister. J'en trouvai encore une qui me semblait différente. Et une autre, et encore une...

La dernière m'a changée. Elle était parfaite. La plus belle, la plus grosse. Pourtant, j'étais pour la première fois consciente de sa durée éphémère. Je m'envolai quand même à ses côtés. J'eus beaucoup de difficulté à m'accrocher à elle. Elle était vraiment magnifique. Mais vint le jour qui devait venir : elle s'éteignit, tout entière. Et puis, elle explosa. Je retombai donc à la mer, mais cette fois-ci, je plongeai. Je nageais vers le fond. Les yeux fermés, je savais que j'approchais. Mes mains touchèrent les algues. Je déposai donc mes pieds, mais ceux-ci se retrouvèrent sur une pierre, une très grosse pierre. J'ouvris mes yeux. Cette pierre n'était pas ordinaire, c'était un morceau de l'étoile que je venais de quitter. Je restai là quelque temps. Je nageai lentement vers la cale de mon navire.

C'était il y a un mois et quelques nuits. Cette nuit, où je touchai le fond, me décida d'une chose : plus jamais je ne m'envolerais vers les étoiles. Je couvris donc mon hublot d'un voile noir.

Je regarde en ce moment à travers ce hublot. J'ai dans les mains un morceau de ma dernière étoile. La nuit me semble plus noire que jamais. Les étoiles percent à peine à travers le noir du voile.

Mais attendez. Oui. C'est bien un point lumineux... Quelle beauté ! Étoile merveilleuse, ne t'aurais-je jamais vue ? Attends-moi, amie merveilleuse.

ÉLYSE BOUFFARD,
13 septembre 1991.

TABLE DES MATIÈRES

Troisième partie
LA FIN D'UNE VIE,
LE DÉBUT D'UNE AUTRE

Quatrième partie
LES ANNÉES SOMBRES

MARQUIS

ACHEVÉ D'IMPRIMER
EN MAI 1996
SUR LES PRESSES DE L'IMPRIMERIE D'ÉDITION MARQUIS
MONTMAGNY (QUÉBEC)